Marco Distort
Warum warten?
Sexualität vor der Ehe –
wie wir richtig damit umgehen

Marco Distort

Warum warten?

Sexualität vor der Ehe – wie wir richtig damit umgehen

Schwengeler

ISBN 3-85666-435-1

Bestell-Nr. 818435

Die italienische Originalausgabe erschien unter dem Titel
Non solo tabù – come vivere la sessualità prima del matrimonio

Übersetzung: Liselotte Reiterer

Gesamtherstellung und Umschlaggestaltung:
Cicero Studio, CH-9442 Berneck, www.cicero-studio.ch

Inhalt

«Wodurch hält ein Jüngling
seinen Pfad rein?
Indem er sich bewahrt
nach deinem Wort.»
(Ps. 119,9)

Vorwort

Kann man der sexuellen Versuchung widerstehen?

Heute sind Jugendliche mehr denn je allen möglichen Reizen ausgesetzt. Oft sind sie sich aber ihrer eigenen Sexualität gar nicht richtig bewusst. Und so sind sie auch nicht in der Lage, zu erkennen, in welcher Weise Versuchungen auf sie einwirken.

Dazu kommt noch, dass sie oft nicht über die grundlegenden biblischen Lehren Bescheid wissen. Sie können daher auch keine festen geistlichen Überzeugungen zu dem haben, was Gott seit dem Beginn der Schöpfung für das Sexualleben von Mann und Frau vorgesehen hat.

Um dieses Thema geht es in dem Buch. Wir beten dafür, dass viele es lesen mögen und lernen, wie man *«dem Herrn in allen Dingen gefallen»* kann.

«Und Gott sah alles, was er gemacht hatte, und siehe, es war sehr gut» (1. Mose 1,31).

TEIL 1

WORUM ES EIGENTLICH GEHT

1. Sexualität – eine Begriffserklärung

Ein Problem der Wortwahl

Wenn von *Sexualität* die Rede ist, kommt einem gleich *sexueller Verkehr* in den Sinn.

Dass man diese beiden Begriffe sofort miteinander in Verbindung bringt, beruht wahrscheinlich darauf, dass man nicht genug und nur oberflächlich darüber Bescheid weiss. Es hat fast den Anschein, als gäbe es heute zum Thema Sexualität nichts mehr zu sagen. Sie wurde ja schon in jeder Hinsicht analysiert, auseinander genommen und klassifiziert.

Die Psychologie hat es sich vom *analytischen* Standpunkt aus zur Aufgabe gemacht, das Sexualleben von Millionen von Menschen zu erforschen. Das Ergebnis ist eine Unzahl von Handbüchern über Vorlieben und Schwächen von Männern und Frauen.

Was den *moralischen* Aspekt betrifft, hat man jeden Bezugspunkt verloren. Dafür gibt jetzt die Pornoindustrie in einem der intimsten Bereiche des Menschen den Ton an.

So wie es aber aussieht, haben wir trotz der reichhaltigen einschlägigen Literatur immer noch Probleme mit unserer Sexualität, und zwar auf geistiger, seelischer und körperlicher Ebene. Scheinbar sind es gerade Christen, denen es schwer fällt, die Sexualität richtig einzuordnen. Während sich auf der einen Seite ein absolut permissives Verhalten breit macht, sind andererseits die Gemüter oft durch die Tradition einer scheinheiligen Moral beschwert. Die Auffassung, Sexualität sei etwas Negatives, hat sich durch ledige Theologen weitgehend durchgesetzt. Angefangen von Augustinus (er starb im Jahr 430) wurde Sexualität stets als eine Art Sünde gesehen (die, wenn auch in geringerem Masse, sogar auf dem ehelichen Verkehr lasten würde).[1]

Die säkulare Gesellschaft war nach der sexuellen Revolution der sechziger Jahre, der der Kinsey-Report (1948: *Das Sexualverhalten des Mannes;* 1953: *Das Sexualverhalten der Frau*) und die Studien von Masters & Johnson (1966: *Der Geschlechtsakt beim Mann und bei der Frau*) vorausgingen, mehr und mehr am *technischen* Aspekt der Sexualität interessiert. Es war von *sexueller Befreiung* die Rede. Also von der Befreiung von Tabus, die angeblich ein Hemmschuh für ein befriedigendes Sexualleben wären.

---

[1] Albertus Magnus, einer der bekanntesten Theologen des 13. Jahrhunderts (er unterrichtete Thomas von Aquin), hat den Begriff der *ehelichen Pflicht* eingeführt und sich zum ehelichen Sex folgendermassen geäussert: «Der Ehegatte, der [den Geschlechtsverkehr, Anm. d. Autors] *fordert,* handelt aus dem Verlangen nach Lust heraus. Der Ehegatte, der *bereit ist,* sich der Pflicht zu unterwerfen, handelt aus ehelicher Treue heraus. Das Fordern ist daher sündhaft, das Gewährenlassen ein Verdienst.» (*In Sententiarum libri IV* 32,9; Hervorhebung durch den Autor.)

Unter Christen ist manchmal zu viel Aufhebens um dieses Thema gemacht worden. Andererseits ist aber noch einiges unausgesprochen geblieben.

Die Haltung der *katholischen Kirche* entspricht ganz ihrem Wesen: Sie ordnet Verbote an, droht mit dem Ausschluss und legt Regeln dogmatisch fest.

Was die *protestantische Kirche* betrifft, erleben wir gerade ein gefährliches Abdriften zu Positionen hin, die, meiner Ansicht nach, sogar noch schlimmer als die weltlichen sind: Die Ehen zwischen Homosexuellen nehmen zu und es gibt – wenn auch noch vereinzelt – homosexuelle Pastoren und Pastorinnen, die sich von der Kanzel herunter voller Stolz outen.

In den christlichen Gemeinden besteht häufig die Tendenz, diesen Themen aus dem Weg zu gehen, weil sie als schwierig gelten. Man tut dann lieber so, als sähe oder wüsste man nicht, wenn junge Leute, die sich als Christen bezeichnen, zusammen in Urlaub fahren und Sex haben, ohne dass sie miteinander verheiratet sind.

Wie verhält man sich nun richtig?

Welche Anweisungen gibt es?

Warum hat uns Gott sexuelle Wünsche gegeben, wenn er dann doch so klare Grenzen zieht?

Wenn wir Antworten auf diese Fragen haben wollen, müssen wir uns ansehen, was die Bibel dazu zu sagen hat, und ihre Anweisungen auf unsere heutige Situation übertragen. Wir werden dabei entdecken, dass ihre Lehren von zeitloser Gültigkeit sind und nicht von gegenwärtigen Auffassungen oder Gesellschaftsmodellen abhängen. Sie sind helle Fixsterne am geistlichen Horizont derer, die dem Herrn die Ehre geben wollen.

Der Begriff der Sexualität

Wie kommt es eigentlich zur Unterscheidung der Geschlechter im Schöpfungsplan Gottes? In der Bibel heisst es: *«Und Gott schuf den Menschen nach seinem Bild, nach dem Bild Gottes schuf er ihn; als Mann und Frau schuf er sie»* (1. Mose 1,27).

Was hier gleich auffällt ist, dass das Personalpronomen zuerst im Singular steht *(ihn)* und gleich darauf im Plural *(sie).* Warum dieser Unterschied in der Syntax? Schauen wir uns das der Reihe nach an.

Was ist, laut diesem Vers, die wichtigste Eigenschaft des Menschen? Eine Eigenschaft, die so wichtig ist, dass sie untrennbar zum Wesen des Menschen gehört? Es ist das Geschaffensein nach dem Bild Gottes.

Nach dem Bild Gottes sein

Was ist die *zweitwichtigste Eigenschaft?* Die Tatsache, dass Mann und Frau dieses Bild in sich tragen.

Nach dem Bild Gottes sein	Mann und Frau tragen dieses Bild in sich

Diesen beiden Merkmalen des Menschen als Geschöpf Gottes liegt ein ganz wesentlicher Gedanke zugrunde. Wir könnten fast sagen, dass er der *eigentliche* Gedanke der Sexualität ist. Im weitesten Sinn ist die Sexualität nämlich das, was diese beiden grundlegenden Merkmale miteinander verbindet, um das Bild Gottes in die Welt zu tragen. Mann und Frau spiegeln gewissermassen *gemeinsam* das Bild ihres Schöpfers wider. Die Trennung in zwei Geschlechter (männlich und weiblich) darf daher nicht nur als eine *biologische* Geschlechtertrennung verstanden werden, sondern muss auch im Hinblick auf ihre unterschiedliche *seelische Struktur* gesehen werden.[2]

Die Vereinigung eines Mannes und einer Frau *in der Ehe* bringt deshalb die im Schöpfungsplan vorgesehene Ergänzung (Komplementarität) gut zum Ausdruck. In einer solchen Verbindung ist die Sexualität eine Komponente, aber nicht die einzige.

Nach dem Bild Gottes sein

{ Liebe, Einsatz, Gefühle, Stütze, Sex, etc. }

Mann und Frau tragen dieses Bild in sich

So gesehen trägt der *körperliche* Aspekt der Sexualität dazu bei, die eheliche Einheit zu stärken. Voraussetzung dafür ist aber, dass es noch weitere Elemente gibt, die die Einheit *schon hergestellt* haben. Tatsächlich entsteht diese Einheit zuerst auf unterschiedlichen Ebenen (gefühlsmässige, geistliche). Erst dann wird sie durch die körperliche Ebene ergänzt.

Eine Beziehung, die in erster Linie auf anderen Faktoren beruht, findet also in der körperlichen Sexualität ihre Erfüllung.

Wenn nun von *Sexualität* die Rede ist, ist damit nicht die *sexuelle Aktivität* gemeint. Die Sexualität ist, wie wir gleich sehen werden, ein *Zustand*

[2] Der Mann neigt z. B. mehr zu rationalem Denken, während die Frau eher gefühlsmässig reagiert. Wie wir noch sehen werden, zeigen sich diese Unterschiede auch darin, dass Männer und Frauen mit Situationen und zwischenmenschlichen Beziehungen anders umgehen.

des Geistes. Die sexuelle Aktivität dagegen ist *der Gebrauch des eigenen Körpers* (insbesondere der Geschlechtsorgane), um sich körperlich mit einer Person des anderen Geschlechts zu vereinigen. Das sind also zwei Aspekte, durch die jeder Mensch sich selbst als ein *geschlechtliches* Wesen wahrnimmt, das entweder zum männlichen oder weiblichen Geschlecht gehört und die jeweiligen körperlichen und psychischen Unterschiede aufweist.

Mann oder Frau zu sein hat daher nicht nur mit der Zeugung zu tun. Alle Aspekte des Lebens sind davon betroffen; von den zwischenmenschlichen Beziehungen bis zum Umfeld, in dem wir leben. Wenn ein Junge lieber mit seinen Freunden Fussball spielen geht, während seine Schwester vielleicht mehr Gefallen daran findet, mit ihren Freundinnen einen Schaufensterbummel zu machen, heisst das, dass die beiden entsprechend der spezifischen Verhaltensweisen ihres Geschlechts handeln. Sie bestimmen, bis zu einem gewissen Grad, auch die Persönlichkeit eines Menschen.

Ein Junge denkt anders als ein Mädchen und er handelt auch anders. Wird er beleidigt, so antwortet er höchstwahrscheinlich mit Gewalt darauf. Ein Mädchen dagegen fängt vielleicht an zu weinen oder es läuft davon oder rächt sich auf andere Weise. Es ist aber sehr unwahrscheinlich, dass ein Mädchen dem Beleidiger gegenüber handgreiflich wird (von Ausnahmen abgesehen, die die Regel nur bestätigen).

Das hängt damit zusammen, dass die Sexualität (im Sinne der Zugehörigkeit zum einen oder anderen Geschlecht) unser Sein bestimmt. So gesehen ist also die Sexualität zuallererst ein *Zustand des Geistes.* Das heisst, dass Mann und Frau zunächst einmal im Kopf und nicht zuerst unter der Gürtellinie verschieden sind.

Diese Überlegungen zeigen, wie wichtig es ist, den Menschen in seinem Wesen zu verstehen, um sich über die Bedeutung der Sexualität im weiteren Sinn bewusst zu werden.

Einige Statistiken

Während einer Bibelfreizeit für Jugendliche sprach ich zum Thema «Sexualität vor der Ehe». Bevor ich mit meinem Vortrag begann, bat ich die Teilnehmer, einige Fragebögen auszufüllen. Ich wollte nämlich wissen, welche Auffassung es allgemein zu diesem Thema gab.[3]

Die Teilnehmer waren durchschnittlich 20 Jahre alt. 52% davon gaben an, mit der Erwachsenentaufe ihren Glauben öffentlich bezeugt zu haben.

---

[3] Einige Fragebögen wurden dem folgenden Werk entnommen und bearbeitet: Gérard Ducrozet, *Parlez-moi d'amour – guide pédagogique*, FJA, Lautenbach (F), 1995.

Das war vor allem bei den Mädchen (57%) der Fall. Alle Antworten blieben anonym.

Im ersten Fragebogen *(«Sexualität und was sie bedeutet»)* wollte ich wissen, welche der verschiedenen Aussagen ihrer Meinung über Sex am ehesten entsprechen würde. Auf die Frage: *«Welche dieser Aussagen trifft am ehesten deine Vorstellung von Sexualität?»*, gab es folgende Antworten:[4] Die Zahlen der vorhergehenden Spalte (GES) teilen sich wie folgt auf:

AUSSAGE	GES	J	M
ein wunderbares Geschenk	34,9%	39,5%	60,5%
gehört untrennbar zur Liebe	29,7%	36,9%	63,1%
ein schwer zu beherrschender Trieb	12,6%	48,4%	51,6%
für die Lust geschaffen	9,4%	39,2%	60,8%
wirft viele Fragen auf	4,8%	25%	75%
voller Risiken	4,1%	90%	10%
macht viel Sorgen	2,8%	28,5%	71,5%
bringt viele Schuldgefühle mit sich	1,3%	66,5%	33,5%
ist voller Unreinheit	0,4%	100%	0%

Wie diese Zahlen zeigen, neigen Mädchen eher als Jungen dazu, die Sexualität in enger Verbindung zur Liebe zu sehen – auch wenn sie für beide Geschlechter ein schwer zu beherrschender Trieb sein kann. Interessant ist auch, dass die Sexualität Mädchen eher beunruhigt, während sie bei Jungen zu Schuldgefühlen führen kann.

Das beweist meiner Ansicht nach, dass Jugendliche nicht immer eine klare Vorstellung von der eigenen Sexualität haben. Und, was noch wichtiger ist, dass sie manchmal nicht verstehen, welche Rolle Gott der Sexualität in unserem Leben gegeben hat. Möglicherweise liegt das daran, dass es in den Familien und Gemeinden keine richtige Sexualerziehung gibt. Über gewisse Themen wird einfach nicht geredet, weil sie tabu sind.

Dabei ist es so wichtig, dass Jugendliche zu diesem Thema eine klare Meinung haben.

Die Funktionen der körperlichen Sexualität

Was den *körperlichen* Aspekt der Sexualität betrifft (sexuelle Aktivität im engeren Sinn), kann sie von verschiedenen Blickwinkeln aus betrachtet werden.

Sehen wir uns nun die fünf wichtigsten Funktionen an, für die Sexualität geschaffen wurde.

---

[4] Es waren bis zu drei Antworten möglich, die ihrer Rangordnung nach gegeben werden mussten.

■ **Biologische Funktion.** Die körperliche Sexualität hat die Aufgabe, durch die Zeugung für die Aufrechterhaltung der Art zu sorgen. Die mit dem Geschlechtsakt verbundene Lust veranlasst die Menschen, sie zu suchen. Und genau das garantiert die Kontinuität der Art. *«Und Gott segnete sie, und Gott sprach zu ihnen: 'Seid fruchtbar und vermehrt euch, und füllt die Erde'»* (1. Mose 1,28). Kinder sind die Krönung einer Ehe, aber die Zeugung scheint nicht das vorrangige Ziel zu sein. Man ist auch dann eine Familie, wenn keine Kinder da sind. Der erste Segen, den Gott ausspricht, betrifft nur das Paar. Erst dann folgt die Anweisung, fruchtbar zu sein und sich zu mehren. Kinder sind deshalb ein zusätzlicher Segen: *«Siehe, ein Erbe vom Herrn sind Söhne, eine Belohnung die Leibesfrucht. Wie Pfeile in der Hand eines Helden, so sind die Söhne der Jugend. Glücklich der Mann, der seinen Köcher mit ihnen gefüllt hat!»* (Ps. 127,3–5).

■ **Lustbetonte Funktion.** Die sexuelle Aktivität ist eine Quelle der Lust, zur Freude und Einheit von Mann und Frau. *«Deine Quelle sei gesegnet, erfreue dich an der Frau deiner Jugend! Die liebliche Hirschkuh und anmutige Gemse – ihre Brüste sollen dich berauschen jederzeit, in ihrer Liebe sollst du taumeln immerdar!»* (Spr. 5,18–19). In einer Ehe haben Mann und Frau vielfältige und manchmal auch schwere Aufgaben. Sie erfordern viel Energie, sowohl körperlich als auch seelisch, sowohl in den eigenen vier Wänden als auch ausser Haus. Die Arbeit, die Kinder, verschiedene Verpflichtungen, Enttäuschungen, Frustrationen, Kämpfe, zwischenmenschliche Beziehungen, Stress – das alles lastet auf den Ehepartnern und verbraucht viel an emotionalen Ressourcen. So wird der Gefühlstank langsam leer und muss mit neuen Reserven aufgeladen werden. Die sexuelle Intimität ist dafür eine wertvolle und einzigartige Gelegenheit. Durch Zärtlichkeit, Zuneigung, körperliche Vereinigung und Liebkosungen können die Ehepartner ihre Gefühlsbatterien wieder aufladen. Und zwar deshalb, weil sie so ihr gegenseitiges Bedürfnis nach Liebe, Annahme, Sich-Begehrt-Fühlen, Mitteilung, Sicherheit und Wertschätzung befriedigen und einander helfen, sich von angestauten Spannungen zu befreien. *«Auch wenn zwei beieinander liegen, so wird ihnen warm»* (Pred. 4,11).

■ **Gefühlsbetonte Funktion.** Die sexuelle Aktivität dient dazu, emotionale Bedürfnisse zu stillen. *«Und Gott, der HERR, sprach: 'Es ist nicht gut, dass der Mensch allein sei; ich will ihm eine Hilfe machen, die ihm entspricht'... und Gott, der HERR, baute die Rippe ... zu einer Frau, und er brachte sie zum Menschen»* (1. Mose 2,18;22). An einem gewissen Punkt seiner Schöpfung sah der Herr, dass trotz all des Guten, das er geschaffen hatte, doch noch etwas fehlte. Er löste dieses Problem, indem er dem Mann ein anderes

Wesen zur Seite stellte: die Frau. Als Adam sie sah, stimmte er eine Art Danklied an: *«Diese endlich ist Gebein von meinem Gebein und Fleisch von meinem Fleisch»* (1. Mose 2,23). Der Mann war glücklich, jemanden zu sehen, der ihm ähnlich war und mit dem er die unterschiedlichen Aspekte des irdischen Lebens teilen konnte.

■ **Schutzfunktion.** Die Sexualität in der Ehe hat die wichtige Aufgabe, den Menschen vor Versuchungen gerade im sexuellen Bereich zu schützen. *«Aber um der Unzucht willen habe jeder seine eigene Frau, und jede habe ihren eigenen Mann … Entzieht euch einander nicht, es sei denn nach Übereinkunft eine Zeitlang, damit ihr euch dem Gebet widmet und dann wieder zusammen seid, damit der Satan euch nicht versuche, weil ihr euch nicht enthalten könnt»* (1. Kor. 7,2;5). Wenn wir bei einer bestimmten Person körperliche Lust empfinden, so wird es uns leichter fallen, uns auch gefühlsmässig stärker mit ihr verbunden zu fühlen. Abgesehen davon setzt sexuelle Befriedigung in unserem Hormonsystem Substanzen frei, die so genannten Endorphine, die uns Wohlbefinden und Freude verschaffen. Es scheint, dass diese Substanzen auch eine grössere Widerstandsfähigkeit gegenüber Krankheitserregern bewirken.

■ **Soziale Funktion.** Schliesslich trägt die Sexualität, deren Aufgabe es ist, ein körperliches Verlangen bei einem Partner zu befriedigen, der uns in seinem Wesen ergänzt, auch dazu bei, die Verbundenheit und das Zusammengehörigkeitsgefühl zweier Menschen zu stärken. *«Ich sage euch, den Unverheirateten und den Witwen: es ist gut für sie, wenn sie bleiben wie ich. Wenn sie sich aber nicht enthalten können, so sollen sie heiraten, denn es ist besser, zu heiraten, als vor Verlangen zu brennen»* (1. Kor. 7,8–9). Sie schützt uns auch vor wechselnden Geschlechtspartnern und vor Unmoral. Die Geschichte lehrt, dass Reiche, in denen es unmoralische sexuelle Sitten gab, in kurzer Zeit untergegangen sind. Man könnte fast sagen, dass die Sexualität in gewisser Weise zur Festigung einer Gesellschaft beiträgt.

Wir sehen also, dass sich der Bogen der menschlichen Sexualität sehr weit spannt. Gerade diese Komplexität ihres Wesens und ihrer Funktion muss uns dazu bringen, uns ernsthaft mit den Anweisungen Gottes zu einem so heiklen und intimen Thema unseres Lebens auseinander zu setzen.

Die sexuelle Intimität ist nämlich eine besondere und einzigartige Möglichkeit, um zwei Menschen, die sich lieben, zu vereinen. Sie müssen sich aber vorher begegnen, um sich kennen lernen zu können. Und vielleicht ist das das Schwierigste an der ganzen Sache, denn Mann und Frau leben auf zwei unterschiedlichen Planeten …

2. Bewohner zweier unterschiedlicher Planeten

Welche Erwartungen haben wir?

Was erwartet ein Junge von einem Mädchen? Wie soll sie seiner Meinung nach sein? Welche Tugenden sollte sie haben?

Und was will ein Mädchen von einem Jungen? Welche Eigenschaften muss er haben, damit sie glaubt, genau der und kein anderer sei die Person, die zu ihr passt?

Es ist nicht einfach, diese Fragen zu beantworten.

Ein Dichter schrieb einmal: *«Eine Frau ist wie ein fremdes Land, dessen Sitten, Politik und Sprache ein Mann, auch wenn er schon in jungen Jahren dorthin kam, doch niemals wirklich verstehen kann».*[1]

Selbst Freud gab in einer seiner Schriften zu: «Die grosse Frage (…) auf die ich, trotz dreissigjähriger Forschungen über die weibliche Seele, keine Antwort gefunden habe, ist: 'Was will eine Frau?'».[2]

Diese beiden, von Männern verfassten Aussprüche bringen etwas sehr gut zum Ausdruck: *Sehr oft scheinen Männer und Frauen Bewohner zweier unterschiedlicher Planeten zu sein.* Und doch wird gerade von einem Mann und einer Frau erwartet, dass sie durch Ehe und Zeugung für den Fortbestand der Menschheit sorgen. Es muss deshalb darum gehen, die Eigenschaften des anderen Geschlechts so gut wie möglich kennen zu lernen, um eine befriedigende Beziehung aufbauen zu können.

Wir müssen lernen, unsere gegenseitigen Erwartungen in Einklang zu bringen, bevor wir uns auf eine Liebesbeziehung einlassen. Noch bevor wir uns also fragen, wer wohl unser/e Seelengefährte/-in ist, müssen wir herausfinden, welche Eigenschaften die Bewohner des anderen Planeten haben.

In den nächsten beiden Kapiteln werden wir sehen, welche Faktoren bei der Partnerwahl ausschlaggebend sind. So soll hier nur kurz auf die Unterschiede zwischen den Geschlechtern eingegangen werden.

In jeder Beziehung und in jedem zwischenmenschlichen Verhältnis gibt es Erwartungshaltungen, d. h. wir erwarten etwas von der anderen Person. Diese Erwartungshaltungen können von dem beeinflusst sein, was wir *sehen.* Das Äussere einer Person ist etwas, das wir sofort erkennen können.

---

1 Coventry Patmore, *L'angelo della casa (Der Engel des Hauses).*

2 Sigmund Freud, zitiert von Ch. Rolo, *Psychiatry in American Life.*

Die Tatsache, dass jemand dünn oder dick, gross oder klein, zart oder muskulös, blass oder gebräunt ist, hilft uns, uns insgesamt ein Bild von diesem Menschen zu machen.

Seine Art, sich zu kleiden und seine Erziehung können uns dabei eine zusätzliche Hilfe sein. Die Erwartungen, die auf einem *äusseren* Erscheinungsbild beruhen, sind somit leicht erkennbar. Sie können daher *anfangs* auch unsere Entscheidungen beeinflussen.

Jungen und Mädchen wissen um die Unterschiede zwischen den Geschlechtern. Aber oft sehen sie diese Unterschiede nur in den offensichtlichsten und am leichtesten erkennbaren Bereichen. Das heisst in solchen, die, äusserlich gesehen, direkt mit ihrem *Mann- oder Frausein* zusammenhängen.

Die Dinge liegen aber ganz anders, wenn die Erwartungen nicht sofort erkennbare Faktoren betreffen. Dann nämlich ist es wirklich so, dass Männer Frauen als Bewohner eines anderen Planeten ansehen, und umgekehrt.

Diese Faktoren betreffen Unterschiede in der *Psyche und im Verhalten* von Mann und Frau. Wenn wir diese Unterschiede kennen, werden wir besser miteinander kommunizieren können.

Einige Statistiken

Ich sprach im ersten Kapitel von den Ergebnissen einer Umfrage unter Jugendlichen. Bei derselben Bibelfreizeit teilte ich einen anderen Fragebogen aus, den ich *«Sexualität und Unterschiede»* nannte. Es gab dabei verschiedene Aussagen, denen man zustimmen, nicht zustimmen oder mit «Ich weiss nicht» antworten konnte.

Hier nun einige Ergebnisse.

	Ich stimme zu		Ich stimme nicht zu		Ich weiss nicht	
AUSSAGEN	J	M	J	M	J	M
Mädchen sind für zärtliche Worte sehr zugänglich	84,5%	100%	/	/	15,5%	/
Ein Junge ist visuell leichter erregbar als ein Mädchen	80,5%	79,5%	12%	3,5%	7,5%	17%
Ein Junge muss ein Mädchen nicht unbedingt lieben, um mit ihm zu schlafen	44%	45,5%	48,5%	34%	7,5%	20,5%

Ein Mädchen muss einen Jungen nicht unbedingt lieben, um mit ihm zu schlafen	29,5%	20,5%	48,5%	53%	22%	26,5%
Männern fällt es leichter, über ihre Gefühle zu reden als Frauen	13%	11,5%	65,5%	53%	21,5%	35,5%

Was sagen uns diese Zahlen?

■ Mit der ersten Aussage (*«Mädchen sind für zärtliche Worte sehr zugänglich»*) sind alle Mädchen einverstanden (100%). Das heisst, dass sie sehr genau wissen, was sie wollen. Frauen erleben die Sexualität tatsächlich auf romantischere Weise als Männer. Nur wenige Jungen (15,5%, aber wahrscheinlich handelt es sich dabei um die Jüngeren) wissen darüber nicht Bescheid. Es könnte deshalb sein, dass sie in ihren Beziehungen zum anderen Geschlecht dieses wichtige Bedürfnis der Frau vernachlässigen.

■ Die zweite Aussage (*«Ein Junge ist visuell leichter erregbar als ein Mädchen»*) betrifft eine typisch männliche Eigenschaft: die visuelle Erregung. Das ist auch der Grund, weshalb vorwiegend Männer pornografische Zeitschriften lesen. Gut 80,5% der Jungen sind sich dessen bewusst und 79,5% der Mädchen. 17% der Mädchen wissen darüber aber nicht Bescheid.

■ 20,5% der Mädchen wissen nicht, ob (*«ein Junge ein Mädchen nicht unbedingt lieben muss, um mit ihm zu schlafen»*.) Wie wir noch sehen werden, kann ein Junge sehr wohl sexuellen Verkehr mit einem Mädchen haben, das er nicht liebt. Die physische Anziehung, die auf ihren *Körper,* nicht aber auf ihre *Person* gerichtet ist, gleicht den Mangel an Gefühlen aus. Für ein Mädchen ist das nicht so leicht, denn es legt in einer Beziehung grösseren Wert auf die Gefühlskomponente.

■ Der vierten Aussage (*«Ein Mädchen muss einen Jungen nicht unbedingt lieben, um mit ihm zu schlafen»*) stimmen daher auch 53% der Mädchen nicht zu. Ein bisschen besorgniserregend ist es aber, meiner Meinung nach, dass gut 26,5% der Mädchen keine Antwort auf etwas haben, das ihr Inneres betrifft. Weniger überraschend scheint mir da die Reaktion der 22% der Jungen zu sein, die zugeben, den Planeten Frau nicht gut genug zu kennen, um darauf antworten zu können.

■ Bei der letzten Aussage (*«Männern fällt es leichter, über ihre Gefühle zu reden als Frauen»*) fällt auf, dass gut 21,5% der Jungen und 35,5% der Mädchen nicht in der Lage sind, eine Antwort darauf zu geben.

Insgesamt liefern uns diese Ergebnisse einen wichtigen Hinweis: *Sehr oft kennen sich Jungen und Mädchen gar nicht.* Sie kommen aus zwei verschiedenen Welten und bringen einen unterschiedlichen Erfahrungsschatz mit. Und deshalb haben sie auch verschiedene Sichtweisen.

Oft glauben wir aber, dass eine Person des anderen Geschlechts genauso denkt und fühlt wie wir. Wir sind der Meinung, sie müsste so reagieren wie wir und aus denselben Motivationen heraus handeln und ihr müssten auch dieselben Dinge wie uns durch den Kopf gehen. Kurz gesagt, sie müsste die gleichen Erwartungen haben wie wir.

Diese Unterschiede können zwei Menschen *trennen,* wenn man sie nicht anerkennt und richtig mit ihnen umgeht. Sie können aber auch zwei Menschen immer näher *zusammenführen,* wenn beide lernen, die Unterschiede zu schätzen. *Das hängt davon ab, wie viel Platz man der Kommunikation einräumt!* Miteinander zu reden ist von grundlegender Bedeutung, um sich wirklich kennen zu lernen. Wenn man sich erst einmal durch gutes Kommunizieren kennen lernt, entdeckt man, dass der Unterschied zwischen Mann und Frau eine wunderbare Chance sein kann, sich zu ergänzen.

Ähnlich, aber doch nicht gleich!

Es mag zwar komisch klingen, aber die wesentlichsten Unterschiede zwischen Mann und Frau sind nicht biologischer Art. Dass sie sich im Körperbau unterscheiden, ist ja ziemlich offensichtlich. In Wirklichkeit sind es aber die weniger eindeutigen Unterschiede, die in einer Liebesbeziehung zwischen zwei Menschen ausschlaggebend sind, d. h. die Unterschiede, die das Innere betreffen.

Sehen wir uns kurz einige dieser Unterschiede an:

- **Unterschiede im Denken und in der Wahrnehmung.** Mann und Frau denken anders. Diese Unterschiede zwischen den Geschlechtern führen dazu, dass sie mit einer Situation anders umgehen. Sie wird daher auch auf verschiedene Weise analysiert und wahrgenommen. So neigt z. B. der Mann bei der Schilderung eines Problems eher dazu, *rationaler* zu sein und die Fakten darzulegen. Die Frau wird dagegen die *gefühlsmässige* Seite des Problems stärker betonen. Die Frau hat nämlich mehr die *Person* und die Einzelheiten im Auge. Der Mann neigt aber eher dazu, den Sachverhalt an sich zu sehen, was ihm eine räumlichere Wahrnehmung und ein abstrakteres Denken ermöglicht. Ihn faszinieren grosse abstrakte Prinzipien, die an das rationale Denken gebunden sind.

Da er theoretischer ist, denkt der Mann *nach logischen Schemen.* Es fällt ihm leichter, auf gedanklicher Ebene Bereiche voneinander abzugrenzen. Deshalb kann er auch sexuellen Verkehr mit einer Frau haben, die er gar nicht liebt: Er lässt den Raum der Gefühle verschlossen und öffnet nur den der sexuellen Anziehung.

Die Frau denkt dagegen *ganzheitlicher.* Ihre Fähigkeit der Wahrnehmung steht mehr in Zusammenhang mit der Erfahrung. Sie denkt konkreter, und im Allgemeinen fällt es ihr leichter, Beziehungen aufzubauen.

Das soll nicht heissen, dass der Mann oder die Frau intelligenter ist, sondern nur, dass sie auf die Umwelt unterschiedlich reagieren.

■ **Emotionelle Unterschiede.** Dadurch dass er *rationaler* ist, fällt es dem Mann schwerer, über seine Gefühle und Emotionen zu sprechen. Die Frau, die *beziehungsfreudiger* ist, hat dagegen Mühe, ihre Gefühle zu beherrschen. Eine Frau lässt sich z. B. leichter von familiären Problemen anderer anrühren, weil sie von Natur aus ihren Mitmenschen offener gegenübertritt. Der Mann geht dabei mehr auf Distanz, was aber nicht heisst, dass er nicht auch sensibel dafür ist. Es hängt einfach damit zusammen, dass er aufgrund seiner geistigen Struktur Emotionen anders als die Frau verarbeitet.

■ **Unterschiede im Sexualleben.** Es ist wichtig, darauf hinzuweisen, dass es auch im Sexualleben bedeutende Unterschiede gibt. In einer festen Partnerschaft (d. h. einer Ehe), sind es, laut Statistik, in acht von zehn Fällen die Männer, die die Initiative zum sexuellen Verkehr ergreifen. In der Regel hat nämlich die Frau ein weniger starkes sexuelles Verlangen als der Mann, was hormonbedingt ist: Der Geschlechtstrieb wird von den Androgenen (männliche Sexualhormone) gesteuert, die im Mann zehn bis zwanzig Mal höher sind als bei der Frau. Die Frau *erregt sich* daher nicht so schnell wie der Mann. Ihre Sexualität ist ausserdem *zyklisch,* d. h. sie ist an ihren Hormonzyklus gebunden und an ihre beständige emotionale Bindung an den Partner. Für die Frau ist die Partnerschaft im Allgemeinen dann perfekt, wenn das sexuelle Verlangen aus einem starken Gefühl resultiert.

Der Mann hat dagegen eine *azyklische* Sexualität, d. h. sie ist an nichts gebunden, ausgenommen Faktoren, die erregend wirken, wie z. B. der Anblick einer besonders anziehenden Frau. Der Mann ist nämlich *visueller,* also mehr von optischen Eindrücken angezogen. Deshalb sagte Jesus auch: *«Ich aber sage euch, dass jeder, der eine Frau ansieht, sie zu begehren, schon Ehebruch mit ihr begangen hat in seinem Herzen»* (Matth. 5,28).

In sexueller Hinsicht gleicht der Mann einer Knallgasflamme: Es genügt ein Streichholz, und schon entzündet sie sich. Aber sie kann auch genauso schnell wieder verlöschen. Die Frau hingegen lässt sich mit einem Ofen vergleichen: Es braucht Zeit, bis die richtige Temperatur erreicht ist. Dafür ist sie aber auch besser in der Lage, über längere Zeit hinweg eine gewisse Hitze zu halten.

Das ist darauf zurückzuführen, dass die Sexualität der Frau *ganzheitlicher* ist, also Herz und Verstand mit einbezieht. Die sexuelle Aktivität der Frau schliesst daher eine ganze Reihe von Faktoren mit ein, die ihre Gefühlswelt betreffen. Um sich beim sexuellen Verkehr ganz hingeben zu können, braucht sie ein Gefühl der Sicherheit und Stabilität.

Beim Mann ist die sexuelle Aktivität vorwiegend auf den Körper gerichtet. Der romantische Rahmen ist für ihn nur bis zu einem gewissen Grad von Bedeutung. Sein sexuelles Verlangen muss in der Regel nicht erst auf emotionaler Ebene entfacht und gefördert werden. Das soll jetzt keineswegs heissen, dass der Mann triebhaft ist und nur das Eine im Kopf hat! Im Gegensatz zur Frau ist seine Erregbarkeit aber stärker an optische Reize und Berührungen gebunden.

Schliesslich ist auch noch zu bedenken, dass etwas, das einem Mädchen vielleicht harmlos erscheint, einen Jungen erregen kann (z. B. ein gewagtes Kleidungsstück oder eine Berührung, die der Junge als sexuelle Bereitschaft deutet, während sie für das Mädchen nur Ausdruck von Zärtlichkeit und Zuneigung ist). Die Frage, die dabei vielen jungen Männern durch den Kopf geht, ist: «Wird sie mitmachen?», während viele junge Frauen denken: «Wird er sich zurückhalten?» Allerdings gibt es heute schon immer mehr Mädchen, die hinter Jungen her sind. Sie ergreifen die Initiative und lachen Jungen aus, wenn sie bestimmte Grenzen nicht überschreiten wollen. Auch das ist ein Zeichen des moralischen Verfalls.

Natürlich gibt es bei beiden Geschlechtern Ausnahmen. Das bisher Gesagte ist nur eine allgemeine Beschreibung der wichtigsten Unterschiede, trifft aber nicht in jedem einzelnen Fall zu.

Jeder Mensch hat Eigenschaften, die auf ein verallgemeinerndes Modell zutreffen. Er hat aber auch Besonderheiten, die ihn zu einem einzigartigen Individuum machen. Die individuellen Erfahrungen sind ausschlaggebend für jene Charakterzüge, die insgesamt unsere Persönlichkeit ausmachen. Unsere Erfahrungen, unsere Gefühle, unsere Erziehung, unsere Werte, unsere Ideale, unsere Meinungen – sie alle tragen dazu bei, die individuelle Persönlichkeit zu entfalten, in die sich eine andere Person verlieben kann.

Deshalb sind auch das Gespräch und der Gedankenaustausch so wichtig, denn sie ermöglichen es, einander wirklich kennen zu lernen. Denn erst wenn sich zwei Menschen gut kennen, sind sie auch in der Lage, eine stabile und dauerhafte Beziehung zueinander aufzubauen.

Die Zeit, in der junge Leute anfangen, einen Planeten zu erforschen, der so anders als ihr eigener ist, ist sehr wichtig. Aber ganz wesentlich dabei ist, auf dieser Reise auch eine Karte zur Orientierung bei sich zu haben.

Und vor allem muss man wissen, worauf man eigentlich zusteuert, um herauszufinden, welcher von den Bewohnern des anderen Planeten unser ständiger Reisebegleiter werden könnte.

3. Endziel Heirat?

Heute wird viel über die Ehe gesprochen: Die einen reden mit Begeisterung davon, andere schwärzen sie an und wieder andere ziehen Formen des Zusammenlebens vor, bei denen man keinerlei Verpflichtung eingeht.

Laut Statistik leben in Italien 3% aller Paare nur zusammen.[1]

Anscheinend heiraten heute junge Leute nicht mehr so gern. Gut 58% der zwischen 18- und 34-Jährigen (fast sechs von zehn!) leben nämlich lieber weiterhin bei den Eltern, als eine eigene Familie zu gründen. Nur bei 15% der Befragten liegt der Grund für diese Entscheidung bei Problemen, die im Zusammenhang mit der Arbeit stehen, während 47% nicht einsehen, warum sie heiraten sollten. Es geht ihnen auch so gut und sie wollen die Freiheit, zu tun und zu lassen, was ihnen gefällt, nicht aufgeben. So müssen sie sich auch nicht darum kümmern, eine Familie zu erhalten.[2]

Die Entscheidung zu heiraten ist natürlich nicht etwas, das man auf die leichte Schulter nehmen sollte. Es geht ja nicht darum, ein Kleidungsstück oder ein Auto zu kaufen. Wir können uns des Ehepartners nicht so einfach «entledigen», wenn er uns nicht mehr passt! Wir müssen deshalb klug sein und uns dabei von den geistlichen und praktischen Anweisungen der Bibel führen lassen. Nur sie weisen uns den richtigen Weg, wenn wir uns im Irrgarten der Liebe verloren haben, oder wenn wir ganz durcheinander sind, weil wir nicht wissen, was wir aus unserem Leben machen sollen.

Die Ehe kann das aufregendste Abenteuer im Leben sein. Sie kann aber auch zu einer heimtückischen Falle werden. Alles hängt davon ab, wie wir uns bei dieser so wichtigen Entscheidung verhalten. Und vor allem, ob wir ihre Ziele kennen und wissen, was uns erwartet, um sie zu erreichen. Jesus sagte: *«Denn wer unter euch, der einen Turm bauen will, setzt sich nicht vorher hin und berechnet die Kosten, ob er das Nötige zur Ausführung habe?»* (Luk. 14,28).

Oft heiratet man, ohne sich der gegenseitigen Verpflichtung bewusst zu sein, die eine Ehe mit sich bringt. Manchmal wird sie vielleicht als Mittel angesehen, um die eigenen emotionalen und sexuellen Bedürfnisse befriedigen zu können. Aber die Realität sieht anders aus. Die Ehe verlangt Einsatz, Opfer, Hingabe und Willenskraft. Das sind die *Kosten,* die zu zahlen sind. Wenn aber die Liebe eines Menschen von der Liebe Gottes getragen wird, ist der *Nutzen,* den die Ehe bringt, unschätzbar.

---

[1] Siehe auch den Artikel über das Zusammenleben im *Anhang II.*

[2] Diese Zahlen wurden in der italienischen Tageszeitung *La Repubblica* vom 30.03.99 veröffentlicht.

Ehe oder Ehelosigkeit

Sowohl die Ehe als auch die Ehelosigkeit müssen als eine *Berufung* Gottes angesehen werden. Leider erweisen sich nicht alle, die heiraten, auch als die geeigneten Ehepartner. Warum?

Zuerst einmal wegen der Sünde und des Egoismus, die in uns allen stecken. Und dann auch, weil einige erst nach der Heirat merken, dass sie nicht wirklich zusammenpassen. Es zeigt sich bald, dass man zu verschieden ist, und im schönen Garten der Liebe fängt hier und dort das Unkraut der Enttäuschung und der Unzufriedenheit an zu spriessen.

Wir müssen daran denken, dass die Ehe eine Entscheidung für das ganze Leben ist, die immer wieder neue Entscheidungen nach sich ziehen wird. In einer Partnerschaft gibt es nämlich Tag für Tag viele Entscheidungen, die zu treffen sind.

Es ist ein ständiges Sich-Entscheiden zwischen Selbstsucht oder Selbstlosigkeit.

Zwischen Stolz oder Demut.

Zwischen Härte oder Güte.

Zwischen der Erfüllung der eigenen Bedürfnisse oder der des Partners.

Zwischen dem Verlangen oder dem Geben.

Zwischen Kritik oder Ermutigung.

Zwischen einem Wort, das verletzt, oder einem, das erbaut.

Zwischen dem Verurteilen oder dem Vergeben.

Zwischen dem Sich-Dienen-Lassen oder dem Anderen-Dienen-Wollen.

Wer bereit ist, alle diese Entscheidungen verantwortungsvoll zu treffen, ist schon recht weit gekommen.

Was die Ehe oder die Ehelosigkeit betrifft, gibt es aber noch einige Überlegungen anzustellen.

■ Sowohl das eine als auch das andere ist eine Gabe. *«Wer eine Frau gefunden, hat Gutes gefunden und hat Wohlgefallen erlangt von dem HERRN»* (Spr. 18,22). *«Haus und Habe sind ein Erbteil der Väter, von dem HERRN aber ist eine einsichtsvolle Frau»* (Spr. 19,14). *«Ich wünsche aber, alle Menschen wären wie ich;* [der Apostel Paulus bezieht sich dabei auf seine eigene Ehelosigkeit, Anm. d. Autors] *doch jeder hat seine eigene Gnadengabe von Gott, der eine so, der andere so»* (1. Kor. 7,7). *«Nicht alle fassen dieses Wort, sondern die, denen es gegeben ist; denn es gibt Verschnittene, die von Mutterleib so geboren sind; und es gibt Verschnittene, die von Menschen verschnitten worden sind; und es gibt Verschnittene, die sich selbst verschnitten haben um des Reiches der Himmel willen. Wer es fassen kann, der fasse es!»* (Matth. 19,11–12).

■ Die Ehe ist auch ein Zugeständnis. *«Aber um der Unzucht willen habe jeder seine eigene Frau, und jede habe ihren eigenen Mann. (...) Dies aber sa-*

ge ich als Zugeständnis, nicht als Befehl. (...) Ich sage euch den Unverheirateten und den Witwen: es ist gut für sie, wenn sie bleiben wie ich. Wenn sie sich aber nicht enthalten können, so sollen sie heiraten, denn es ist besser, zu heiraten als vor Verlangen zu brennen» (1. Kor. 7,2;6;8–9).

- In manchen Fällen ist sie auch eine Pflicht. *«Ich will nun, dass jüngere Witwen heiraten, Kinder gebären, den Haushalt führen, dem Widersacher keinen Anlass zur Schmähung geben»* (1. Tim. 5,14).
- Sie ist aber immer etwas Ehrenvolles. *«Die Ehe sei ehrbar in allem»* (Hebr. 13,4).
- Interessant ist auch, dass das Verbot zu heiraten eines der Zeichen des Abfalls ist:[3] *«Der Geist aber sagt ausdrücklich, dass in späteren Zeiten manche vom Glauben abfallen werden, indem sie auf betrügerische Geister und Lehren von Dämonen achten, durch die Heuchelei von Lügenrednern, die in ihrem eigenen Gewissen gebrandmarkt sind, die verbieten zu heiraten ...»* (1. Tim. 4,1–3).

Die *Entscheidung* für die Ehe oder für die Ehelosigkeit hat deshalb, laut der Bibel, dieselbe Würde und denselben Wert.[4] Es ist allerdings wichtig, die Ziele zu kennen, die in einer Ehe verwirklicht werden sollen.

Die Ziele einer Ehe

In einer meiner früheren Schriften[5] habe ich bereits davon gesprochen, welches die Ziele in einer Ehe sind. Ich werde hier nochmals einige Gedanken dazu aufgreifen.

Stellen wir uns zuerst einmal die Frage, warum jemand überhaupt heiratet.

- aus Liebe
- weil man den Wunsch hat, miteinander zu leben
- um das Leben miteinander zu teilen und sich gegenseitig zu helfen
- um nicht alleine zu bleiben

---

[3] *Abfall* bedeutet allgemein die Leugnung eines Glaubensbekenntnisses, einer Lehre oder eines moralischen Prinzips. Das Neue Testament spricht davon im Zusammenhang mit der Zeit, die der Wiederkunft Christi unmittelbar vorausgeht. Sie wird von Untreue und der Abkehr vieler Christen vom Glauben geprägt sein, die aber nur Namenschristen sind, (vgl. 2. Thess. 2,3).

[4] Nach Meinung Thomas' von Aquin allerdings (gestorben 1274), einem der bedeutendsten Theologen der katholischen Kirche, der sogar als *Lumen Ecclesiae* bezeichnet wurde, ist die Ehelosigkeit der Ehe weit überlegen. So kommt er denn auch an mehreren Stellen seines Werks *Summa Theologiae* wieder auf die von Girolamo bereits im 4. und 5. Jh. gemachten Berechnungen zu sprechen, wonach Unverheiratete im Paradies den Siegespreis zu 100% verdienen, Verwitwete zu 60% und Verheiratete zu 30%!

[5] Marco Distort, *Ruoli e responsabilità nel matrimonio (Rollen und Aufgaben in der Ehe)*, UCEB, Fondi (Lt), 2001.

- um jemanden zu haben, der einem seine Bedürfnisse stillt
- weil man ein Kind erwartet
- weil es alle tun
- weil die Ehe von Gott eingesetzt wurde
- aus Eigennutz
- um einer familiären Situation zu entfliehen, die man nicht mehr ertragen kann
- etc.

Einige dieser Gründe sind legitim, andere dagegen nicht.

Einige davon sind eigennützig, andere wieder beruhen auf echter Liebe.

Einige davon sind die Folge des Ungehorsams gegenüber Gottes Gesetzen (z. B. eine ungewollte Schwangerschaft aufgrund vorehelichen Geschlechtsverkehrs ...).

Wenn eine Ehe aus eigennützigen oder unrechtmässigen Gründen geschlossen wird, kommt es meistens zu Trennung und Scheidung. Wenn man aber heiratet und sich dabei über die Ziele einer Ehe im Klaren ist, dann wird sie zu einer Beziehung, die unter all den anderen zwischenmenschlichen Beziehungen einzigartig ist.

Es gibt mindestens fünf wesentliche Ziele in einer Ehe. Wenn wir sie uns klar vor Augen halten, werden wir auch den Plan des göttlichen Bauherrn begreifen können. *«Wenn der HERR das Haus nicht baut, arbeiten seine Erbauer vergebens daran»* (Ps. 127,1). *«Durch Weisheit wird ein Haus gebaut, und durch Verstand wird es befestigt; und durch Erkenntnis füllen sich die Kammern mit allerlei kostbaren und angenehmen Gütern»* (Spr. 24,3–4).

Wenn wir uns diese fünf Ziele einer Ehe näher ansehen, sollte uns auch die Bedeutung bewusst werden, die die Ehe für Gott und für uns selbst hat.

Wir werden dabei auch die Weisheit Gottes erkennen, die von Anbeginn der Welt die geistlichen Massstäbe festgelegt und offenbart hat. So dürfen Männer und Frauen, die seinen Geboten folgen, in der Ehe den Segen erleben, den Gott für sie bereithält.

1. **Um das Bedürfnis des Menschen nach Gemeinschaft zu befriedigen.** Im ersten Kapitel wurde schon darauf hingewiesen, dass Gott in jeder Schöpfungsphase sein Wohlgefallen an dem von ihm Geschaffenen ausdrückte: *«Und Gott sah, dass es gut war»* (1. Mose 1,4;10;12;18;21;25). Als er jedoch den Menschen schuf, fügte er hinzu, dass *«es nicht gut ist, dass der Mensch allein sei»* (1. Mose 2,18a). Die Schöpfung war gut, aber noch nicht vollständig. Es fehlte noch ein Element, damit sie *«sehr gut»* wurde: die Frau (1. Mose 1,31).

Der Mensch hat einen ausgeprägten Gemeinschaftssinn. Neuere Statistiken zeigen deshalb auch, dass die Einsamkeit eine der grössten Ängste des Menschen ist. Manche fürchten sie sogar noch mehr als den Tod. So hat der Schöpfer die Ehe eingesetzt, um dieses Bedürfnis seiner Geschöpfe zu stillen.

Man darf aber die eheliche Gemeinschaft nicht nur als Heilmittel gegen die Einsamkeit verstehen. Andernfalls würde sie nämlich jene Würde verlieren, die sie aus sich selbst heraus besitzt und von der bereits die Rede war: *«Die Ehe sei ehrbar in allem»* (Hebr. 13,4).

Es ist wichtig, daran zu erinnern, dass man dem Bedürfnis nach Gemeinschaft nicht oberflächlich und nur vorübergehend nachkommen darf. Es wird erst dann vollkommen befriedigt, wenn zwei Menschen sich verpflichten, auf einem gemeinsamen Lebensweg einander eine Stütze zu sein.

2. **Um die im Schöpfungsplan vorgesehene Komplementarität zu verwirklichen.** Neben dem Wunsch nach Gemeinschaft braucht der Mensch *«eine Hilfe, die ihm entspricht»* (1. Mose 2,18 b). Er braucht nicht eine allgemeine Hilfe, sondern eine Hilfe, *die ihm entspricht.* Eine allgemeine Hilfe kann er in jedem Mittel finden, das ihm die Ausübung seiner täglichen Aufgaben erleichtert. Als der Herr sämtliche Tiere zu Adam führte und dieser *«Namen allem Vieh und den Vögeln des Himmels und allen Tieren des Feldes gab»* (1. Mose 2,20), hatte er eine allgemeine Hilfe gefunden: Die Ochsen konnten ihm bei der Bearbeitung der Felder behilflich sein, der Hund sein Haus bewachen, die Hühner Eier liefern, etc. Dennoch heisst es: *«Aber für Adam fand er keine Hilfe, ihm entsprechend.»*

Eine Hilfe, *die ihm entspricht,* hat einen höheren Wert und ist komplexer als eine *allgemeine* Hilfe. Es geht vor allem darum, ein Gegenüber zu haben, mit dem man sich austauschen kann. Jemanden, mit dem man eine *gleichwertige Beziehung* auf mehreren Ebenen aufbauen kann: geistig, gefühlsmässig, intellektuell …

Wir haben dann eine Hilfe, die uns entspricht, wenn jemand mit uns dieselben Lebensziele teilt.

Es ist jemand, der sich gemeinsam mit uns bemüht, zu einer immer tieferen Verbundenheit zu finden.

Keiner ist sich selbst genug. Wir alle sind aufeinander angewiesen.

Abschliessend soll auch daran erinnert werden, dass die Ehe nicht die Vereinigung zweier halber, sondern zweier ganzer Menschen ist, mit ihrer Persönlichkeit, ihrem Temperament, ihren Wünschen, Idealen, Träumen … Diese beiden «Ganzen» ergeben zusammen ein vollkommen neues Ganzes, das es vorher so nicht gab. Jesus sagte, dass zwei Menschen, die heiraten *«nicht mehr zwei, sondern ein Fleisch sind»* (Mark. 10,8).

3. **Um Kinder zu bekommen und sie grosszuziehen.** *«Und Gott segnete sie, und Gott sprach zu ihnen: 'Seid fruchtbar und vermehrt euch, und füllt die Erde'»* (1. Mose 1,28 a). Die Ehe ist der geeignete Rahmen, um Kinder zu haben. Wenn eine Ehe «funktioniert», kommt das nicht nur den Ehepartnern zugute. Gott selbst wird in einer solchen Ehe verherrlicht. Wenn nämlich Gottes Ziele für die Familie beachtet werden, wird diese Ehe zu einem Segen, der sich nicht nur auf die Familie alleine auswirkt. So begegnet man oft jemandem, der sich über die Verbundenheit mancher Ehepaare wundert und meint, dass das Zusammensein mit ihnen eine Freude sei, weil sie ein Gefühl von Frieden, Heiterkeit und Liebe *vermitteln.* Das ist eine Art, durch die Gott auch ohne Worte verherrlicht wird.

Eine solche Ehe ist ein wunderbares Zeugnis. Sie ist aber vor allem der ideale Rahmen, um Kinder zu bekommen und sie grosszuziehen.

Andererseits kann man sich die seelischen Probleme jener Kinder gar nicht vorstellen, die in einem gefühlslabilen Umfeld aufwachsen. Ganz zu schweigen von der Gewalt und dem Missbrauch, die in den eigenen vier Wänden geschehen!

Man muss fairerweise aber auch sagen, dass die *Ehe an sich* noch keine Garantie dafür ist, Kinder im richtigen Rahmen aufwachsen zu lassen, in dem sich ihre Persönlichkeit entfalten kann und sie zu reifen, verantwortungsbewussten und ausgeglichenen Menschen werden. Um das zu erreichen, muss es eine Ehe sein, die ihre wahren Ziele verwirklicht, indem sie die Anweisungen Gottes umsetzt. Es gibt nämlich auch Ehen, bei denen nur nach aussen hin alles in Ordnung zu sein scheint. In Wirklichkeit herrschen dort aber Unzufriedenheit, Rachegelüste, Konflikte und Probleme. Die Leidtragenden dabei sind vor allem die Kinder.

Zu einer Ehe gehören in erster Linie: *Liebe, Treue, Einheit, Stabilität und Einsatz.* Und Gottes Plan für die Ehe sieht die Umsetzung genau dieser Faktoren vor. Denken wir daran: Alles, was die Kinder bei ihren Eltern sehen und von ihnen lernen, werden sie später in ihrer eigenen Ehe auch so machen. *Die Eltern sind das erste Verhaltensmodell, das jeder von uns in sich trägt!*

Kindern wird ein Gefühl der Ruhe und Sicherheit vermittelt, wenn sie bei ihren Eltern Liebe und Eintracht sehen. Wenn aber die Beziehung der Eltern gestört ist, besteht die Gefahr, dass sie unsicher und ängstlich werden. Sie haben dann keine solide und dauerhafte Basis, auf die sie sich stützen können.

4. **Um die Keimzelle der Gesellschaft zu sein.** Wenn die Familie die Keimzelle der Gesellschaft ist, sollte die *Dauerhaftigkeit* der biblischen Ehe eine Garantie für eine stabile Gesellschaft sein. Nach Gottes Plan ist die Ehe

nämlich eine lebenslange Verpflichtung zwischen einem Mann und einer Frau. Die Gesellschaft ist eine Gemeinschaft, die aus Individuen besteht. Durch die gegenseitige Abhängigkeit dieser Individuen bringt sie Strukturen hervor, die die Mitglieder einer Gesellschaft zusammenschliesst. Diese gegenseitige Abhängigkeit wird anhand ethischer, moralischer, wirtschaftlicher, produktiver, erzieherischer u. a. Modelle geregelt. Aber das wichtigste Modell solcher, von gegenseitiger Abhängigkeit geprägter Beziehungen findet sich gerade in der Familie. Sie sollte den gemeinschaftlichen Nerv des gesamten sozialen Gefüges bilden.

5. **Um sexuelles Verlangen zu befriedigen und für emotionale Ressourcen zu sorgen.** Wir haben schon gesehen, dass nicht jeder unbedingt heiraten muss. In der Bibel wird die Ehe hoch in Ehren gehalten. Sie wurde von Gott selbst aus den hier angeführten Gründen eingesetzt. Wir weisen aber noch einmal darauf hin, dass auch die Wahl der Ehelosigkeit, wenn sie auf einer festen Überzeugung beruht, durchaus ihren Wert hat. Es besteht also kein Grund, eine Werteskala aufzustellen, um entweder der Ehe oder der Ehelosigkeit den Vorzug zu geben.

Die Ehelosigkeit ist – wie die Ehe – eine freie Entscheidung (es sei denn, sie ist durch äussere Umstände bedingt).

Die Ehe hat aber auch den Vorzug, innerhalb eines Rahmens der gegenseitigen Abhängigkeit, sexuelles Verlangen zu befriedigen und für emotionale Ressourcen zu sorgen. Wer eine Familie hat, wird seine Ressourcen eher innerhalb eines langfristigen Plans verwenden und sich klare Ziele zum Wohl seiner Lieben stecken. *«Sollen nach draussen verströmen deine Quellen, auf die Plätze die Wasserbäche? Dir allein sollen sie gehören, doch keinem Fremden neben dir. Deine Quelle sei gesegnet, erfreue dich an der Frau deiner Jugend!»* (Spr. 5,16–18).

Ein weiterer Grund liegt darin, dass die eigenen sexuellen Wünsche und Triebe nur auf eine einzige Person konzentriert werden dürfen, um *«der Unzucht willen»* (1. Kor. 7,2). Der Apostel Paulus macht, wie wir schon gesehen haben, diesen Aspekt ganz deutlich: *«... jeder habe seine eigene Frau, und jede habe ihren eigenen Mann»*.

Auf diese Weise ist der Verheiratete theoretisch vor Geschlechtsverkehr mit wechselnden Partnern und vor Unmoral geschützt. In dieser Hinsicht ist die Ehe tatsächlich der geeignetste Ort, um sein Verlangen nach Zärtlichkeit und Sexualität auf *ausschliessliche* Weise (insofern als sie alle anderen Alternativen ausschliesst) zu befriedigen. Dabei soll die Verbindung zwischen Mann und Frau vertieft werden. *Die gegenseitige Treue wird deshalb zum Angelpunkt der Beziehung.*

Die Bibel anerkennt die Legitimität des sexuellen Verlangens. Aus diesem Grund sieht sie auch die Ehe als den berechtigten Rahmen zum Ausleben der Sexualität vor. *«Entzieht euch einander nicht, es sei denn nach Übereinkunft eine Zeitlang, damit ihr euch dem Gebet widmet und dann wieder zusammen seid, damit der Satan euch nicht versuche, weil ihr euch nicht enthalten könnt»* (1. Kor. 7,5).

Das Wissen um diese Ziele muss schon vor der Ehe für unsere Entscheidungen ausschlaggebend sein. Die Ehe ist nämlich etwas, das schon lange Zeit vorher aufgebaut wird, bevor es zur Eheschliessung kommt, und zwar durch die Wahl der richtigen Person. Also jener Person, die es versteht, unser Bestes zum Vorschein zu bringen, so wie auch wir ihr Bestes aus ihr herausholen werden.

4. Den Seelengefährten finden (I)

Seelengefährte?

Manchmal begegnet man unverheirateten Männern und Frauen, die mit ihrer Situation nicht zufrieden sind. Sie haben sich ihr Ledigsein nicht ausgesucht, sondern sind es aufgrund diverser Umstände.

Um keine voreiligen Schlüsse zu ziehen, muss man erst einmal ihre Situation wirklich verstehen. Man kommt nämlich manchmal etwas vorschnell zum Schluss, dass es für jemanden, der noch *Single* ist, nur eine Erklärung geben kann: Gott will, dass er oder sie nicht heiraten. Man muss aber der Sache nachgehen und herausfinden, warum das so ist. Nur so kann man verstehen, ob die jeweiligen Umstände vom Willen des Betreffenden *abhängen oder nicht.* Der Wille Gottes für einen Menschen (vor allem, wenn es um die Ehe oder die Ehelosigkeit geht) ist etwas so Persönliches, dass man dazu keine allgemeingültige Regel aufstellen kann.

So kann es Unverheiratete geben, die Bindungsängste oder Angst vor dem anderen Geschlecht haben – ohne deshalb gleich homosexuell orientiert zu sein! Manche sind vielleicht noch nicht reif für die Ehe, während andere in ihrer Kindheit ein Trauma davongetragen haben und deshalb mit ihren Gefühlen nicht richtig umgehen können …

Einige dieser Faktoren mögen also dazu beitragen, dass die Betroffenen (vielleicht auch unbewusst) eine gewisse Schwierigkeit haben, einen Menschen zu finden, zu dem sie eine Liebesbeziehung aufbauen können.

Das vielschichtige Bild, das sich aus den Aussagen von *Singles* ergibt, geht weit über den Standardspruch: «Ich habe meinen Seelengefährten noch nicht gefunden» hinaus. Möglicherweise gibt es innere Barrieren, die einem gar nicht bewusst und daher auch nur schwer zu erkennen sind. Gerade diese Barrieren sind es dann, die unsere Gedanken und Entscheidungen beeinflussen und manchmal zu unerfüllbaren Erwartungen führen. Wenn wir uns das nicht ehrlich eingestehen, werden wir uns nur weiter den Kopf darüber zerbrechen, ob Gottes Wille für uns die Ehe oder die Ehelosigkeit ist.

Es ist nun leider so, dass wir immer mehr in Angst und Sorge geraten, wenn wir anfangen, uns diese Frage immer und immer wieder zu stellen. Dadurch werden wir immer unsicherer und können unserer Situation nicht mehr gelassen begegnen.

Ich bin davon überzeugt, dass ein Christ den Willen Gottes, was Ehe oder Ehelosigkeit betrifft, klar genug erkennen kann, weil es dabei um eine Entscheidung geht, die sein ganzes Leben betrifft. Ich glaube nicht, dass der Herr uns in einem so wichtigen Bereich unseres Lebens im Zweifel lässt. Wir müssen hier allerdings klug sein und herausfinden, welche Kriterien uns bei der Suche nach dem so genannten *Seelengefährten* eine Hilfe sein können.

An dieser Stelle ist es wichtig, sich folgende Fragen zu stellen:

- Gibt es nur einen einzigen Seelengefährten?
- Was ist eigentlich mit Seelengefährte gemeint?

Nach allgemeiner Ansicht ist der Seelengefährte jene Person, die alle (wohlgemerkt: alle) Voraussetzungen erfüllt, um unser *zweites Ich* zu sein. Es ist die einzige Person auf der ganzen Welt, mit der wir uns vollkommen verstehen. Auch Christen können dieser Meinung sein: «Der Seelengefährte ist die eine Person, die der Herr für mich vorbereitet hat. Sie hat genau die Eigenschaften, Fähigkeiten, Tugenden, Einstellungen, etc., die mit meinem Wesen übereinstimmen».

Ich muss diese Person *nur* finden!

Aber aufgepasst: Die Wahl des Ehepartners ist kein Lotteriespiel, bei dem wir nur *Glück* haben müssen!

Es geht dabei nicht um eine Art Schnitzeljagd, wo wir jeden kleinsten *Hinweis* deuten müssen, um herauszufinden, ob wir die richtige Person vor uns haben.

Ich glaube nicht, dass der Herr nur einen einzigen Menschen auf der ganzen Welt für uns vorgesehen hat, den wir heiraten könnten. Und ich glaube auch nicht, dass wir alle möglichen Schwierigkeiten überwinden müssen, um diesen Menschen zu finden.

Manche sind diesem abergläubischen Schicksalsglauben derart ergeben, dass sie einfach zu keiner Entscheidung fähig sind. Sie warten auf wer weiss, welches Zeichen vom Himmel, um zu erkennen, ob sie es genau mit dem von Gott vorbereiteten Menschen zu tun haben oder ob sie auf einen anderen warten müssen. Persönlich bin ich der Meinung, dass es *potentiell* mehrere Menschen gibt, die zu uns passen könnten.

Wie wir im nächsten Kapitel noch sehen werden, gibt uns die Bibel klare Hinweise für die Wahl unseres Seelengefährten in die Hand. Diese, Faktoren sind keine Zeichen vom Himmel, sondern zuverlässige Kriterien, anhand derer wir prüfen können, ob wir wirklich zueinander passen.

Die Gefahr, eine Person zu idealisieren

Viele laufen Gefahr, während sie darauf warten, jemanden zu finden, an den sie sich gefühlsmässig binden möchten, diesen Menschen zu *idealisieren.* Sie sind auf der Suche nach dem idealen Partner und können sich nicht mit jemandem zufrieden geben, der nicht vollkommen ist. In ihrem Kopf haben sie bereits ein konkretes Bild von dem Menschen, den sie sich wünschen: Er muss alle nur möglichen Tugenden in sich vereinen. Die Erwartungshaltung ist hier natürlich sehr hoch. Es wird daher auch schwierig sein, jemanden zu finden, der alle gewünschten Voraussetzungen erfüllt.

Wer diese Vorstellung von seinem Seelengefährten hat, den muss ich leider enttäuschen. So wird er ihn nämlich nie finden – und zwar deshalb, weil es den *idealen Menschen nicht gibt.* Nur Christus ist vollkommen. Wir alle aber sind Sünder und voller Fehler. *«Denn ich weiss, dass in mir, das ist in meinem Fleisch, nichts Gutes wohnt; denn das Wollen ist bei mir vorhanden, aber das Vollbringen des Guten nicht»* (Röm. 7,18).

Der Seelengefährte ist nicht dazu da, um alle unsere Wünsche zu erfüllen und allen unseren Erwartungen zu entsprechen. Wenn das unsere Vorstellung ist, dann zeigen wir damit, dass wir eine gehörige Portion Egoismus haben. Insgeheim glauben wir dann nämlich, dass sich in dieser Beziehung alles um uns selber drehen muss.

Warum drehen wir also den Spiess nicht einfach um und fragen uns, *ob wir* denn der Seelengefährte für jemand anderen sein können?

Warum fragen wir uns nicht, *ob wir* denn die Voraussetzungen haben, damit jemand anderer uns vertrauen und uns lieben kann?

Der Seelengefährte ist jemand, der uns in so manchem ähnlich ist. Aber er ist nicht vollkommen. Wenn also eine Liebesbeziehung entsteht, kann sie nicht auf der Vorstellung beruhen, nun den *vollkommenen* Partner gefunden zu haben, denn es wird immer die Verbindung zweier unvollkommener Menschen bleiben!

Man muss sich vielmehr darauf konzentrieren, *gemeinsam etwas aufzubauen, um miteinander wachsen zu können.* Je mehr Gemeinsamkeiten es dabei gibt, umso besser ist das. Denn sie werden dabei helfen, etwas entstehen zu lassen, das noch nicht da ist.

Wir dürfen nicht denken, der Seelengefährte wäre eine schon eigens für uns *vorgefertigte* Person. Er wird es erst *im Laufe der Zeit* werden. Und zwar in genau dem Masse, in dem beide Partner sich bemühen, diese geistliche, emotionale und geistige Verbundenheit herzustellen, die so wichtig ist, um nicht mehr nur alleine zu wachsen, sondern gemeinsam.

Wenn *Singles* das erst einmal verstehen, wird viel Druck von ihnen fallen. Sie geben ihre falsche Vorstellung von einem Seelengefährten auf, und über kurz oder lang sind sie glücklich verheiratet.

Andererseits ist es aber auch traurig, sehen zu müssen, wie viele junge Leute leichtfertig und oberflächlich Liebesbeziehungen eingehen. Das ist leider auch immer häufiger bei jungen Christen der Fall! Die Versuchung, sich nach jemandem «in der Welt» umzuschauen, kann sehr gross sein, wenn man im Glauben noch nicht fest steht. Aber denken wir daran: Sich einen Partner auszusuchen heisst, sich einen Menschen auszusuchen, mit dem man vorhat, das ganze Leben zu verbringen. Wenn wir uns bei dieser Wahl nur von unseren Gefühlen leiten lassen, die doch so unbeständig sind, könnte die Ehe sehr leicht scheitern.

Ist eigentlich bekannt, dass es immer mehr junge Paare gibt, die sich gleich nach den Flitterwochen scheiden lassen wollen? Was ist der Grund dafür?

Vielleicht haben sie die gegenseitigen Erwartungen missverstanden. Oder sie haben gemerkt, dass die Person, die sie geheiratet haben (und in ihren Träumen idealisiert haben), gar nicht vollkommen ist. Oder sie haben eine einfache Schwärmerei schon für die grosse Liebe gehalten. Wenn das erste sexuelle Verlangen erst einmal gestillt und die eigenen egoistischen Wünsche befriedigt sind, zeigt sich die Realität einer auf falschen Fundamenten aufgebauten Beziehung in ihrer ganzen Härte.

Wir müssen deshalb einen Prozess berücksichtigen, durch den wir erkennen können, ob eine bestimmte Person unser Seelengefährte werden kann oder nicht.

Dieser Prozess läuft in der Regel in fünf Phasen ab.

Die Phasen, die einer Ehe vorausgehen

Auf dem Weg, der schliesslich in die Ehe führt, zeichnen sich in der Beziehungsdynamik zweier Menschen in der Regel mindestens fünf Phasen ab.[1] Erst wenn man alle Phasen durchlaufen hat, ohne eine dabei zu überspringen, kann man ziemlich sicher sein, den geeigneten Partner gefunden zu haben.

Diese Phasen können auch ineinander übergehen, ohne die hier angeführte strenge Reihenfolge zu berücksichtigen. Sie sind aber trotzdem ein allgemeiner Hinweis für den gesamten Prozess – von der Freundschaft bis zur Verlobung.

Vorbereitende Phase: FREUNDSCHAFT

Sehr oft sind zwei Menschen, bevor sie sich so richtig verlieben, über eine – kürzere oder längere – Zeit hinweg Freunde. Sie gehen vielleicht in dieselbe Schule, in dieselbe Jugendgruppe oder in denselben Sportverein, etc. Die Möglichkeit, sich immer wieder zu begegnen, kann ein Kennenlernen und einen Austausch auf nur freundschaftlicher Basis erleichtern.

Nach einiger Zeit kann sich das Interesse am anderen ändern. Wir sehen den anderen nicht mehr nur als Freund oder Freundin, sondern wir fangen

---

1 Auch John Gray, ein amerikanischer Psychologe für Beziehungsfragen, spricht von diversen Phasen, die einer Ehe vorausgehen. Ich habe mich von einigen seiner Schriften anregen lassen, dabei aber sowohl seine Thesen als auch die von ihm vorgeschlagene Einteilung auf die Situation eines Christen zugeschnitten. Vgl. John Gray, *Mars sucht Venus, Venus sucht Mars*, Goldmann, 2000.

an, ihn/sie mit anderen Augen zu sehen. Vielleicht fühlen wir uns nun von ihm/ihr körperlich angezogen, während uns vorher solche Gedanken gar nicht erst durch den Kopf gingen. Und damit sind wir schon bei der nächsten Phase.

1. Phase: VERLIEBTHEIT

Das ist der Augenblick, in dem der Funke überspringt. Wir haben jemanden in der Schule, am Arbeitsplatz, im Zug, bei einer Bibelfreizeit oder bei einer anderen Gelegenheit kennen gelernt. Vielleicht waren wir einige Zeit lang in freundschaftlichem Kontakt. Auf einmal aber, ohne einen bestimmten Grund, fangen wir an, diesen Menschen anziehend zu finden. Vielleicht ist es wegen seiner Stimme, seinem Lachen, seinen Augen. Vielleicht ist es auch die Art, wie er mit anderen umgeht. Es kann aber auch irgendein besonderes körperliches Merkmal sein.

In dieser Phase kann man noch nicht von *Liebe* sprechen, sondern nur von *Anziehung.* Männer werden in der Regel zuerst körperlich angezogen, während Frauen sich vor allem gefühlsmässig ansprechen lassen.

Unter all den Menschen gibt es nun einen im Besonderen, der uns anzieht, d. h. der in uns den Wunsch auslöst, in seiner *Nähe* zu sein (aber aufgepasst: es geht hier noch nicht um ein sexuelles Verlangen, sondern nur um den Wunsch, mit ihm zusammen zu sein). Wir suchen daher nach Gelegenheiten, um dieser Person zu begegnen, neben ihr zu sitzen und Zeit mit ihr zu verbringen. Manchmal wissen wir allerdings nicht, wie wir uns ihr gegenüber verhalten sollen. Wir möchten ihr zwar gerne zu verstehen geben, dass wir an ihr interessiert sind, haben aber Angst, zurückgewiesen oder ausgelacht zu werden.

Manchmal verhalten sich die Jungen dabei ziemlich flegelhaft, um zu zeigen, wie draufgängerisch sie doch sind (in Wirklichkeit zeigen sie damit aber nur ihre Unsicherheit). Die Mädchen führen sich dagegen manchmal wie «dumme Gänschen» auf und haben für die Jungen nur ein mysteriöses Lachen übrig, was diese wiederum verwirrt. Hier haben wir es mit den geschlechtsspezifischen Unterschieden zu tun, die sich in den verschiedenen Verhaltensmustern zeigen – und zwar anhand einer verschlüsselten Sprache (Gesten, Lachen, Blicke, Anspielungen), die meistens niemand richtig verstehen kann.

Jedenfalls schlägt das Herz schneller. Und wenn wir mit der betreffenden Person zusammen sind (die für uns etwas *Besonderes* geworden ist), sorgen die chemischen Entladungen unseres endokrinen Apparates dafür, dass wir eventuell sogar unsere Umwelt anders wahrnehmen: Sie ist dann die Schönste von allen … er ist viel stärker als seine Freunde … während vielleicht die anderen uns fragen, was wir wohl an ihm oder an ihr finden.

Die Verliebtheit hat einfach etwas an sich, das sich nicht erklären lässt.

So kann es sein, dass wir uns in einen Menschen verlieben, der, ganz nüchtern betrachtet, so gar nichts Anziehendes an sich hat. Trotzdem, ohne eigentlich zu wissen warum, fühlen wir uns von ihm angezogen.

Wer verliebt ist, blickt nicht mehr durch und schwebt auf Wolken. Das ist ein aufregendes Gefühl. Es wird einem nämlich bewusst, dass man zu starken Gefühlen fähig ist. Man glaubt, nun die nötige Reife zu haben, um mit dem anderen Geschlecht eine Beziehung eingehen zu können. Die täglichen Pflichten, wie z. B. die Schule, die Hausaufgaben, die Arbeit, aber auch bestimmte Personen, wie etwa die Eltern oder die Lehrer, können dann zu unerfreulichen Störfaktoren werden. Denn alle unsere Gedanken sind bei der einen Person, die unser Herz entflammt hat und unser Denken ganz in Beschlag nimmt.

Das ist eine wirklich schwierige Phase, weil man aufpassen sollte, sich nicht von der Flut der Gefühle fortreissen zu lassen. Die Verliebtheit ist vielmehr ein *Über-sich-Ergehen-Lassen* dieser starken Gefühle als ihre Bewältigung durch ein reiferes Liebesempfinden.

2. Phase: UMWERBEN

Wenn man es nicht bei der Verliebtheit allein belassen will, fängt man an, die ersten Strategien des *Umwerbens* zu entwickeln. Das heisst, man sucht nach Möglichkeiten, dem anderen klar zu machen, dass man ernsthaft interessiert ist.

Um dieses Ziel zu erreichen, stellen wir unsere besten Eigenschaften und grössten Vorzüge zur Schau. Wir versuchen ihn oder sie zu beeindrucken, indem wir uns von unserer besten Seite zeigen. Aber niemand kann uns dabei einen Rat geben, wie wir diesen bestimmten Menschen anziehen können. Was für den einen anziehend ist, muss es noch lange nicht für den anderen sein. Wir dürfen da keine vorgefertigten Verhaltensmuster übernehmen. Auch wenn es allgemeine gemeinsame Wesenszüge gibt, so ist doch jeder Mensch ein Individuum mit einer eigenen Bildung, eigenständigem Denken, eigenen Zielen, Erwartungen, Wünschen und Träumen. Wir müssen deshalb damit rechnen, dass wir auch nicht die Person sein könnten, nach der er oder sie auf der Suche ist.

Das Umwerben kann als eine Art *Antrag und Einladung* gesehen werden, d. h. wir tragen uns einer bestimmten Person an, indem wir ihr zu verstehen geben, dass wir uns von ihr angezogen fühlen. Und wir laden sie ein, die Möglichkeit in Betracht zu ziehen, mit uns eine Liebesbeziehung einzugehen. Aber wie das nun mal bei allen Einladungen der Fall ist, müssen wir es akzeptieren, dass die betreffende Person unsere Einladung auch ablehnen kann.

Es muss aber nicht immer sein, dass jemand, der das erste Mal ablehnt, es auch ein zweites Mal tut. Die betreffende Person muss Zeit haben, gründlich darüber nachzudenken und sich über ihre Gefühle klar zu werden. Um das in aller Ruhe tun zu können, darf sie sich nicht unter Druck gesetzt oder gezwungen fühlen, schnell eine Entscheidung treffen zu müssen. Um eine stabile Beziehung aufzubauen, *darf man absolut nichts überstürzen.* Geduldiges Warten wird ein Pluspunkt für uns sein, weil wir damit zeigen, dass wir ernsthaft und besonnen sind. Lassen wir uns also nicht von momentanen Launen mitreissen. *«Besser, wer seinen Geist beherrscht, als wer eine Stadt erobert»* (Spr. 16,32).

Das Umwerben ist fast nie ein ruhig ablaufender Prozess. Manchmal denken wir, es müsste aber so sein, weil wir doch Christen sind. Doch das ist nicht immer der Fall. Tatsächlich scheint es so zu sein, dass gerade für einen Gläubigen diese Stufe problematischer ist als für einen Ungläubigen. Und zwar deshalb *weil für Christen das Umwerben auch eine geistliche Dimension hat,* die es für Ungläubige nicht gibt. Genau in dieser Dimension muss ein Christ aufrichtig nach dem Willen des Herrn fragen. Wenn wir nun von starken Gefühlen beeinflusst sind, kann es manchmal schwierig sein, die richtigen Entscheidungen zu treffen. Möglicherweise wissen wir nicht, was wir tun sollen. Wir dürfen davor aber nicht erschrecken, denn auch das ist eine ganz normale Phase der Beziehungsdynamik.

3. Phase: UNSICHERHEIT

Normalerweise ist diese Phase von einer zweifachen Angst geprägt: einerseits die Angst, dass unsere Gefühle nicht erwidert werden; und andererseits die Angst, uns zu sehr einer anderen Person zu öffnen, die letzten Endes vielleicht gar nicht zu uns passt.

Mit der Möglichkeit, zurückgewiesen zu werden, mussten wir ja schon in der Phase des Umwerbens rechnen. Jetzt könnte allerdings die Angst dazukommen, dass unsere Gefühle nicht ebenso stark erwidert werden. Wir haben also Angst, dass der andere uns weniger lieben könnte, als wir ihn lieben. Deshalb fragen wir auch immer wieder nach, ob unsere Liebe auch erwidert wird. Es besteht noch keine wirkliche Liebesbeziehung. Man könnte diese Phase deshalb auch als ein *emotionales Experimentieren* bezeichnen. Man will herausfinden, inwieweit der andere bereit ist, das gegenseitige Kennenlernen auf den verschiedenen Ebenen zu vertiefen: emotional, geistig, geistlich, sozial.

In dieser Phase glauben manche, dass gerade diese Unsicherheit bei den Gefühlen ein Hinweis darauf ist, alles bleiben zu lassen. Deshalb sind sie versucht, eine Beziehung abzubrechen, die noch nicht einmal richtig begonnen hat. Auch in diesem Fall ist es klug, nicht zu voreilig zu sein. Es ist absolut normal, dass man sich unsicher fühlt. Das gehört einfach zum dynamischen Prozess in einer Beziehung zwischen zwei Personen und zeigt nur, dass es den schon fertigen Seelengefährten, an dem überhaupt nichts mehr zu ändern ist, eben nicht gibt. *Bei Entscheidungen, die man trifft, bleibt immer eine gewisse Unsicherheit bestehen,* vor allem wenn es um Entscheidungen geht, die das Gefühlsleben betreffen. Denn sie bringen, wie schon erwähnt, zwei unvollkommene Menschen zusammen, die eine sündige Natur haben.

Manche meinen, dass man sich eben weiter umschauen muss, wenn Unsicherheit da ist. Meiner Ansicht nach ist das aber genau das Verkehrte, um diese Phase der Unsicherheit zu überwinden. Wenn wir nämlich das tun, werden wir nicht in der Lage sein, uns auf eine einzige Person zu konzentrieren. So werden wir auch nie sicher sein können, die richtige Person vor uns zu haben.

In dieser Phase ist es sehr wichtig, dass der Mann der Frau immer wieder kleine Aufmerksamkeiten erweist, um herauszufinden, ob er in der Lage ist, sie glücklich zu machen. Er sollte sich nicht so sehr darüber den Kopf zerbrechen, ob sie die richtige Frau für ihn ist. Es ist wichtiger, dass er seine eigenen Motive überprüft und sich dabei selbst einige Fragen stellt: «Bin ich wirklich der richtige Mann für sie?»; «Werde ich sie glücklich machen können?»; «Wie viel liegt mir eigentlich an ihr?»; «Möchte ich sie überhaupt glücklich machen?»; «Macht es mich glücklich, wenn sie glücklich ist?»; «Wenn sie nicht bei mir ist, fehlt sie mir dann?»

Frauen erleben diese Phase der Unsicherheit anders. Es kann manchmal der Fall sein, vor allem wenn sie schon über fünfundzwanzig sind, dass sie Angst haben, keinen Mann mehr zu finden. Dann versuchen sie, die Männer zu bedrängen, indem sie sie nach ihren Gefühlen fragen und zu verstehen geben, dass sie auch zu körperlicher Nähe bereit sind. Und genau hier begehen sie den schwer wiegendsten Fehler ihres Lebens: sich sexuell einem Mann hinzugeben, um ihn fester an sich zu binden.

Damit zeigen sie, dass sie Angst haben, auf die Wünsche des Mannes nicht genügend einzugehen. Deshalb überzeugen sie sich selbst, dass sexuelle Nähe ein geeignetes Mittel ist, um die Beziehung zu festigen. Aber Vorsicht: *Die Leichtigkeit, mit der sich ein Mädchen einem Jungen hingibt, steht im umgekehrten Verhältnis zur Achtung, die er ihr künftig entgegenbringen wird.* Mit anderen Worten, er wird denken, dass sie nur ein Mädchen ist, mit der man schnell ins Bett gehen kann. Und genau das wird ihm überhaupt keine Sicherheit für eine dauerhafte Beziehung geben. Er könnte nämlich auf den Gedanken kommen, dass sie sich ebenso schnell anderen hingeben könnte, wie sie es bei ihm gemacht hat, wenn ihre Beziehung einmal in der Krise stecken sollte.

4. Phase: AUSSCHLIESSLICHKEIT

Wenn man die ersten drei Phasen erst einmal hinter sich gebracht hat, beginnt nun endlich die Zeit, in der man sich regelmässig alleine trifft. Diese Phase beginnt, wenn wir erkennen, dass die Person, der wir unsere Gefühle eingestanden haben, die Person sein kann, mit der wir eine tiefer gehende Beziehung aufbauen können. «Das ist der Augenblick, in dem wir uns verpflichten, uns auf eine Liebesbeziehung zu konzentrieren und vermeiden, nebenbei andere solcher Kontakte aufrechtzuhalten.»[2]

Wir fangen an, mehr Zeit mit einer einzigen Person zu verbringen, und suchen nach jeder Gelegenheit, um mit ihr zusammen zu sein.

Ich möchte aber darauf hinweisen, dass die Phase der Ausschliesslichkeit noch nicht heisst, dass man miteinander verlobt ist. Es ist eine Zeit, in der man weiter die gegenseitigen Erwartungen und Motivationen prüft. Die Verlobung ist erst der nächste Schritt. In dieser Phase wäre es nur von Nachteil, wenn die beiden jungen Leute ihre übrigen Freundschaften vernachlässigen würden. Oder noch schlimmer – wenn sie gläubig sind – die Jugendgruppe ihrer Gemeinde. Man kann sich aufeinander konzentrieren, auch wenn man in der Gruppe bleibt. Man muss sich nicht gleich vom Rest der Welt isolieren. Auch wenn es verständlich und wünschenswert ist, Momente des Alleinseins zu haben, um miteinander reden und sich besser kennen lernen zu können.

Wirkliche Nähe entsteht vor allem durch das Gespräch und den Austausch auf geistlicher und emotionaler Ebene.[3]

Diese Phase der Ausschliesslichkeit ist auch sehr wichtig, um die Persönlichkeit des anderen zu verstehen. In der Regel unternimmt ein Mann alles, um eine Frau zu erobern. Aber wenn er erst einmal sicher ist, sie ganz für sich zu haben, beginnt er oft, nachlässig zu werden. Die kleinen Aufmerksamkeiten, romantischen Gesten und die edlen Absichten, die er immer wieder in der Zeit des Umwerbens gezeigt hat, lassen allmählich nach. Der Mann muss aber verstehen, dass es gerade diese zärtlichen Aufmerksamkeiten waren, die der Frau Freude machten. Wenn er also damit aufhört, kann das in ihr viel Enttäuschung und Frustration hervorrufen.

Das Umwerben hört aber mit der Phase der Ausschliesslichkeit nicht auf. Anfangs war der Mann sehr gesprächig, weil er sich hervortun wollte. Jetzt kann es aber sein, dass er immer weniger redet. Ein solches Verhalten kann die Frau verunsichern. In dieser Phase kommt es nämlich häufig vor,

---

[2] John Gray, *op. cit.*

[3] Siehe dazu: Marco Distort, *Come costruire una vera intimità (Wie man zu wahrer Vertrautheit findet)*, UCEB, Fondi (Lt), 2000.

dass der Mann sich eher auf das *erworbene Recht* konzentriert als darauf, die Beziehung durch ein noch gründlicheres Kennenlernen lebendig zu halten. Ein solches Verhalten kann die Frau auch so verletzen, dass sie sich sogar dazu entschliessen könnte, die Beziehung abzubrechen.

Die Frau muss in dieser Zeit dem Mann zu verstehen helfen, dass sie weiter so von ihm umworben werden möchte wie früher, weil ihr das gefällt. Ein Mann ist für die Bedürfnisse der Frau offen, eben weil er sie glücklich machen möchte. In dieser Phase muss eine Frau verstehen, ob der betreffende Mann ihr die Stütze sein kann, die sie braucht. Sie wird deshalb Änderungen in seinem Verhalten als einen positiven oder negativen Hinweis darauf deuten.

Sie darf aber auch nicht zu kritisch und zu hart in ihrem Urteil sein. Sie muss verständnisvoll sein, selbst wenn sie ihn auf seine negativen Seiten hinweist. Das kann in einem ruhigen Gespräch erfolgen. Und die Phase der Ausschliesslichkeit bietet eine wunderbare Möglichkeit, um das Fundament für eine eventuelle spätere Ehe zu bauen.

In dieser Zeit können beide die gegenseitigen positiven und negativen Seiten herausfinden – zumindest diejenigen, die häufiger auftreten – und gemeinsam daran arbeiten, um einander zu verändern.

Während dieser Zeit muss man aber auf etwas sehr Acht geben: Wenn man in dieser Phase nämlich nicht klug und vorsichtig vorgeht, könnte das Verlangen nach sexuellem Kontakt immer grösser werden. Der Mann könnte die ganze romantische Komponente beiseite schieben und sich mehr auf die körperliche Nähe konzentrieren. Die Frau könnte sich der Illusion hingeben, die kleinen zärtlichen Gesten nun wiederzubekommen und so dem Verlangen des Mannes nachgeben. Wir werden später noch auf die Gefahren einer solchen falschen Entscheidung zu sprechen kommen.

5. Phase: VERLOBUNG

Diese Phase sollte erst dann beginnen, wenn beide Partner sich klar darüber geworden sind, dass sie heiraten und das weitere Leben miteinander verbringen möchten. Dieser Wunsch ist in den vier vorhergehenden Phasen gereift. Deshalb ist man sich erst in diesem Augenblick bewusst, den Seelengefährten gefunden zu haben.

Die Verlobung bringt noch keinen *Status* mit sich, wie das bei der Heirat der Fall ist. In dieser Zeit wird geprüft, wie der andere in bestimmten Situationen reagiert. Die Verlobung ist daher eine wertvolle und wichtige Zeit, in der sich die Verlobten einen gemeinsamen romantischen Erfahrungsschatz anlegen können. Er wird zu einem emotionalen Reservetank, aus dem sie in kritischen Zeiten ihrer Ehe schöpfen können.

Eine gute Verlobung ist das Vorspiel zu einer guten Ehe. Jemand beschrieb sie einmal als Aufwärmphase, die einem harten Training vorausgeht.

Ich möchte dazu einige Hinweise geben.

Als Erstes schlage ich vor, einen ausdrücklichen *Heiratsantrag* zu machen. Damit wird nämlich ein klares Ziel zum Ausdruck gebracht und die Gedanken der Verlobten auf dieses Ziel hin gelenkt. Er steht für eine Verpflichtung, die man ganz konkret auf sich nimmt. Der Heiratsantrag wird also zu einem besonderen Ereignis, das an bestimmte Gefühle und Emotionen gebunden ist. Der Frau – mehr noch als dem Mann – wird dieses Ereignis deutlich in Erinnerung bleiben, und es wird ihr Kraft geben, um vorübergehende Stürme in ihrem Eheleben zu bewältigen und zu überwinden.

Die Verlobung ist auch eine einzigartige Zeit, um zwei grundlegende Aspekte für das gute Gelingen einer Ehe zu lernen: *um Vergebung zu bitten und zu vergeben.* Wenn man im Hinblick auf ein tieferes Ziel (in der Ehe) emotional stark beteiligt ist (während der Verlobung), ist es leichter, um Vergebung zu bitten und sich gegenseitig zu vergeben, weil noch alles im Entstehen ist. Ziel ist es, eine immer grössere Verbundenheit zu entwickeln. Die beiden Persönlichkeiten müssen sich erst aneinander gewöhnen. Sie müssen deshalb auch erst lernen, in Konfliktsituationen richtig miteinander umzugehen. Man kann nicht erwarten, dass zwei Menschen, auch wenn sie vieles gemeinsam haben, sich immer in allem einig sein werden. Man muss lernen, diese Momente der Spannung zu bewältigen, indem man ein Verhalten entwickelt, das zur gegenseitigen Erbauung beiträgt. Die Zeit der Verlobung ist die beste Gelegenheit, das zu lernen.

Im Vergleich zur Verlobung gibt es in der Ehe mehr Probleme praktischer Art (Arbeit, Geld, Haus, Kinder). Das gemeinsame Leben, auch wenn es am Anfang das Paradies zu sein scheint, könnte zu Streitigkeiten führen, wenn Entscheidungen zu treffen sind oder einfach nur, wenn man müde oder von der Arbeit gestresst ist. Wie wir in solchen Situationen tatsächlich reagieren, um *Probleme zu bewältigen,* können wir gerade während der Verlobungszeit feststellen und erleben. Hier gibt es nämlich weniger Spannungen, und sie bewegen sich auch in einem begrenzteren Rahmen. Daher können wir auch *immer besser lernen,* wie mit künftigen Krisenmomenten umzugehen ist.

Noch etwas anderes ist wichtig: Die Tatsache, dass die Eltern, Freunde, Verwandte und alle anderen Personen die Verlobung akzeptieren und ihr zustimmen, berechtigt noch nicht dazu, sexuellen Verkehr zu haben. *Er gehört nur in die Ehe!* Gott verbietet voreheliche Verkehr ganz eindeutig. Abgesehen davon bringt Sex in diesen fünf Phasen, die der Ehe vorausgehen, den schwierigen Prozess des Aufbaus einer emotionalen und geistlichen Beziehung nur aus dem Gleichgewicht.

Wirkliche Nähe entsteht nicht im Bett! Es mag zwar komisch klingen, aber nur so wird die spätere körperliche Intimität ein viel tieferes und befriedigenderes Fundament haben!

5. Den Seelengefährten finden (II)

Die Wahl des Ehepartners

Die Ehe ist eine Entscheidung für das ganze Leben. Sie braucht deshalb ein festes Fundament.

Um eine gute Ehe aufzubauen, braucht man natürlich jemanden, der das zusammen mit uns tun will. Es reicht also nicht, *einen* Menschen zu finden, sondern wir müssen *den* richtigen Menschen finden, also die Person, die am ehesten dem *geistigen* Bild, das wir uns von ihr gemacht haben, entspricht.

Im vorhergehenden Kapitel haben wir davon gesprochen, dass die Ehe kein *Glücksspiel* ist. Sie ist kein Lotteriespiel, bei dem wir gewinnen oder verlieren können, je nachdem ob wir Glück haben oder nicht. Wir sagten schon, dass die Ehe aufgebaut werden muss, noch bevor sie geschlossen wird. Sie ist keine Frage des *Glücks,* sondern unseres *Einsatzes.*

Oft sind es gerade die *vor* der Ehe getroffenen Entscheidungen, die ausschlaggebend für den Verlauf der Ehe sind. Von diesen Entscheidungen sind zwei ganz besonders wichtig. Die eine ist ja sehr offensichtlich: die Wahl des richtigen Partners.

Die andere liegt nicht so klar vor Augen, aber sie ist deshalb nicht weniger wichtig: die Art und Weise, wie man den richtigen Partner wählt.

Worauf sollen wir bei unserer Entscheidung achten?

Gibt uns die Bibel *objektive Kriterien* für die Wahl des künftigen Partners?

Natürlich tut sie das! Der Herr lässt uns bei einer so wichtigen Entscheidung für unser Leben nicht ohne Führung.

Ein junger Christ gehört zu einer Gemeinschaft – der Familie Gottes. Es ist deshalb wichtig, dass er Bezugspunkte hat, die ihm helfen, die richtige Entscheidung zu treffen. Er muss jemanden haben, der ihn ermutigt, die Anweisungen Gottes bei der wichtigsten Entscheidung seines Lebens (d. h. natürlich nach der Entscheidung, sich zum Herrn zu bekehren) zu befolgen.

Eine Liebesbeziehung innerhalb des Leibes Christi ist nicht ausschliesslich *Privatsache.* Sie wird Teil der *sozialen* und *geistlichen* Dynamik der örtlichen Gemeinde.

Eine Verlobung nach dem Herzen Gottes kann sehr viel Segen bringen, sowohl dem Paar selbst, als auch der Gemeinde. Dagegen führen aber Ungehorsam, Dummheit und Oberflächlichkeit zu viel Traurigkeit und Schmerz: *«Seht nun genau zu, wie ihr wandelt, nicht als Unweise, sondern als Weise! (...) Darum seid nicht töricht, sondern versteht, was der Wille des Herrn ist!»* (Eph. 5,15;17).

Die Kriterien, die hier untersucht werden, betreffen vor allem die *geistlichen* Aspekte, die uns bei unserer Wahl leiten müssen. Bevor wir aber darauf eingehen, wollen wir einen nicht weniger wichtigen Aspekt behandeln – und zwar ob man auch wirklich *zueinander passt.*

Es ist nämlich wichtig, herauszufinden, wie viele *Berührungspunkte* wir mit dem Menschen haben, an dem wir interessiert sind. Es wäre also unsinnig zu denken, dass die Ehe automatisch harmonisch sein muss, nur weil wir beide Christen sind. *Nicht einmal in den Gemeinden selbst läuft es immer zwischen allen Gläubigen harmonisch ab!* Man muss einfach einige Faktoren berücksichtigen. Es gibt Menschen, mit denen wir uns *besser verstehen,* und andere, bei denen wir uns schwerer tun. Das heisst nicht, dass wir sie nicht lieben. Aber mit einigen haben wir einfach mehr gemeinsam als mit anderen. *Vor dem Herrn* sind wir alle gleich, aber wir gleichen uns nicht alle.

Deshalb ist es auch so wichtig, dass der Mensch, an den wir uns gefühlsmässig binden wollen, uns *ähnlich* ist. Wir müssen also verschiedene Berührungspunkte finden: Interessen, Werte, Ideale, Hobbys, Ziele. Je mehr Dinge wir gemeinsam haben, umso grösser ist das Fundament, auf dem wir unsere Beziehung bauen können.

Bei kleinen Meinungsverschiedenheiten werden uns gemeinsame Interessen helfen, diese Unstimmigkeiten zu überwinden. Etwas gemeinsam zu unternehmen, gibt uns die Möglichkeit, uns auch bei Spiel und Freizeit einander verbunden zu fühlen. Wenn z. B. beide Partner dieselbe Leidenschaft für Aufnahmen in der Natur haben, wird sie das anspornen, dieses Hobby immer gemeinsam auszuüben. Sie werden zusammen den Kauf des benötigten Materials, den Besuch sehenswerter Orte, Ausflüge, die Auswahl der Objekte und vielleicht auch eine Ausstellung ihrer Fotografien organisieren.

Natürlich muss man nicht unbedingt gemeinsame Hobbys haben. Sie könnten aber die Partnerschaft stärken, weil sie beide Partner auf kultureller Ebene näher zusammenführen würden.

Ganz wichtig ist es aber, dass der Partner auf geistlicher, emotionaler und geistiger Ebene zu uns *passt.* Bei der Frage, ob wir auch wirklich *zueinander passen,* dürfen wir aber nicht nur uns selbst im Blick haben. Wie bereits erwähnt, sollen wir uns nicht nur fragen, ob der andere *unsere* Erwartungen erfüllen kann. Wir müssen die Frage auch andersherum stellen: Sind *wir* denn die richtige Person für sie/ihn?

Wenn es darum geht, ob wir zueinander passen, ist es jedenfalls absolut wichtig, dass der Partner im Grossen und Ganzen dieselbe *Lebensauffassung* hat wie wir. Stellen wir uns bloss mal vor, was geschieht, wenn er Börsenmakler an der Wall Street werden möchte, während sie davon träumt, Ärztin in einem Missionsspital in Afrika zu sein …

Es ist deshalb Grundvoraussetzung, dass beide dieselben Ziele haben und sie gemeinsam verfolgen. *«Gehen etwa zwei miteinander, ausser wenn sie zusammengekommen sind?»* (Amos 3,3).

Sehen wir uns nun die Kriterien an, die uns die Bibel gibt.

Der wichtigste Abschnitt, in dem wir ganze *elf Kriterien* finden können, ist Kapitel 24 aus dem ersten Buch Mose.

Bevor wir nun weitergehen, bitte ich den Leser jetzt, dieses Kapitel in der Bibel durchzulesen. Wir finden dort Anweisungen, die auch heute noch gültig sind.

Schon gelesen? Gut – dann sehen wir es uns jetzt gemeinsam an. Die folgenden Kriterien sind in genau der Reihenfolge angeführt, wie wir sie in diesem Bibelabschnitt finden.

Als Erstes fällt uns auf, dass Abraham von seinem Diener einen Schwur verlangte. *«Ich will dich schwören lassen bei dem HERRN, dem Gott des Himmels und dem Gott der Erde …»* (V. 3 a). Das zeigt uns, wie wichtig und *heilig* diese Wahl ist. Es ist nicht etwas, das man auf die leichte Schulter nehmen darf.

■ **Erstes Kriterium:** *«… dass du meinem Sohn nicht eine Frau von den Töchtern der Kanaaniter nimmst, in deren Mitte ich wohne. Sondern du sollst in mein Land und zu meiner Verwandtschaft gehen und dort eine Frau für meinen Sohn, für Isaak, nehmen!»* (V. 3 b–4). Der zukünftige Ehepartner muss (geistlich gesehen) zu *derselben Familie* gehören. Mit anderen Worten, er muss sich bekehrt haben und wiedergeboren sein. Es genügt also nicht, dass er sich als gläubig *bezeichnet* und zu einer Gemeinde gehört. Er muss vielmehr durch sein Leben *zeigen,* dass er den Herrn liebt. Im *Anhang I* wird auf Ehen zwischen Gläubigen und Ungläubigen eingegangen. Ich möchte aber gleich einige Dinge vorausschicken.

In einem Punkt können wir absolut *sicher* sein, dass es der Wille Gottes ist: *Ein Gläubiger soll keinen Ungläubigen heiraten.*

In der Bibel finden wir viele Verse, die uns dazu auffordern. In jedem von ihnen ist davon die Rede, wie solche Ehen das Volk Gottes auf geistliche Abwege brachten und es zur Untreue führten. Das göttliche Gebot, keine Bindung zu Menschen einzugehen, *die nicht denselben Vater haben,* zeigt, wie sehr Gott seine Kinder vor grossem seelischem Schmerz bewahren möchte. Und es zeigt auch, wie sehr er sie vor all dem bewahren möchte, das sie hindert, ein Leben der Heiligung und Reinheit zu führen. Gott will, dass wir treu und nicht oberflächlich sind.

Die Erfahrungswerte aus der christlichen Eheberatung zeigen, dass in einer Ehe mit einem Ungläubigen (ich meine damit eine Ehe zwischen einem Gläubigen, der, im Ungehorsam gegen Gottes Willen, einen Ungläubigen heiratet) die *geistlichen Bedürfnisse* des gläubigen Ehepartners langsam *nachlassen,* weil eine Art Anpassungsmechanismus einsetzt. Eine solche Anpassung lässt den Geist träge werden, denn man will schliesslich nicht streiten und geht daher Diskussionen aus dem Weg. Wenn unser geistliches Leben nicht ständig durch die Gemeinschaft mit dem Herrn und mit anderen Gläubigen genährt wird, verkümmert es; und oft bleibt nach einiger Zeit gar nichts mehr davon übrig. Man muss schon sehr stark sein, um sich nicht vom ungläubigen Partner beeinflussen zu lassen. Es ist nämlich viel leichter, nach unten gezogen zu werden, als jemanden nach oben zu heben. *Wenn also ein Gläubiger einen Ungläubigen heiratet, beweist er damit nur, wie schwach und oberflächlich sein geistliches Leben letztlich ist.* Auch die folgenden beiden Verse bestätigen diese Tatsache. Es wird betont, dass der Gläubige nicht *in die Welt* zurückkehren darf, um seinen künftigen Ehepartner zu wählen. *«Der Knecht aber sagte zu ihm: 'Vielleicht wird die Frau mir nicht in dieses Land folgen wollen. Soll ich dann deinen Sohn in das Land zurückbringen, aus dem du ausgezogen bist?' Da sagte Abraham zu ihm: 'Hüte dich wohl, meinen Sohn dorthin zurückzubringen!'»* (V. 5–6).

■ **Zweites Kriterium:** *«Der HERR, der Gott des Himmels (…), der wird seinen Engel vor dir hersenden, dass du eine Frau für meinen Sohn von dort holen kannst»* (V. 7). Die Wahl geschieht in der *Gegenwart Gottes.* Zu alttestamentlicher Zeit wurde sie durch den Engel verkörpert. Heute können wir darunter die Gegenwart des Heiligen Geistes im Gläubigen verstehen. Es kann aber auch das Suchen nach dem in der Bibel offenbarten Willen Gottes sein, um die Kriterien für die Wahl des künftigen Partners zu erkennen.

Im Buch der Prediger heisst es: *«Eine dreifache Schnur wird nicht so schnell zerrissen»* (4,12). Das bedeutet, dass es in der Ehe zwischen Gläubigen *drei Bezugspersonen* gibt: Mann, Frau und Christus. Der Herr selbst ist die dritte Schnur, d. h. er ist es, der die Ehe zwischen Gläubigen trägt und erhält. Daher *müssen wir auch Gott in die Wahl* des künftigen Ehepartners mit einbeziehen. Der Herr muss ein ständiger Bezugspunkt für uns sein – gerade so, wie er es für den Knecht Abrahams war.

■ **Drittes Kriterium:** *«Wenn aber die Frau dir nicht folgen will, so bist du frei von diesem Schwur. Nur du sollst meinen Sohn nicht dorthin zurückbringen!»* (V. 8). Abgesehen davon, dass noch einmal das Verbot, Isaak *in die Welt* zurückzuführen, ausgesprochen wird, sehen wir auch, welche Bedeutung und welcher Wert dem *Willen* der betreffenden Person beigemessen wird. Es muss *auf beiden Seiten* der Wunsch bestehen, etwas Gemeinsames zu bauen.

«Wenn aber die Frau dir nicht folgen will»: Man kann nicht erwarten, etwas Dauerhaftes zu bauen, wenn nicht beide gleich motiviert sind und dieselben Ziele haben. Der wichtigste Aspekt einer Liebesbeziehung ist ja gerade der Wunsch, in die gleiche Richtung und auf dasselbe Ziel hinzugehen.

Manchmal kann es sein, dass nur ein Partner schwer verliebt ist, während sich der andere eher gleichgültig verhält. Man darf starke Gefühle nicht überbewerten. Sie sind ganz sicher wichtig. Aber wenn es darum geht, eine Entscheidung zu treffen, müssen wir lernen, mit ihnen umzugehen, ohne uns von ihnen mitreissen zu lassen. Sie machen es nämlich schwer, eine Situation objektiv einzuschätzen. Manchmal laufen wir Gefahr, diese Gefühle so zu interpretieren, als würde Gott unsere Entscheidung bestätigen, die wir *in unserem Herzen* schon getroffen haben.

Ohne den Wert des Verliebens schmälern zu wollen, sagt uns aber Gottes Wort: *«Vertraue auf den HERRN mit deinem ganzen Herzen und stütze dich nicht auf deinen Verstand ... Sei nicht weise in deinen Augen»* (Spr. 3,5;7).

■ **Viertes Kriterium:** *«Und er sagte: HERR, Gott meines Herrn Abraham, lass es mir doch heute begegnen, und erweise Gnade an meinem Herrn Abraham!»* (V. 12). Hier sehen wir, wie wichtig das *Gebet* bei unserer Wahl ist. Damit zeigen wir nämlich, dass wir den Kriterien vertrauen, die Gott für diese Suche festgelegt hat. Es bedeutet, sich dem Herrn unterzuordnen und sich von ihm führen zu lassen, indem wir den *objektiven* Anweisungen seines Wortes folgen. Einige dieser Anweisungen sind übrigens genau die, die wir hier behandeln.

Wie es scheint, haben in den Versen 13 und 14 Zeichen, die auf Gottes Willen hinweisen, grosse Bedeutung: *«Möge es nun geschehen: Das Mädchen, zu dem ich sagen werde: 'Neige doch deinen Krug, dass ich trinke!', und das dann sagt: 'Trinke! Und auch deine Kamele will ich tränken', das soll es sein, das du für deinen Knecht Isaak bestimmt hast! Und daran werde ich erkennen, dass du an meinem Herrn Gnade erwiesen hast.»* Es wurde aber schon erwähnt, dass wir uns nicht auf Zeichen konzentrieren sollen, die schwierig zu deuten sind. Es geht vielmehr darum, herauszufinden, ob wir zueinander passen. Das aufrichtige Gebet ist dabei ebenso von Bedeutung. Bei dem Zeichen, das der Knecht Abrahams fordert, handelt es sich nicht so sehr um ein übernatürliches Zeichen, sondern es hat vielmehr mit dem *Charakter* der jungen Frau zu tun, nach der er sucht. Wie wir gleich noch sehen werden, musste sie beweisen, dass sie hilfsbereit und offen für die Bedürfnisse eines durstigen Mannes ist.

Beim Lesen dieses Kapitels fällt auf, dass der Knecht Abrahams während seiner ganzen Suche *betete* und dem Herrn *dankte,* weil der Herr ihn immer deutlicher seinen Willen im Blick auf die künftige Frau Isaaks erkennen liess (vgl. V. 12–14; 26–27; 48; 52). Wenn wir den Bericht, den der Knecht der Familie Rebekkas (V. 34–39) gibt, einmal beiseite lassen, stellen wir fest, dass es mindestens *vier* Momente gibt, in denen er sich in dieser Angelegenheit an den Herrn wendet.

Wir sehen auch, in welcher *geistlichen Haltung Isaak diese Zeit des Wartens* auf seine zukünftige Braut verbringt: *«Und Isaak aber war hinausgegangen, um auf dem Feld zu sinnen bei Anbruch des Abends»* (V. 63). Er ist überhaupt nicht unruhig, besorgt oder ungeduldig. Er lebt in Gemeinschaft mit Gott. Er ist sich sicher, dass der Herr ihn früher oder später mit der Frau zusammenführen wird, die seine Frau werden sollte.

Es gibt in dieser Erzählung einen Punkt, der auf den ersten Blick meinen Ausführungen im vorhergehenden Kapitel zu widersprechen scheint. In Vers 14 heisst es: *«Möge es nun geschehen: Das Mädchen (...) das soll es sein, das du für deinen Knecht Isaak bestimmt hast!»* Es hat hier nämlich den Anschein, dass die Auffassung, wonach Gott den Seelengefährten (bzw. die Seelengefährtin) für uns vorbereitet hat, bestätigt wird, und der Knecht nun die schwierige Aufgabe hat, sie zu finden. Das mag einem jetzt vielleicht wie eine Art *Schnitzeljagd* vorkommen. In Wirklichkeit müssen wir aber bedenken, dass das hier beschriebene Ereignis zu einer Zeit geschah, in der Gott sich den Menschen erst zu offenbaren begann. Die Geschichte Gottes mit seinem Volk nahm erst ihren Anfang. Wir müssen daher die *historische* Seite der Offenbarung Gottes bedenken, um zu verstehen, warum Gott für Isaak eine ganz bestimmte Frau ausgewählt hatte. Heute scheint dieses *Kriterium der Ausschliesslichkeit und Einzigartigkeit* aber nicht mehr so bindend zu sein. Wir haben heute bei der Wahl des Ehepartners eine grössere Entscheidungsfreiheit. Allerdings muss sie immer innerhalb der von der Bibel genau festgelegten Grenzen erfolgen.

■ **Fünftes Kriterium:** *«Und das Mädchen war sehr schön von Aussehen, eine Jungfrau, und kein Mann hatte sie erkannt»* (V. 16 a). Hier ist nun von der äusseren *Schönheit* die Rede. Schönes Aussehen ist ein *subjektives* Kriterium, hat aber trotzdem seine Bedeutung. Mit einem Menschen den Rest unseres Lebens zu verbringen heisst, dass wir uns aneinander anpassen. Beide Partner müssen also ständig an sich arbeiten, um ausgewogen und harmonisch wachsen zu können. In diesem Prozess spielt, vor allem in den ersten Ehejahren, die körperliche Anziehung eine grosse Rolle. Wie bereits erwähnt, ist sie oft die Antriebskraft für Männer, dass sie eine Frau umwerben. Trotzdem dürfen wir aber die körperliche Anziehung nicht überbewerten. Sie muss aus der richtigen Perspektive heraus betrachtet werden. *«Trügerisch ist Anmut und nichtig die Schönheit; eine Frau aber, die den HERRN fürchtet, die soll man rühmen»* (Spr. 31,30).

Vergessen wir nicht, dass Ehen, die *nur* auf körperlicher (sexueller) Anziehung beruhen, höchstens drei bis fünf Jahre dauern. Hier steht nur das Verlangen nach dem Körper des Partners im Vordergrund, nicht aber das Interesse an seiner Person.

So geht es in diesem Vers nicht nur um die äussere Schönheit, sondern gewissermassen auch um die *innere* Reinheit, wenn von der Unberührtheit Rebekkas die Rede ist. Gemeint ist damit auch, dass sie frei von belastenden Erinnerungen an frühere Beziehungen war.

Für die Dauerhaftigkeit einer Ehe ist diese innere Schönheit zweifellos von grösserer Bedeutung. *«Euer Schmuck sei nicht der äusserliche durch Flechten der Haare und Umhängen von Gold oder Anziehen von Kleidern, sondern der verborgene Mensch des Herzens im unvergänglichen Schmuck des sanften und stillen Geistes, der vor Gott sehr köstlich ist»* (1. Petr. 3,3–4).

■ **Sechstes Kriterium:** *«Sie stieg zur Quelle hinab, füllte ihren Krug und stieg wieder herauf»* (V. 16 b). Der Knecht Abrahams trifft Rebekka an, als sie bei der Arbeit ist. Es ist wichtig, auf den *Fleiss* und den Einsatz zu achten, mit dem jemand seine Aufgaben und Pflichten zu Ende führt.

Oft kann es eine Hilfe sein zu sehen, wie das Zimmer eines Jungen oder eines Mädchens aussieht: Ist es sauber und ordentlich oder herrscht dort Chaos? Es ist auch gut, darauf Acht zu haben, wie jemand mit seinem Geld umgeht: Ist er/sie verschwenderisch oder geizig? All das hilft uns, etwas mehr über den Charakter des Menschen, an dem wir interessiert sind, herauszufinden.

Aber Vorsicht: Wenn unsere Verliebtheit uns den Blick trübt, so fragen wir doch einfach jemanden um Rat, der uns mit Weisheit und Liebe weiterhelfen kann.

Sicher, jeder kann sich ändern, zum Guten oder zum Schlechten. Machen wir uns aber besser keine zu grossen Hoffnungen bei einem, der von klein auf faul und unordentlich ist …

■ **Siebtes Kriterium:** *«Da lief ihr der Knecht entgegen und sagte: 'Lass mich doch ein wenig Wasser aus deinem Krug schlürfen!' Und sie sagte: 'Trinke, mein Herr!' Und eilends liess sie ihren Krug auf ihre Hand herunter und gab ihm zu trinken. Und als sie ihm genug zu trinken gegeben hatte, sagte sie: 'Auch für deine Kamele will ich schöpfen, bis sie genug getrunken haben'. Und sie eilte und goss ihren Krug aus in die Tränkrinne, lief noch einmal zum Brunnen, um zu schöpfen, und schöpfte so für alle seine Kamele»* (V. 17–20). Diese Verse zeigen sehr gut die *selbstlose Haltung* und die *Einfühlsamkeit* der jungen Rebekka. Sie hat einen echten Sinn fürs *Dienen.* Die hier verwendeten Verben beschreiben, wie eifrig und effizient sie arbeitet: *«Und eilends liess sie ihren Krug auf ihre Hand herunter»* (V. 18), *«und sie eilte und goss ihren Krug aus in die Tränkrinne, lief noch einmal zum Brunnen, um zu schöpfen, und schöpfte so für alle seine Kamele»* (V. 20). Zehn Kamele zu tränken ist nicht gerade ein Kinderspiel. Die haben nämlich einen ordentlichen Durst! Aber das machte dem Mädchen nichts aus. Wie lange sie wohl gebraucht haben mag, um den Durst der Kamele zu löschen? Rebekka war sicherlich nicht faul! Dieser Charakterzug wertete sie in den Augen von Abrahams Knecht auf.

■ **Achtes Kriterium:** *«Der Mann aber sah ihr zu, schweigend, um zu erkennen, ob der HERR seine Reise würde gelingen lassen oder nicht»* (V. 21). Wenn wir eine Liebesbeziehung zu einem Menschen eingehen möchten, ist es wichtig zu *beobachten,* wie er sich in den verschiedenen Situationen *verhält.* In den Versen 18–28 gibt es mindestens drei Situationen, in denen man den Charakter Rebekkas gut erkennen kann.

(a) Beim Dienen (siehe die schon zitierten Verse 17–20).

(b) Beim Umgang mit anderen. Sie war freundlich, höflich und einfühlsam. *«Sowohl Stroh als auch Futter ist bei uns in Menge, auch Platz zum Übernachten»* (V. 25). Rebekka ist wirklich offen für den anderen. Sie bringt dem Mann und seinen Kamelen nicht nur Wasser, sondern bietet ihm auch die Gastfreundschaft ihrer Familie an.

(c) Beim Umgang mit ihrer Familie. *«Das Mädchen aber lief und berichtete diese Dinge dem Haus ihrer Mutter»* (V. 28). Nichts von dem, was Rebekka tat, geschah mit Hintergedanken oder heimlich. Das Verhältnis zu ihren Eltern ist von gegenseitigem Vertrauen geprägt. Sie *lief,* um diese Dinge zu Hause zu berichten. In gewisser Weise wollte sie so rasch wie möglich ihrer Familie erzählen, was sie erlebt hatte.

Warum ist es wichtig, das Verhalten zu beobachten? Weil alle diese Faktoren darauf hinweisen, wie die künftige Ehe sein wird.

So wird z. B. ein Junge später seine Frau höchstwahrscheinlich genauso behandeln, wie er heute seine Mutter behandelt.

Ein Mädchen wird später dem Haushalt so viel Beachtung schenken, wie sie es heute mit ihrem Zimmer tut.

Natürlich wächst und ändert man sich mit der Zeit. Gewisse Seiten der Persönlichkeit können aber bleiben und die Beziehung beeinflussen.

Es lohnt sich zu beobachten, wie der Junge oder das Mädchen, an dem wir interessiert sind, in bestimmten unangenehmen Situationen, in Schwierigkeiten und unter Stress reagiert.

Wie geht er/sie damit um, wenn es Ärger mit seinen/ihren Eltern gibt?

Kommen dabei Reife, Einfühlsamkeit und Liebe zum Ausdruck?

Alle diese Faktoren sind wertvolle Hinweise, um den Charakter eines Menschen im Ganzen erkennen zu können.

■ **Neuntes Kriterium:** Der Knecht Abrahams erzählt Betuel und Laban (also dem Vater und dem Bruder Rebekkas), was sein Anliegen ist. *«Und ich sagte zu meinem Herrn: 'Vielleicht will die Frau mir nicht folgen'. Da sagte er zu mir: 'Der HERR, vor dessen Angesicht ich gelebt habe, wird seinen*

Engel mit dir senden und wird deine Reise gelingen lassen, dass du für meinen Sohn eine Frau aus meiner Sippe und aus dem Haus meines Vaters nimmst. Dann bist du frei von dem Schwur: Wenn du zu meiner Sippe kommst und wenn sie sie dir nicht geben, dann bist du entlastet von dem Schwur'» (V. 39–41). Wir sehen hier eine *ausdrückliche Anfrage,* zu der es aufgrund der überzeugenden, zuvor genannten Kriterien gekommen ist. Aber diese Anfrage könnte auch unerfüllt bleiben. Wie wir schon im vorhergehenden Kapitel gesehen haben, muss man auch damit rechnen, abgewiesen zu werden (und es akzeptieren), ohne ein Drama daraus zu machen. Wir dürfen uns dabei nicht gekränkt fühlen, sondern als Christen müssen wir die anderen höher achten als uns selbst und *«ein jeder sehe nicht auf das Seine, sondern ein jeder auch auf das der anderen»* (Phil. 2,3–4).

■ **Zehntes Kriterium:** *«Da antworteten Laban und Betuel und sagten: 'Vom HERRN ist die Sache ausgegangen; wir können dir nichts sagen, weder Böses noch Gutes. Siehe, Rebekka ist vor dir: Nimm sie und geh hin, dass sie die Frau des Sohnes deines Herrn werde, wie der HERR geredet hat'»* (V. 50–51). Der Vater und der Bruder Rebekkas erkennen nun, wie sich alles zugetragen hat. Der Knecht Abrahams hatte während der ganzen Suche grossen geistlichen Ernst bewiesen. Deshalb ist auch die Familie Rebekkas davon überzeugt, dass es sich hier um den Willen Gottes handelt: *«Vom HERRN ist die Sache ausgegangen».*

Ausschlaggebend war *die Art und Weise,* in der der Knecht bei der Suche nach dem Willen Gottes fragte. Es wurde immer offensichtlicher, auf wen seine Wahl fallen sollte, weil er weder voreilig noch unbesonnen gehandelt hatte. Er betrachtete und wog jede Eigenschaft des Mädchens und jeden Aspekt der unvorhergesehenen Situation genau ab.

Die *Überzeugung,* zu der er schliesslich gelangte, brachte auch *Einigkeit* und *Wertschätzung* zwischen den Familien und den künftigen Eheleuten. Dass die ganze Familie dieser Wahl zustimmte, sehen wir an dem Segen, den sie Rebekka ausspricht: *«Und sie segneten Rebekka und sprachen zu ihr: 'Du, unsere Schwester, werde zu tausendmal Zehntausenden, und deine Nachkommen mögen das Tor ihrer Hasser in Besitz nehmen!'»* (V. 60).

■ **Elftes Kriterium:** *«Da sagten sie: 'Lasst uns das Mädchen rufen und ihren Mund befragen'. Und sie riefen Rebekka und sagten zu ihr: 'Willst du mit diesem Mann gehen?' Sie sagte: 'Ich will gehen'»* (V. 57–58). Bis zu dieser Stelle des hier behandelten Abschnitts hatte es fast den Anschein, dass die Ehe arrangiert wurde, ohne die Meinung Rebekkas zu hören (wie das auch oft zu jener Zeit der Fall war – und sogar zu Zeiten, die noch nicht allzu lange zurückliegen). Jetzt aber sehen wir, dass *das letzte Wort in Wirklichkeit bei ihr liegt.* Rebekka hätte auch nein sagen können. Sie fühlt aber, dass *Gott sie in seinen Plan mit einbeziehen will.* Daher bedeutet ihre Antwort: *«Ich will gehen»* auch eine klare *Entscheidung* und die völlige Übernahme einer *Verpflichtung.*

Zu dieser Entscheidung und zum Annehmen dieser Verpflichtung ist es aufgrund der Überzeugung gekommen, die durch bestimmte besondere Elemente bestärkt wurde.

Auch Isaaks Verhalten ist erwähnenswert. Als der Knecht Rebekka zu ihm bringt, hört er sich *zuerst* an, was der Knecht ihm zu berichten hat: *«Der Knecht aber erzählte Isaak all die Dinge, die er ausgerichtet hatte»* (V. 66). Beim Zuhören kann sich Isaak selbst davon überzeugen, dass alles von Gott geführt worden war. Erst *nachdem* er zu dieser Überzeugung gelangt ist, nimmt er Rebekka zur Frau: *«Dann führte Isaak sie in das Zelt seiner Mutter Sara; und er nahm Rebekka, und sie wurde seine Frau»* (V. 67).

Es scheint, dass die hier aufgezählten Kriterien schwer in die Praxis umzusetzen sind. Das stimmt aber nicht. Wenn wir als Christen unserem Glauben entsprechend handeln wollen, müssen wir bei einer so wichtigen Entscheidung die Anweisungen Gottes befolgen.

Denken wir daran: Wenn wir bei der Wahl des Ehepartners die biblischen Kriterien beachten und dabei die Einstellung haben, den Herrn auch in unserem Gefühlsleben ehren und verherrlichen zu wollen, dann können wir sicher sein, dass Gott unsere Verbindung festigen und segnen wird.

«Gott hat den Menschen
aufrichtig gemacht;
sie aber suchten viele Künste.»
(Pred. 7,29)

TEIL 2
DIE ANGEBLICHEN GRÜNDE FÜR SEXUELLEN VERKEHR VOR DER EHE

6. Schafe mitten unter den Wölfen

Als Jesus seine Jünger aussandte, um der Welt das Evangelium zu verkünden, machte er dazu folgende Bemerkung: *«Siehe, ich sende euch wie Schafe mitten unter die Wölfe. Darum seid klug wie die Schlangen und ohne Falsch wie die Tauben»* (Matth. 10,16).

Wir haben einen Auftrag vor uns, den uns der Herr selbst gegeben hat: *«Ich sende euch»*. Wir sind *Gesandte* Gottes auf dieser Erde. Wir müssen uns deshalb auch als solche benehmen.

Jesus beschreibt das Verhältnis eines Christen zur Welt, die ihn umgibt, folgendermassen: *wie Schafe mitten unter den Wölfen.* Ein Schaf ist ein sanftes Tier, das für einen Wolf eine leckere Beute werden kann. Es ist dem Angriff seines hungrigen Feindes wehrlos ausgeliefert. Der Rachen des Wolfes wartet nur darauf, das arme Tier zu zerreissen.

Der einzige Schutz, den das Schaf hat, ist sein Hirte.

Je näher es also bei ihm ist, umso sicherer ist es.

Der Hirte des Christen ist Jesus Christus.

Da wir Schafe mitten unter den Wölfen sind, müssen wir uns über eines im Klaren sein: Es besteht tatsächlich die Gefahr, zerrissen zu werden. Was die geistliche Welt betrifft, weist folgender Vers deutlich auf diese Gefahr hin: *«Seid nüchtern und wachet! Euer Widersacher, der Teufel, geht umher wie ein brüllender Löwe und sucht, wen er verschlingen könne»* (1. Petr. 5,8–9).

Die Bibel zeigt uns, wie wir uns verhalten müssen, um den moralischen und geistlichen Gefahren der Welt um uns zu begegnen: Wir müssen fest im Glauben stehen. Mit anderen Worten, wir müssen durch das beständige Lesen der Bibel und die Gemeinschaft mit anderen Gläubigen zu festen Überzeugungen kommen.

Der moralische Verfall, der überall erkennbar ist, zieht die Menschheit immer tiefer in den Schmutz. Die Wölfe sind nicht unbedingt die Menschen selbst, aber *die Ansichten,* die diese Menschen haben. Die Wölfe zeigen sich in den gottlosen und perversen Ideologien einer Welt, die sich von der Gier Satans mitreissen lässt, der die Menschen verblenden will *«damit sie den Lichtglanz des Evangeliums von der Herrlichkeit des Christus, der Gottes Bild ist, nicht sehen»* (2. Kor. 4,4).

Die so genannte *Welt* schafft Vorbilder, Werte und Verhaltensmuster, die in krassem Gegensatz zu christlichen Werten stehen. Und wir alle müssen in dieser Welt leben und gegen den Strom schwimmen. Das ist mühsam, verlangt Opfer, und wir müssen ständig vor den immer raffinierter werdenden Versuchungen auf der Hut sein.

Das also heisst, *Schafe mitten unter den Wölfen zu sein.*

In Matthäus 10,16 gibt uns Jesus aber auch einen *praktischen* Rat. Er fordert uns auf, *klug wie die Schlangen zu sein.* Er lehrt uns, die Augen offen zu halten, uns nicht das ideologische und moralische System dieser Welt überstülpen zu lassen. Wir müssen uns vielmehr klug darin bewegen, ohne uns zu verunreinigen. Er befiehlt uns, besonnen zu sein.

Einerseits ist es wichtig, die Augen für die gesellschaftlichen Veränderungen unserer Zeit offen zu halten, um aufmerksame und vorsichtige Christen zu sein. Wir müssen verstehen lernen, wie sich die moralischen Werte verändern, und sie von der Bibel her richtig einordnen. Wir wissen nämlich, dass *«... in den letzten Tagen schwere Zeiten eintreten werden. Denn die Menschen werden selbstsüchtig sein, geldliebend, prahlerisch, hochmütig, Lästerer, den Eltern ungehorsam, undankbar, unheilig, lieblos, unversöhnlich, Verleumder, unenthaltsam, grausam, das Gute nicht liebend, Verräter, unbesonnen, aufgeblasen, mehr das Vergnügen liebend als Gott, die eine Form der Gottseligkeit haben, deren Kraft aber verleugnen»* (2. Tim. 3,1–5)

Andererseits müssen wir uns beständig und fest an der Bibel orientieren, um in der Erkenntnis und in unserer persönlichen Beziehung zu Gott zu wachsen. Der Herr gibt uns *Einsicht* je nach unserer *Hingabe* und unserem *Gehorsam.*

Anhand dieser Prinzipien wollen wir nun im zweiten Teil des Buches einige Gründe untersuchen, warum Jugendliche schon vor der Ehe sexuell aktiv sein möchten. Wir werden dieses Thema von mehreren Blickwinkeln aus betrachten und dabei auf den *physischen, soziologischen, psychischen und geistlichen* Aspekt eingehen.

Kein Mensch gleicht dem anderen. Wir können deshalb die Motivationen nicht verallgemeinern. Es kann also unterschiedliche und vielfältige Gründe dafür geben, je nach dem Temperament oder der Situation, in der sich jemand befindet. Die Entscheidung, vorehelichen Geschlechtsverkehr zu haben, kann das Ergebnis einer Reihe von Faktoren sein. Meistens liegt der Grund dafür aber in der starken Anziehung, die der Sex seit jeher auf Menschen ausgeübt hat.

Ich bin davon überzeugt, dass die Prüfung der vermeintlichen Gründe für sexuellen Verkehr vor der Ehe dem Leser eine Hilfe sein wird, sich selbst zu prüfen und die eigene Situation ehrlich vor dem Herrn einzuschätzen.

	Ich stimme zu		Ich stimme nicht zu		Ich weiss nicht	
AUSSAGE	J	M	J	M	J	M
Ich glaube, dass Unberührtheit heute keinen Wert mehr hat.	6,8%	16%	81,8%	78,5%	11,4%	5,5%
Ich glaube, dass es lächerlich ist, noch auf Unberührtheit Wert zu legen.	2,2%	1,7%	95,5%	98,3%	2,3%	/
Wenn ich nicht mit meinem Freund (oder Freundin) ins Bett gehe, habe ich Angst, ihn/sie zu verlieren.	38,6%	42,8%	45,4%	50%	16%	7,2%
Man kann intim miteinander sein, ohne dabei richtigen Sex zu haben.	61,3%	48,2%	22,7%	46,4%	16%	5,4%
Ein Junge, der seine Freundin nicht zum Sex drängt, zeigt ihr damit, dass er sie liebt.	79,5%	75%	9%	12,5%	11,5%	12,5%
Ich fühle mich von der Gesellschaft dazu gedrängt, Sex zu haben.	54,5%	26,7%	43,2%	64,4%	2,3%	8,9%
Man muss vor der Ehe herausfinden, ob es im Bett überhaupt klappt.	6,8%	1,7%	88,6%	92,8%	4,6%	5,5%

Einige Statistiken

Der dritte Fragebogen (siehe oben), den ich den jugendlichen Teilnehmern der Bibelfreizeit zum Ausfüllen gab (es war in den ersten beiden Kapiteln bereits die Rede davon), hatte die Überschrift *«Sexuelle Beziehungen vor der Ehe»*.

Sehen wir uns nun einige Ergebnisse genauer an.

Diese Zahlen geben uns Anlass zu einigen Überlegungen.

- Vielsagend ist vor allem, dass zwar die grosse Mehrheit der Jungen und Mädchen der Meinung ist, Unberührtheit sei noch ein wichtiger Wert (siehe Aussage 1 und 2), dann aber doch 38,6% der Jungen und 42,8% der Mädchen befürchten, den Partner zu verlieren, wenn sie nicht bereit sind, mit ihm Sex zu haben (Aussage 3). Wie kommt es zu dieser Tendenzwende im Vergleich zu den beiden vorhergehenden Resultaten?

Will man vielleicht die beiden Dinge voneinander trennen: zum einen den als *theoretisches* Ideal anerkannten und akzeptierten Wert (die Unberührtheit); zum anderen das Miteinander-ins-Bett-Gehen als attraktiveren *praktischen* Wert? So etwas ist aber schlicht und einfach *widersprüchlich!*

Dieses Ergebnis könnte auch zeigen, dass man sich oft vom Partner *erpresst* fühlt. Und die Angst, verlassen zu werden, spielt bei der Entscheidung, sich sexuell hinzugeben oder nicht, eine wichtige Rolle. Ich glaube, wenn es in einer Liebesbeziehung diese versteckten Formen von Erpressung gibt, ist es am besten, die Beziehung sofort abzubrechen. Denn sie beruht ganz offensichtlich auf egoistischen Motiven.

■ Der vierten Aussage (*«Man kann intim miteinander sein, ohne dabei richtigen Sex zu haben»*) stimmen 61,3% der Jungen und 48,2% der Mädchen zu. Ich habe nicht nachgefragt, was diese jungen Leute unter *intim sein* verstehen. Ich nehme aber an, dass sie dabei an *Petting* dachten, das auch ohne Penetration zum Orgasmus führen kann.

Wir werden darauf noch ausführlicher im fünften Teil des Buches (siehe *Heikle Fragen*) zu sprechen kommen. Ich möchte hier nur darauf hinweisen, dass Jugendliche (sowohl Jungen als auch Mädchen) sich anscheinend nicht bewusst sind, dass sexuelle Intimität (die nur in die Ehe gehört) Ausdruck einer viel tieferen Vereinigung zwischen Mann und Frau ist, im Vergleich zu Berührungen, bei denen es einfach darum geht, Lust zu wecken. Abgesehen davon, dass *Petting* bereits als sexuelle Aktivität gilt (und damit von der Bibel verurteilt wird, wenn es ausserhalb der Ehe geschieht), ist es auch äusserst gefährlich, weil es den Wunsch nach mehr weckt. Es ist sehr schwer, aufzuhören, wenn man erst einmal diesen Weg beschritten hat!

■ Was die fünfte Aussage betrifft (*«Ein Junge, der seine Freundin nicht zum Sex drängt, zeigt ihr damit, dass er sie liebt»*), finden wir hier ein ermutigendes Ergebnis. So stimmt die Mehrheit der Befragten dieser Aussage zu (79,5% der Jungen und 75% der Mädchen). Sie haben verstanden, dass Liebe auch Achtung und Wartenkönnen bedeutet. Jemanden lieben heisst, ihn nicht zu drängen, etwas zu tun, das er nicht will. Es heisst, Reife und Selbstbeherrschung zu beweisen. Und es bedeutet auch zu zeigen, dass man an der *Person* selbst und nicht nur an ihrem *Körper* interessiert ist.

■ Die Ergebnisse der sechsten Aussage (*«Ich fühle mich von der Gesellschaft dazu gedrängt, Sex zu haben»*) lassen erkennen, dass Männer stärker von ihrer Umwelt beeinflusst werden: 54,5% gegen 26,7% der Frauen. Wie wir schon erwähnt haben, sind Männer *visuell* leichter erregbar und daher auch ein leichteres Angriffsziel in einer Welt, in der wir mit Bildern geradezu überschwemmt werden.

■ Die letzte Aussage (*«Man muss vor der Ehe herausfinden, ob es im Bett überhaupt klappt»)* ist eine weit verbreitete weltliche Einstellung. Auch Experten, die das menschliche Verhalten untersuchen, sind der Ansicht, dass eine solche «Probezeit» die Festigkeit einer späteren Ehe besser gewährleisten könnte. Diese Behauptung ist völlig aus der Luft gegriffen! Im Gegenteil, wenn die Dauerhaftigkeit einer Ehe von der sexuellen *Leistung* abhängt, dann hat man wirklich gar nichts von ihrem wahren Wert und ihren wahren Zielen verstanden! Mich freut es sehr, dass bei unserer Umfrage die überwältigende Mehrheit der Jugendlichen dieser Aussage nicht zustimmt: 88,6% der Jungen und ganze 92,8% der Mädchen. Das zeigt, dass sie trotz vieler Dinge, über die sie sich noch nicht im Klaren sind, doch verstehen, dass die Ehe auf anderen Werten aufgebaut ist. Und sie erkennen auch, dass der Sex nur die Krönung anderer Faktoren ist, die der Intimität zwischen Mann und Frau auf emotionaler Ebene vorausgegangen sind.

Also wie gesagt: wie Schafe mitten unter Wölfen, aber klug wie Schlangen!

7. Physische Gründe

Was geht da bloss vor sich?

Von klein auf ist das Interesse für die eigenen Geschlechtsorgane sehr unterschwellig und «unschuldig». Wenn Kinder anfangen, Fragen über das eigene und das andere Geschlecht zu stellen, versuchen die Eltern, etwas verlegen, ihnen die wichtigsten Unterschiede zwischen Jungen und Mädchen und den Grund dafür zu erklären. Nach den ersten Erklärungen haben die Kinder eine Zeitlang keine Fragen mehr dazu. Vielleicht reimen sie sich dann selbst etwas darüber zusammen. Und die Welt ist wieder in Ordnung. Eine ordentliche und sachliche Erklärung hat ihre Neugier gestillt.

Später in der Schule gibt es dann leider in fast jeder Klasse immer einen Besserwisser. Vielleicht weil er einen älteren Bruder hat, der ihn aufklärt. Oder weil er ein Comicheft für Erwachsene gefunden hat. Und so bekommen Kinder eine verzerrte Sicht vom Sex. Wer gegenüber den anderen mehr weiss, brüstet sich damit vor seinen Schulkameraden und spricht über Sex, als ob er der Experte dafür wäre. Dieses Thema fängt an, ein gewisses Interesse zu wecken. Die anderen Kinder, die jetzt von diesem Schlaukopf aufgeklärt werden, fragen dann nicht immer bei ihren Eltern nach. Und so wird der Sex allmählich zu einem heiklen Thema. Da erkundigen sie sich schon lieber bei Gleichaltrigen. Sie fühlen sich bei ihnen einfach freier, über bestimmte Dinge zu reden.

Wenn über Sex falsch informiert wird, kann das zu einer krankhaften Neugier führen. Es kann aber auch unter bestimmten Umständen bei den Jüngeren Angst hervorrufen. Viele Formen der so genannten *Leistungsangst,* die es unter Erwachsenen gibt, scheinen ihre Ursachen darin zu haben, dass über die wahre sexuelle Intimität falsch informiert wurde.

Wie dem auch sei, zu einem bestimmten Zeitpunkt des Wachstums wird ein physiologischer Mechanismus ausgelöst, der in unserem Körper tief greifende Veränderungen bewirkt.

Das Wachstum betrifft nämlich nicht nur die Körpergrösse. Der ganze *Körper,* der *Geist* und die *Persönlichkeit* verändern sich und beginnen sich auf das Erwachsenwerden einzustellen. Diese Zeit des Wachstums kann eine aufregende Erfahrung sein. Manchmal kann es aber auch erschrecken. Vor allem dann, wenn wir nicht verstehen, was in uns vorgeht.

Nach der Geburt wächst der Körper weiter. Die Geschwindigkeit, mit der er wächst, nimmt aber mit den Jahren ab. Dann, zwischen 9 und 12 Jahren bei den Mädchen und zwischen 12 und 15 Jahren bei den Jungen, kommt es zu einem weiteren Wachstumsschub. So um die 20 Jahre hört das Wachstum dann auf.

In diesen so genannten *Jugendjahren* kommt es zu *körperlichen,* aber auch *seelischen* Veränderungen. Sie bereiten auf die künftige sexuelle Reife vor. Die Phase der Jugendjahre, in der diese Veränderungen stattfinden, bezeichnet man auch als *Pubertät.*

Vom psychischen Standpunkt aus ist die Pubertät (und allgemein die ganze Jugend) eine Zeit, in der sowohl Jungen als auch Mädchen auf der Suche nach ihrer eigenen Identität sind. Sie haben die Kindheit hinter sich, in der sie von ihren Eltern abhängig waren. Nun liegt das Leben vor ihnen mit neuen Perspektiven, neuen Werten und neuen Herausforderungen.

Das ist eine kritische Zeit für sie und eine ziemlich anstrengende Zeit für ihre Eltern.

Abgesehen davon, dass in ihrem Körper grosse Veränderungen vor sich gehen, ist es für die Jugendlichen auch eine wichtige Zeit der *Erfahrungen.* Sie lernen sich selbst einzuschätzen, um herauszufinden, wo die Grenzen ihrer Selbständigkeit liegen.

Um sich als eigenständige Persönlichkeit abzugrenzen, geraten sie oft mit ihren Eltern in Konflikt. Sie sind reizbar, rebellisch und vertrauen sich ihren Eltern nicht mehr wie früher an. Für die Eltern ist diese plötzliche Veränderung ein echter Schock. Es scheint gerade so, als wäre alles, was sie ihren Kindern beigebracht haben, wie ausgelöscht. Auch das ist eine Folge der Sünde. Nicht alle nehmen sich die Worte des Apostels Paulus zu Herzen: *«Ihr Kinder, seid gehorsam euren Eltern in dem Herrn; denn das ist recht. 'Ehre deinen Vater und deine Mutter', das ist das erste Gebot mit Verheissung: 'auf dass es dir wohl gehe und du lange lebest auf Erden'»* (Eph. 6,1–3).

Am frustrierendsten dabei ist, dass die Provokationen der heranwachsenden Kinder oft auf das abzielen, was den Eltern besonders am Herzen liegt. Indem sie sich den Eltern widersetzen, möchten Jugendliche beweisen, dass sie eine eigene Persönlichkeit haben und selbständig denken können. Ausserdem müssen sie herausfinden, wie weit sie in der Lage sind, zu ihren eigenen Ideen zu stehen. Oft sind ihre Äusserungen, auch wenn sie angeblich absolut und radikal sind, in Wirklichkeit gar nicht das Ergebnis einer ehrlichen und gründlichen Überlegung. Es handelt sich dabei eher um *Vorwände,* um weiter für Konfliktsituationen zu sorgen.

Neben den Eltern, die die unmittelbarsten Zielscheiben sind, lehnen sie sich auch gegen Lehrer, Institutionen und jede Form von Autorität auf. Im Allgemeinen sind sie gegen jeden Erwachsenen, der ihnen Ratschläge oder Anweisungen für ihr Leben geben möchte. Sie neigen sehr dazu, alles und jeden in Frage zu stellen. Und oft heisst es, dass der Versuch, einen Jugendlichen zur Vernunft zu bringen, geradezu ein Ding der Unmöglichkeit ist.

Zum Glück geht diese Phase auch wieder vorüber. Mit der Zeit werden die Jugendlichen reifer, und gegen Ende der Pubertät stellen die Eltern erleichtert fest, dass sie wieder mit ihren Kindern reden können.

In dieser Zeit der grossen Veränderungen fühlen sich die Jungen immer mehr von den Mädchen angezogen und umgekehrt. Sie merken, wie wichtig es ist, bei den anderen gut anzukommen und akzeptiert zu werden, vor allem von den Gleichaltrigen.

Man hat das Gefühl, einer Explosion unbändiger Lebenskraft beizuwohnen.

All das geht von einer kleinen Drüse aus, die kaum grösser als eine Erbse ist und gleich neben dem Gehirn liegt. Man nennt sie *Hypophyse* oder *Hirnanhangsdrüse.* Sie ist für unser Wachstum verantwortlich und bestimmt den richtigen Zeitpunkt, wann die unterschiedlichen chemischen Boten *(Hormone)* in die verschiedenen Teile des Körpers geschickt werden, um dort für die entwicklungsbedingten notwendigen Veränderungen zu sorgen.

Was nun den Körper an sich betrifft, verändern sich in der Pubertät nicht nur Körpergrösse, Muskeln und Knochen, sondern es entwickeln sich auch die so genannten *sekundären Sexualmerkmale.* Sie zeigen an, dass der Körper sich verändert, um die sexuelle Reife zu erlangen, d. h. also den Zeitpunkt, zu dem er physiologisch in der Lage sein wird, sich fortzupflanzen.[1]

Bei den Mädchen ...

Bei den Mädchen beginnt die Brust zu wachsen, die Beine werden länger, die Taille schmäler und die Hüften breiter aufgrund der Fettpolster, die sich ablagern. So bekommt der Körper des Mädchens allmählich die typisch weibliche Form.

Es hat aber den Anschein, als würde sich der Körper nicht richtig entwickeln: Die Beine sind zu lang, die Hüften zu breit, die Nase zu dick, der Po zu klein, etc. ... Das kann schon Anlass zur Sorge geben. Aber innerhalb einiger Jahre sind diese Veränderungen abgeschlossen. Und selbst wenn sie nicht richtig proportioniert zu sein scheinen, so sind sie doch völlig normal. Bis der Körper die richtigen Proportionen hat, müssen noch verschiedene Phasen durchlaufen werden. Nun beginnen auch die ersten Körperhaare zu

---

[1] In den folgenden beiden Abschnitten werden die wichtigsten körperlichen Veränderungen bei Jungen und Mädchen beschrieben. Ich möchte ganz offen darüber reden und dabei auch die entsprechende Terminologie verwenden. Meiner Meinung nach sollten Jugendliche nämlich bei so wichtigen Themen, die ihr Sein betreffen, gut und richtig informiert werden. Sie hören heutzutage ja alles Mögliche darüber. Deshalb halte ich es für so wichtig, wenn von ernsten Dingen die Rede ist, auch ernst und direkt zu sein und die Dinge beim Namen zu nennen.

wachsen: unter den Achseln, in der Schamgegend und auf den Beinen. Die Schweissabsonderung nimmt zu, und es ist ratsam, sich sorgfältig der Körperpflege zu widmen.

Die *Menstruation* setzt ein. Das zeigt, dass beim Mädchen nun auch die *primären Sexualmerkmale* zu reifen beginnen, also jene Merkmale, die direkt mit der Fortpflanzung in Zusammenhang stehen. Die *Gebärmutter* entwickelt sich und wird während der Pubertät grösser. Die beiden *Eileiter* fangen an, Eizellen zu produzieren, von denen jeweils eine alle 28 Tage reift. Dieses Phänomen wird als Eisprung *(Ovulation)* bezeichnet und dauert bis zum Ende der Gebärfähigkeit der Frau an (sie schliesst meist mit den *Wechseljahren* im Alter um die 45 bis 50 Jahre ab).

Wenn die Eizelle zur Reifung gelangt, wird sie vom Eierstock ausgestossen und gelangt über den *Eileiter* in die Gebärmutter. Wenn es zu keiner Befruchtung kommt,[2] setzt sich die Eizelle nicht an der Gebärmutterschleimhaut fest, die inzwischen dicker geworden und stärker durchblutet worden ist. Da sich die Eizelle nicht eingenistet hat, wird die Gebärmutterschleimhaut abgestossen und zusammen mit Blut ausgeschieden. So kommt es zur *Menstruation.*

Bei den Jungen ...

Bei den Jungen entwickeln sich die typisch männlichen Eigenschaften, die mehr oder weniger stark ausgeprägt sein können: breite Schultern, schmale Hüften, ziemlich muskulöse Brust, flacher Bauch und kleiner Po; stärker ausgebildete Muskeln an Schultern, Armen und Beinen. Ebenfalls bedingt durch die Hormone wachsen die Körperhaare im Gesicht, auf Brust, Armen und Beinen, unter den Achseln und in der Schamgegend.

Auch die Geschlechtsorgane werden grösser. Durch die Vergrösserung des Kehlkopfs werden die Stimmbänder länger und bringen tiefere Töne hervor: Der Jugendliche kommt in den Stimmbruch. Über einen bestimmten Zeitraum hinweg kommt er sich lächerlich vor, denn die Stimmlage wechselt noch (mal spricht er mit tiefer Stimme, dann wieder ist seine Stimme hoch).

Auch die *primären Sexualmerkmale* werden nun sichtbar: Ein typisches Zeichen dafür ist die Versteifung des Penis in der Nacht, bei der ganz ungewollt Samenflüssigkeit (Sperma) abgeht. Die Rede ist hier von *nächtlichen Samenergüssen.* Sie sind eine ganz normale Erscheinung bei der Entwick-

---

[2] Die beim Samenerguss (Ejakulation) in die Scheide abgegebenen Samenzellen gelangen in die Gebärmutter und wandern der Gebärmutterwand entlang, bis sie schliesslich in den Eileitern auf die Eizelle treffen. Diese wird in der Eileitermitte befruchtet. Die Eizelle braucht ungefähr drei Tage, um den Weg vom Eierstock zur Gebärmutter zurückzulegen.

lung des Mannes. Es besteht also kein Grund, darüber erschrocken zu sein, Komplexe zu haben oder sich schuldig zu fühlen. Das ist ein Phänomen, zu dem es aufgrund der Veränderungen kommt, die im Körper ablaufen. Es ist ein natürlicher und ungewollter Vorgang, um die von den Hoden produzierte Spermienmenge unter Kontrolle zu halten. Diese nächtlichen Samenergüsse können oft mit einer gewissen sexuellen Erregung, die beim Träumen empfunden wird, einhergehen.

Bei jedem Samenerguss eines erwachsenen Mannes gibt es durchschnittlich *dreihundert Millionen* Samenzellen. Aber nur einer einzigen wird es gelingen, die Eizelle der Frau zu befruchten. Die Spermien werden, wie bereits erwähnt, von den *Hoden* produziert, die sich im *Hodensack* befinden. Er ist ein äusseres Organ, das unter dem *Penis* liegt. Damit Samenzellen überhaupt produziert werden können, muss die Temperatur ein Grad unter der Körpertemperatur liegen. Aus diesem Grund empfiehlt es sich, keine allzu eng anliegenden Hosen zu tragen.

Physiologische Veränderungen und Verlangen

Alle diese Veränderungen geschehen *unabhängig von unserem Willen.* Sie können aber starkes sexuelles Verlangen auslösen. Das Umfeld, in dem wir leben, trägt leider dazu bei, dieses Verlangen zu verstärken. Die Jugendlichen werden mit immer provozierenderen Reizen bombardiert. Solche Reize lösen hormonelle Stürme aus, die manchmal schwer zu lenken und im Zaum zu halten sind.

Darüber hinaus beginnt die Pubertät heute immer früher. Zu Beginn des 20. Jahrhunderts lag das Durchschnittsalter, in dem ein Mädchen seine erste Menstruation bekam, bei 16 oder 17 Jahren. Heute tritt sie bereits im Alter zwischen 12 und 13 auf (jüngsten Untersuchungen zufolge kommt es immer häufiger vor, dass Mädchen zwischen 10 und 11 schon ihre erste Regel haben).

Auch bei Jungen setzt heute die sexuelle Reife früher ein, als es bei ihren Vätern und Grossvätern der Fall war.

Was aber die soziale Ebene betrifft, zeichnet sich eine Tendenzwende ab. Anfang des 20. Jahrhunderts lag das Durchschnittsalter, in dem junge Leute heirateten, bei 18 bis 19 Jahren. Heute liegt es in Italien bei 29 bis 30 Jahren bei den Männern und bei 27 Jahren bei den Frauen. Das heisst, dass vor weniger als 100 Jahren die Zeitspanne zwischen dem Beginn der Pubertät und der Ehe ungefähr *zwei Jahre* betrug. Heute dagegen liegen mehr als *fünfzehn* Jahre dazwischen!

Diese Daten zeigen, dass die heutige Jugend in sexueller Hinsicht einem grossen Druck ausgesetzt ist. Dieser Druck kommt von zwei Seiten: zum einen betrifft er die *Vielzahl* an Reizen (Fernsehen, Internet, Pornografie);

zum anderen handelt es sich dabei um einen *zeitlichen* Faktor, denn die Jugendlichen müssen heute eine viel längere Wartezeit vor der Ehe überbrücken, als das bei ihren Grosseltern der Fall war.

In dieser Hinsicht ist der Kampf um die sexuelle Reinheit weitaus härter.

Der körperliche Aspekt wird ausserdem noch dadurch erschwert, dass der Sex seit jeher eine grosse Anziehung auf den Menschen ausübt. Wir neigen dazu, das zu suchen, was uns gut tut, was uns Befriedigung verschafft und was angenehm ist. Aufgrund seiner besonderen Natur sorgt der Sex für dieses Bedürfnis nach Befriedigung. «Das ist ganz normal», sagt man. «Es ist ein physiologisches Bedürfnis wie essen oder schlafen. Es ist also wirklich nichts Schlimmes dabei.» Viele sehen darin einen tollen Zeitvertreib. Und je öfter sie es tun, umso mehr werden sie davon angezogen.

Einer der angeblich *physischen* Gründe für Sex vor der Ehe hängt vor allem mit den Veränderungen in unserem Körper zusammen. Sobald die Pubertät abgeschlossen ist, hat nämlich jeder Mensch die körperlichen Voraussetzungen, sexuell aktiv zu werden.

Ein weiterer angeblicher Grund liegt dann vor, wenn Sex nur als eine *körperliche* Aktivität angesehen wird, die also ausschliesslich auf den Körper beschränkt bleibt. In diesem Fall wird die Sexualität nur als die Suche nach einem egoistischen Vergnügen betrachtet. Damit verliert sie jene tiefe Bedeutung, die Gott ihr hingegen verliehen hat, um eine Quelle der Verbundenheit und des Segens innerhalb einer dauerhaften ehelichen Verbindung zu werden.

Ein Christ darf die Sexualität nicht nur vom *körperlichen* Standpunkt aus betrachten. Denn auf diese Weise kann sie zu einer grossen Enttäuschung werden.

8. Soziale und milieubedingte Gründe

Die Sexualität ist ein Phänomen, das grosses Interesse hervorruft. So bedient man sich ihrer auch in den unterschiedlichsten Bereichen: Werbung, Unterhaltungsshows, Theaterstücke, Witze etc. Dieser ständige Rückgriff auf den Sex und auf die Nacktheit und Zweideutigkeiten im Sprachgebrauch führen zu einer immer stärkeren Verzerrung der wahren Bedeutung sexueller Intimität. Jeder Mensch entwickelt nämlich seine Ansichten und Werte auch aufgrund des Umfeldes, in dem er lebt.

Jugendliche laufen daher einerseits Gefahr, ein Produkt dieser vergnügungssüchtigen und sexbesessenen Kultur zu werden und Lust darauf zu bekommen, immer früher sexuell aktiv zu werden. Andererseits kann aber diese massive Konfrontation mit sexuellen Reizen in Jugendlichen, die sensibler sind, auch eine gewisse Angst hervorrufen. Und zwar deshalb, weil ihnen nicht die Zeit gegeben wird, die eigene ganzheitliche (vor allem psychische) Identität zu entwickeln.[1]

Die individuelle Persönlichkeitsbildung ist ein langsamer Prozess, der viele Aspekte einschliesst und nicht übersprungen werden darf. Ich kann mich erinnern, dass vor einigen Jahren ein Pädagoge behauptete, Kinder müssten schon mit 8 bis 9 Jahren lernen, sexuellen Verkehr zu haben, denn später wäre es dafür zu spät! Das ist der grösste Unsinn, den ich je gehört habe.

Das Umfeld, in dem wir leben, bringt uns also dazu, einige Überlegungen anzustellen.

Fehlen moralischer Bezugspunkte

Es ist heute nicht einfach, verbindlich festzulegen, was in moralischer Hinsicht erlaubt oder nicht erlaubt ist. Wie die kulturelle Anthropologie gezeigt hat, kann das, was in einer Kultur negativ besetzt ist, in einer anderen dagegen als positiv gelten. So ist es z. B. in der westlichen Kultur ein strafrechtlich verfolgbares Verbrechen, ältere, hilfsbedürftige Menschen sich selbst

---

[1] Man schätzt heute, dass es im Durchschnitt mit ca. 18 Jahren zum ersten Geschlechtsverkehr kommt (das betrifft Jugendliche, die keine klare Vorstellung bezüglich moralischer und geistlicher Werte haben, wie die Bibel sie aufzeigt). Nach Meinung der Experten sollen aber 15% der Mädchen zwischen 11 und 14 Jahren bereits sexuellen Verkehr haben. Dieses Phänomen betrifft vorwiegend die Mädchen, weil die meisten Jungen in diesem Alter noch gar nicht in der Lage sind, Sex zu haben. Eine Gynäkologin meint dazu: «Wenn davon die Rede ist, wann es im Durchschnitt zum ersten Geschlechtsverkehr kommt, so hat sich das Alter nach oben hin verschoben. Aber wenn wir uns die unterste Altersgrenze ansehen, liegt sie mittlerweile schon bei 11 bis 12 Jahren. In diesem Alter ist die Sexualität sehr gefühlsgeladen, während es sehr schwer fällt, sich von der Vernunft leiten zu lassen und Zurückhaltung zu üben» (aus einem Interview in *La Repubblica* vom 1.8.2000).

zu überlassen. Aber bis vor einigen Jahrzehnten war es bei Eskimos gang und gäbe, alte Menschen allein auf dem Packeis zu lassen, sodass sie dort erfroren oder von einem Eisbären zerrissen wurden. In unseren Augen ist so etwas abscheulich.

Auch die Sexualethik kann in den einzelnen Kulturen verschieden sein. In den christlichen Ländern gelten Ehebruch und Polygamie als verwerflich. In islamischen Ländern hingegen kann ein Mann bis zu vier Ehefrauen haben. Und bei den Eskimos war es Sitte, die eigene Frau dem Gast zu überlassen, damit sie ihn während der Nacht wärmen konnte.

Wenn nur bestimmte Sitten als gültig angesehen würden, um festzulegen, was *richtig* oder *falsch* ist, wäre es unmöglich, absolute Massstäbe aufzustellen.

Bis vor noch nicht allzu langer Zeit wurde in den westlichen Ländern (also in den als *christlich* bezeichneten Ländern) die Moral auf Grundlage biblischer Anweisungen definiert. Die christliche Kultur konnte bis zu einem gewissen Mass viele Menschen beeinflussen. Die moralischen Grenzen waren genau festgelegt und Übertretungen wurden bestraft. So galt z. B. Ehebruch als eine strafbare Handlung und wurde strafrechtlich verfolgt. Heute ist das nicht mehr der Fall.

Die früheren Generationen waren noch mehr oder weniger in der Lage, eine klare Vorstellung von dem zu haben, was als *gut* oder *böse* angesehen wurde. Was den Sex betraf, wusste man sehr wohl, dass er nur innerhalb der Ehe erlaubt war (auch wenn man sich ehrlicherweise die Frage stellen muss, wie viele diesen Wert auch tatsächlich beachteten!). Jedenfalls gab es, abgesehen von persönlichen Entscheidungen, eine gewisse *Übereinstimmung* der Meinungen, die die Jugendlichen zu Ohren bekamen: Zu Hause, in der Schule, in der Kirche (sowohl von katholischer als auch protestantischer Seite) und in christlichen Gemeinden wurde auf die Sündhaftigkeit des Geschlechtsverkehrs *vor der Ehe* oder *ausserhalb der Ehe* hingewiesen. Auch Radio und Fernsehen vertraten diese Sicht, denn die Massenmedien waren mit der allgemeinen Meinung auf einer Linie.

Heute hören Jugendliche aus christlichen Elternhäusern, wie einerseits die moralischen Werte der Bibel verteidigt werden (zu Hause, in der Gemeinde und auf Bibelfreizeiten), andererseits aber im Radio, Fernsehen, in der Schule, im Kino, in den Zeitungen und auf Werbeplakaten genau das Gegenteil vertreten wird. Für gläubige Jugendliche gibt es keine kulturelle Übereinstimmung mehr. Sie stehen also zwischen zwei Fronten.

Und leider sind die Informationen, die sie von der Welt bekommen, viel massiver!

Die Folge davon ist, dass moralische Standards, an denen man das eigene Verhalten ausrichtet, immer undefinierter werden. So wird der Sex – da er ausserhalb seines ihm zugewiesenen Rahmens angeboten wird – zu einem billigen Instrument, um egoistische Bedürfnisse zu befriedigen.

Das manipulierte Gewissen

Die unmittelbare Folge der fehlenden kulturellen Übereinstimmung ist der *Relativismus.* Er besagt, dass jede Meinung gültig ist, da es keinen absoluten Massstab gibt.

Auch die biblischen Anweisungen werden als veraltete und absurde Regeln angesehen, die nicht mehr zeitgemäss sind. Grundlegende Begriffe der Heiligen Schrift, wie *Sünde, Busse* und *Heil,* werden gar nicht mehr erwähnt. Für viele ist Gottes Offenbarung lediglich ein Gemisch aus Mythen und unverständlichen Geboten, die die Freiheit des Menschen einschränken.

So ist heute im Gewissen des modernen Menschen das Bewusstsein für Sünde, Schuld und persönliche Verantwortung allmählich verloren gegangen. Was gestern noch als *böse* angesehen wurde, wird heute toleriert und vielleicht schon morgen als *gut* bezeichnet. Die Bibel warnt uns aber in diesem Zusammenhang ganz eindeutig: *«Wehe denen, die Böses gut und Gutes böse nennen; die Finsternis für Licht und Licht für Finsternis erklären; die Bitteres süss und Süsses bitter nennen!»* (Jes. 5,20).

Die Psychologie lehrt, dass immer ein anderer dafür verantwortlich ist, wenn man selbst eine böse Tat begeht (vorausgesetzt, man wird in Zukunft überhaupt noch in der Lage sein, festzustellen, was eine böse Tat ist): die Eltern, die Gesellschaft, die Ideologien oder Gott selbst. Genau genommen ist das dieselbe Strategie, die schon der erste Mensch im Hinblick auf seine eigene offensichtliche Sünde angewendet hatte. Er weigerte sich, selbst dafür verantwortlich zu sein, und gab der Frau *direkt* und Gott *indirekt* die Schuld daran. *«Die Frau, die du mir zur Seite gegeben hast, sie gab mir von dem Baum, und ich ass»* (1. Mose 3,12).

Diese verschiedenen Faktoren – von einer Kultur entwickelt und gelehrt, deren Ziel es ist, Gott zu entthronen – manipulieren das Gewissen der Menschen. Sie legen nämlich moralische Wertmassstäbe fest und fördern dabei ein Verhalten, das sich immer mehr den Regeln widersetzt. Darüber hinaus sprechen sie eine Gesellschaft an, die schon von sich aus die persönliche Bedürfnisbefriedigung stark in den Vordergrund stellt. *«Das aber sollst du wissen, dass in den letzten Tagen schwere Zeiten eintreten werden. Denn die Menschen werden selbstsüchtig sein, (…) unenthaltsam, grausam, das Gute nicht liebend, (…)mehr das Vergnügen liebend als Gott»* (2. Tim. 3,1;3–4).

Dieses Bild beschreibt die unaufhaltsame Suche nach Vergnügungen, die dem Selbstzweck dienen. Man darf dabei aber nicht vergessen, dass der kulturelle Relativismus andere negative Aspekte mit sich bringt. Sie sind die Kehrseite der Medaille.

▪ Von einem *sozio-kulturellen* Standpunkt aus betrachtet neigt der Mensch, wenn er keine Bezugspunkte mehr hat, dazu, ein starkes Gefühl von Instabilität zu entwickeln. In einem unbeständigen sozialen Gefüge kommt viel Unsicherheit auf. Meist wird dann mit Oberflächlichkeit darauf reagiert. Man kommt zu dem Schluss, dass es nicht der Mühe wert ist, sich für etwas wirklich einzusetzen, weil letzten Endes nichts von Bestand ist.

▪ Diese Lebenseinstellung kann sich auch auf die *seelische* Ebene auswirken. Das Fehlen fester und dauerhafter Ziele kann junge Menschen dazu verleiten, die innere Leere mit tausend anderen Dingen auszufüllen: von der Betäubung der Sinne (Drogen und *Rave-Partys*), über regelwidrige Nervenkitzel (Extremsportarten, gefährliche Vergnügungen) bis hin zur Suche nach Lustbefriedigung durch sexuelle Abenteuer mit wechselnden Partnern.

Aus dieser kulturellen Perspektive heraus wird es verständlich, dass das Gewissen des Menschen leicht zu manipulieren ist. Der Begriff der Sünde verliert seinen Ernst (im Gegenteil, er wird völlig aus dem menschlichen Denken verbannt). Alles, was gefällt und Spass macht, wird immer mehr zur Richtschnur für das eigene Verhalten. So heisst es auch: «Schön ist nicht, was wirklich schön ist, sondern schön ist, was gefällt.» In ästhetischer Hinsicht – aber auch auf moralischer Ebene – bedeutet das, dass man sich nicht mehr an bestimmte absolute Massstäbe halten kann, um zu bestimmen, was schön ist, sondern etwas wird schön, wenn es *mir* gefällt. Das *Ich* wird so zum Bewertungsmassstab. Daher ist alles, was mir Vergnügen bereitet, für mich in Ordnung. So wird Sex, unabhängig davon, was die Bibel darüber sagt, zum Instrument, das mir zu meinem egoistischen Vergnügen verhilft. Mit solch einer Auffassung kann ein manipuliertes Gewissen jede Art von Sünde und Perversion rechtfertigen.

Es wird nicht ausreichend und richtig über Sex informiert

Seit einigen Jahren ist vorgesehen, dass im 6. bis 8. Schuljahr Kinder richtig aufgeklärt werden. Es ist sicherlich positiv, für Aufklärungsunterricht zu sorgen. Denn «in einer Zeit, in der die Sexualität auf vielen Ebenen unserer Gesellschaft Thema Nummer eins geworden ist, kann man in der Erziehung der Kinder nicht mehr so tun, als ob es sie nicht gäbe und sie einfach ausklammern in der Hoffnung, dass sich ihre Probleme von selbst erledigen würden. Die verfrühte Sexualreife der Kinder und die Sexualisierung der Öffentlichkeit rufen nach einer verantwortlichen Geschlechtserziehung. Hier werden Eltern heute drastisch herausgefordert, denn Schule, Fernsehen, Jugendillustrierte und Internet nutzen die Möglichkeit, – unabhängig vom Elternhaus – das Thema in unerträglicher Weise breitzutreten und vielfach sogar zu brutalisieren.».[2]

Wenn einerseits das Interesse an einer richtigen Unterweisung in dieses Thema fehlt, so hat man andererseits über das Ziel hinausgeschossen. In ganz Europa ist die Sexualerziehung vom toleranten und relativistischen Denken negativ beeinflusst. Das ist auch kein Wunder: Wenn keine ethischen oder moralischen Anweisungen gegeben werden dürfen (wer es dennoch wagt, wird gleich zum Fundamentalisten abgestempelt), bleibt nur die Alternative, auf die *technischen* Aspekte der Sexualität einzugehen: Kenntnis der Geschlechtsorgane, Verhütungsmittel, Vorbeugung vor Geschlechtskrankheiten, Verwendung des Präservativs.

Man versucht zu vermeiden, von den *ethischen* und *emotionalen* Seiten der Sexualität zu sprechen: Liebe, Gefühl, dauerhafte Verpflichtung, geistige und gefühlsmässige Verbundenheit. Aber genau das sind die eigentlichen Faktoren, die die sexuelle Intimität zu etwas machen, das weit über die nur körperliche Befriedigung hinausgeht.

Wenn also öffentliche Einrichtungen – sowohl des Schul- als auch des Gesundheitswesens – nicht auf die emotionalen Aspekte der Sexualität zu sprechen kommen, sondern sich damit begnügen, auf die Verwendung des Präservativs zur Verhütung einer Schwangerschaft oder zum Schutz vor Geschlechtskrankheiten hinzuweisen, besteht die Gefahr, eine falsche und unvollständige Botschaft zu vermitteln.

Getrennt lebende Familien

Man schätzt, dass in Italien jede dritte Ehe mit Trennung oder Scheidung endet. Es gibt immer mehr getrennt lebende Familien. Kinder mit geschiedenen Eltern stellen heute schon fast eine eigene Gesellschaftsgruppe dar.

Die Trennung der Eltern bewirkt in den Kindern eine grosse Unruhe und verstärkt ihre Unbeständigkeit und Unsicherheit. Der Bruch der elterlichen Bindungen ist immer ein seelisches Trauma; vor allem deshalb, weil sich die Kinder für die Trennung ihrer Eltern verantwortlich fühlen.

Die Eltern, die sich – nur zu ihrem eigenen Wohlergehen – trennen wollen, sollten ernsthaft bedenken, welchen grossen Schaden sie ihren Kindern damit zufügen! Aber leider ist man heute bereit, alles und jeden auf dem Altar des eigenen Ichs zu opfern.

Eine getrennt lebende Familie kann einen Jugendlichen dazu veranlassen, frühzeitig sexuellen Verkehr zu haben, und zwar aus mindestens fünf Gründen:

---

[2] Aus einem Artikel von Gerhard Naujokat, *Einfühlsame Sexualbegleitung,* ethos 6/01.

■ Das Fehlen einer festen und intakten Familienstruktur bietet kein richtiges Bezugsmodell, an das man sich halten kann. Richtig und falsch werden zu verschwommenen Begriffen, denn beide Elternteile wollen ihre persönlichen Motive auf Kosten des anderen durchsetzen. Oft führt das dahin, dass der Sohn oder die Tochter für den einen oder anderen Elternteil Stellung beziehen müssen. Abgesehen davon, dass eine solche erzwungene Entscheidung ein echtes Trauma für ein Kind darstellt, ist auch zu bedenken, dass der Prototyp einer Mann-Frau-Beziehung, den die Kinder vor sich haben (und die für sie ein Bezugspunkt sein müsste), die Beziehung ihrer Eltern ist. Wenn nun diese Beziehung oberflächlich und konfliktgeladen ist, könnte es leicht der Fall sein, dass die Kinder ein negatives Bezugsmodell entwickeln. Das wiederum wird sie entscheidend prägen und kann sie zu der Überzeugung bringen, dass sich der für den Aufbau einer dauerhaften Beziehung notwendige Einsatz nicht lohnt. Sämtliche Verhaltensrichtlinien, die die Eltern vielleicht ihren Kindern weitergeben wollten, werden zunichte gemacht und unwirksam. Und so erscheint auch die Aufnahme frühzeitiger sexueller Beziehungen gerechtfertigt.
■ Wenn die Gegenwart der Eltern sich nur noch auf das Nötigste beschränkt, kann der Druck und die Einflussnahme von Personen, die nicht zur Familie gehören, grösser als die der Eltern sein. Wie schon erwähnt, neigen Jugendliche dazu, alles in Frage zu stellen – auch die Autorität und die Rolle der Eltern. Das gehört einfach zum Wachstum. Aber wenn diese Phase durch eine Trennung erschwert wird, ist es leicht möglich, dass die Freunde, mit denen man zusammen ist und die ihre eigenen Anschauungen haben, auf verschiedene Weise die Eltern ersetzen können und die Entwicklung des Jugendlichen mehr oder weniger stark beeinflussen. In so einer Situation kann der Sex grosses Interesse hervorrufen, denn er wird als ein attraktives Mittel gesehen, um die emotionale Leere auszufüllen.
■ Die mangelnde Geborgenheit in einer Familie, die im Begriff ist, auseinander zu fallen (oder schon zerbrochen ist), kann den Jugendlichen dazu bringen, die Art von Geborgenheit, die ihm nun fehlt, gerade im sexuellen Verkehr mit einem Partner zu suchen, der damit unbewusst zum Familienersatz wird.
■ Das Gleiche gilt auch für fehlende Zärtlichkeit und Liebe. Auch die gefühlsmässige Nähe einer Person ist für die Heranwachsenden wichtig. In dieser Phase ihres Wachstums lehnen sie sich zwar gegen ihre Eltern auf. Sie sind sich aber trotzdem bewusst, dass sie von ihnen geliebt werden. Wenn sie aber aufgrund zerrütteter Familienverhältnisse dieses beständige Gefühl der Liebe und des Angenommenseins nicht vorfinden, das ihnen auch ein gewisses emotionales Gleichgewicht verschafft, ist es möglich, dass sie diese Zuneigung in der sexuellen Intimität mit einem Menschen suchen, der ein

echtes Interesse an ihnen zeigt. Nun könnte leider auch jemand, der nur am Sex interessiert ist, diese Situation innerer Schwäche ausnutzen. Dann können vor allem Mädchen, wenn sie bemerken, nur *benutzt* worden zu sein, in ihrer Ansicht bestärkt werden, dass eine stabile und dauerhafte Beziehung unmöglich ist. Sie gehen deshalb vielleicht immer mehr sexuelle Beziehungen ein, eben weil sie auf der Suche nach etwas sind, das sie so aber niemals finden werden.

- Schliesslich ist es oft der Fall, dass Kinder aus geschiedenen Ehen sich zurückgewiesen und dafür verantwortlich fühlen, dass die Familie zerstört wurde. Das kann dazu führen, dass sie die Achtung vor sich selbst verlieren. In manchen Fällen können die Schuldgefühle so gross sein, dass sie irgendwie unterdrückt werden müssen. Eine Möglichkeit wäre nun, sich frühzeitig auf sexuelle Beziehungen einzulassen, um für jemanden wichtig und interessant zu sein. Das könnte einem dann, so meint man, zu mehr Selbstachtung verhelfen. In diesem Fall würde Sex zu einem psychologischen Mittel, um das Selbstwertgefühl wieder aufzubauen.

Der Druck der Freunde

Voreheliches Sex ist für die meisten Jugendlichen etwas ganz Normales.

Und weil er zur Norm geworden ist, kann es sein, dass man ausgelacht wird, wenn man noch keinen Sex gehabt hat. So kann der Druck der Freunde sehr stark und schwer zu ertragen sein. Vor allem dann, wenn man im Glauben noch nicht so gefestigt ist.

Eine der wichtigsten Bedürfnisse eines Jugendlichen ist nämlich, von der Clique, zu der er gehört (oder gehören möchte), akzeptiert zu werden. Niemand möchte abgelehnt oder ausgelacht werden. Schon gar nicht, wenn es um so eine heikle Sache wie die eigene Identität als Mann oder Frau geht, die daran gemessen wird, ob jemand noch unberührt ist oder nicht.

Wegen des ständigen enormen Drucks, den eine sexualisierte Gesellschaft ausübt, kann die Jungfräulichkeit oft wie eine Last erlebt werden, die man möglichst schnell loswerden will. Manchmal wird sie sogar als Schmach empfunden.

Ein Grund, weshalb der Druck der Freunde so stark ist, liegt darin, dass ein Jugendlicher normalerweise mehr Zeit mit ihnen als mit der Familie verbringt. Ausserdem haben Jugendliche ein starkes Zusammengehörigkeitsgefühl und ahmen einander nach.

Und schliesslich machen sie gerade eine Zeit durch, in der sie die Eltern für ziemlich unfähig halten. Also lassen sie sich eher von Gleichaltrigen beeinflussen, die dieselbe Phase durchmachen. Sie fühlen sich ihnen so auch emotionell näher.

Allerdings besteht die Gefahr, dass sie in wichtigen Bereichen negativ beeinflusst werden, denn *«wer mit Weisen umgeht, wird weise; aber wer sich mit Toren einlässt, dem wird es schlecht gehen»* (Spr. 13,20) und *«schlechter Umgang verdirbt gute Sitten»* (1. Kor. 15,33).

In dieser Phase müssen die Eltern deshalb sorgfältig darauf achten, mit welchen Freunden ihre Kinder Umgang haben, um keine bösen Überraschungen zu erleben.

Der Einfluss der Massenmedien

Die Jugendlichen wachsen heute in einer Gesellschaft auf, die von den Medien geradezu überschwemmt wird. Selbst der Begriff *Unterhaltung* hat sich geändert. Früher war damit etwas Konstruktives oder eine erholsame Zerstreuung gemeint. Heute aber ist er zum Synonym für «sorglos», «Flucht vor der Realität», «Show»... geworden.

Auch im sexuellen Bereich tragen die Medien immer mehr zu einem völlig freizügigen Verhalten bei. Es wurde schon darauf hingewiesen, dass Sex in fast jeden Bereich der Medienkommunikation Einzug gehalten hat: vom Film bis zur Werbung, von der Musik bis zu den Unterhaltungsshows. Auch in den Zeitungen wimmelt es nur so von sexualisierten Bildern (und ich meine damit gar nicht Pornozeitschriften, sondern ganz gewöhnliche Wochenzeitschriften). Der logische Schluss, den man daraus ziehen kann ist, dass *immer öfter Vergnügen mit Sex in Verbindung gebracht wird.*

Das Fernsehen ist eine unaufhörliche Quelle sexueller Reize, auf die die ganze Familie frei zugreifen kann. Auch bei Quizsendungen stellen sich immer dürftiger gekleidete Tänzerinnen zur Schau. Für Regisseure und Autoren von Spiel- und Fernsehfilmen sind Ehebrüche, unerlaubte Beziehungen und Unmoral zur Norm und zum Ausdruck ihrer Schaffenskraft geworden.

Aber im Fernsehen *zahlt keiner den Preis für unerlaubten Sex.* Dort werden keine Geschlechtskrankheiten übertragen, es kommt zu keinen ungewollten Schwangerschaften – alles scheint nur schön und attraktiv zu sein. Oft wird dann auch noch die betrogene Ehefrau als eine unsympathische, vulgäre und scheinheilige Person dargestellt, während die Geliebte des Ehemannes geradezu perfekt ist: schön, intelligent, sinnlich und voller Verständnis für diesen *armen* Mann, der mit so einer hässlichen und herrischen Frau zusammenleben muss.

All das hat zu einer falschen Sicht von echter sexueller Intimität geführt und verstärkt dieses Zerrbild noch weiter. Wenn wir Tag für Tag diese falschen Vorbilder und negativen Signale in uns aufnehmen, wird sich unser Denken dem anpassen und wir werden letztlich zur Überzeugung kommen, dass im Grunde Sünde doch nicht so schlimm ist.

Die Falle der Pornografie

Heute ist die Pornografie ein sehr weit verbreitetes Phänomen. Bei jedem Zeitungskiosk kann man eine solche Fülle an Spezialzeitschriften finden, wo für jeden Geschmack etwas dabei ist. Ich habe zu diesem Thema ein spezielles Buch geschrieben.[3] Wer also mehr zu diesem Thema wissen will, dem möchte ich die Lektüre dieses Buches besonders ans Herz legen. Es hilft nämlich zu verstehen, was für ein gefährliches Mittel die Pornografie nicht nur für das *moralische* Gleichgewicht eines Menschen, sondern auch für sein *seelisches* Gleichgewicht ist.

Daneben werden auch Hilfestellungen angeboten, um von der Abhängigkeit von pornografischen Fotos loszukommen. Auch wenn man dieses Buch nicht für sich selbst braucht, könnte es trotzdem hilfreich sein im Umgang mit jemandem, der von der Pornografie frei werden möchte.

---

[3] Marco Distort, *Pronofalle – Der Weg zur Befreiung*, Schwengeler Verlag, 2004.

9. Psychische Gründe

Wir haben bereits im zweiten Kapitel gesehen, dass Mann und Frau sich auch im seelischen Bereich voneinander unterscheiden. Deshalb sind auch ihre Gründe, frühzeitig sexuell aktiv zu werden, unterschiedlich.

Man kann aber *ganz allgemein* die verschiedenen Gründe untersuchen, die bald den Jungen, bald das Mädchen dazu bringen, frühzeitig die körperliche Intimität mit einem Partner des anderen Geschlechts zu suchen.

Suche nach Geborgenheit und Selbstachtung

Der Jugendliche braucht einige Jahre, um zu seiner eigenen Identität zu finden. In dieser Phase lernen sowohl Jungen als auch Mädchen ihre eigenen Fähigkeiten, ihre Grenzen und ihre Selbständigkeit kennen. Mit anderen Worten, sie fangen an, unabhängig von ihren Eltern persönliche Entscheidungen zu treffen.

Dieser Wachstumsprozess verläuft nicht immer geradlinig, und er ist auch nicht einfach. Manchmal machen Jugendliche Zeiten echter Existenzkrisen durch. Sie sind in einem Augenblick mutig und selbstsicher und im nächsten wieder verlegen und unsicher. Sie sind keine Kinder mehr. Aber sie fühlen sich auch noch meilenweit von der Welt der Erwachsenen entfernt. Um sich abzugrenzen, ziehen sie sich oft ausgefallen an, provozieren durch ihr Verhalten oder kommen mit Ansichten daher, die im krassen Gegensatz zu den Vorstellungen ihrer Eltern stehen.

Da sie aber noch nicht richtig erwachsen sind, sind sie seelisch labil und brauchen Liebe und Aufmerksamkeit.

Es war bereits die Rede davon, dass es eines ihrer tiefsten Bedürfnisse ist, angenommen zu sein. Und genau dieses Bedürfnis spricht die Versuchung, frühzeitig sexuell aktiv zu werden, an. Der Sex – als körperliche Intimität verstanden – kann nämlich dieses Bedürfnis vorübergehend stillen, denn er gibt einem das Gefühl, für jemanden wichtig zu sein und begehrt zu werden.

Ausserdem macht man dabei eine Erfahrung, die ganz charakteristisch für die Welt der Erwachsenen ist. Auch wenn Jugendliche eine Hass-Liebe für die Erwachsenen empfinden, möchten sie doch möglichst schnell erwachsen werden. Das ist auch der Grund, weshalb sie ihrer Zeit voraus sein möchten und anfangen zu rauchen und sexuell aktiv zu werden. Sie fühlen sich dadurch den Erwachsenen ebenbürtig. Sie möchten sich erwachsen fühlen, obwohl sie es in Wirklichkeit noch gar nicht sind. *Körperlich* gesehen sind sie vielleicht schon erwachsen, aber nicht in emotionaler Hinsicht.

Auf der Suche nach Intimität

Fast immer wird der Begriff «Intimität» als Synonym für «Sex» gebraucht. Die sexuelle Aktivität ist aber immer nur *ein Aspekt* der viel umfassenderen Intimität zwischen zwei Personen. Es wurde schon davon gesprochen, dass die übermässige Sexualisierung unserer Kultur den körperlichen Aspekt vor den gefühlsmässigen stellt. Auf diese Weise fällt es den Menschen immer schwerer, eine echte und tiefe Intimität zu erfahren.

Der rein körperliche Akt trägt nicht dazu bei, ein emotionales Ziel zu erreichen. Gefühlsmässige Intimität entsteht dadurch, dass wir unsere Gefühle anerkennen und sie verstehen und sie dann dem anderen ehrlich eingestehen. Das wichtigste Ziel dabei ist, zueinander eine immer tiefere Beziehung aufzubauen, wobei zuallererst emotionale Bindungen gepflegt werden.

Jugendliche sind noch nicht so weit, mit ihren Gefühlen zurechtzukommen. Und noch weniger sind sie in der Lage, diese in eine stabile und dauerhafte Bindung zu lenken. In dieser Zeit mögen sie vielleicht denken, dass im Bett das Fundament für eine gute Intimität gelegt wird. Wir dürfen nämlich nicht vergessen, dass gleich nach dem Bedürfnis nach Angenommensein das der Intimität mit einem anderen Menschen kommt. Es ist ein durchaus berechtigtes Bedürfnis, das zum Menschsein gehört: *«Es ist nicht gut, dass der Mensch allein sei»* (1. Mose 2,18). Dieses Bedürfnis wird in der Ehe vollkommen befriedigt.

Trotzdem ist es falsch zu denken, dass sexueller Verkehr helfen kann, diesen Grad an Intimität zu erreichen. Im Gegenteil, in vielen Fällen trägt er nur dazu bei, die wahren Gefühle zu verbergen. So wird Sex vor der Ehe zu einem billigen Ersatz für echte Intimität. Es ist unsere heutige Kultur, die nur zu oft *Sex* mit *Liebe* verwechselt. Auch in unserem Sprachgebrauch finden wir diese Vermischung der Begriffe: Geschlechtsverkehr zu haben wird u. a. auch als *Liebe machen* bezeichnet. In einer festen Beziehung wie der Ehe mag das auch stimmen. Denn dort ist die körperliche Intimität Ausdruck einer Liebe, die sich Tag für Tag weiterentwickelt und jene grundlegenden Ziele umsetzt, von denen in Kapitel drei die Rede war. Aber ausserhalb dieses Rahmens – wie im dritten Teil dieses Buches noch zu sehen sein wird – droht frühzeitiger sexueller Verkehr die Entwicklung echter Intimität in einer Beziehung aufzuhalten.

Flucht vor Problemen

Jeder Mensch hat so seine Probleme. Jeder von uns muss Zeiten besonderer Spannungen bewältigen: in der Familie, in der Schule, am Arbeitsplatz. Das gehört einfach zum Alltag. Es gibt Menschen, die diesen Momenten auf konstruktive Weise begegnen, während andere die Kontrolle verlieren und wieder andere ihnen zu entfliehen versuchen. Man gibt sich einer gefährlichen Illusion hin, wenn man meint, innere Spannungen oder emotionales Unbehagen auf schnelle Weise, wie z. B. mit Alkohol oder verschiedenen Drogen, zu lösen.

Auch Sex kann als Mittel zur Problembewältigung angesehen werden. Aus den bereits besprochenen Gründen kann er vorübergehend die innere Leere ausfüllen. Das ist aber nicht der richtige Weg *(weder ausserhalb noch innerhalb der Ehe!)*, um vor Situationen davonzulaufen, die uns seelisch belasten.

Wer Spannungen in der Familie miterlebt, kann so z. B. bei einem anderen Menschen nach Erfüllung suchen. Manchmal können Jugendliche, die sich unverstanden oder zu Hause oder in der Schule abgelehnt fühlen (sie empfinden es meistens nur selbst so, in Wirklichkeit aber verhält es sich anders), darin eine Ersatzbefriedigung finden und so frühzeitig sexuell aktiv werden. Leider merken sie aber erst mit Verbitterung im Nachhinein, dass die Spannungen nicht verschwunden und die Probleme nicht gelöst sind. Im Gegenteil, sie müssen jetzt auch noch gegen Schuldgefühle ankämpfen.

Ein Mittel, um gut anzukommen?

In der heutigen Gesellschaft gilt der Mann, *der nie um etwas bitten muss* (wie es in einem Werbespot hiess), als der wahre Mann, der *Macho,* der weiss, wo es langgeht. Und auch die verführerische und unwiderstehliche Frau gilt als das Vorbild einer neuen Weiblichkeit, die nicht nur selbstsicher ist, sondern im Umgang mit Männern sogar aggressiv wird.

Bei solchen kulturellen Bezugsmodellen ist es normal, dass die Stellung eines Jugendlichen in der Gesellschaft davon abhängt, sich durch seine frühzeitigen sexuellen Erfahrungen Akzeptanz zu verschaffen. Der Junge oder das Mädchen, die schon sexuellen Verkehr haben, werden von ihren Altersgenossen (die noch keinen Sex hatten) mit einer gewissen Achtung angesehen.

Ein solches Verhalten zeigt aber nur, wie emotional unreif jemand ist. Vor einigen Jahren geschah es in der Stadt, in der ich lebte und unterrichtete, dass ein fünfzehnjähriger Junge zwei Mädchen schwängerte. Er brüstete sich vor seinen Freunden mit dieser Heldentat. Er hielt sich für eine Art Supermann und hatte sich unter den Gleichaltrigen eine gewisse Popularität verschafft. In seiner grenzenlosen Dummheit wurde er sich der Tragweite seines Handelns gar nicht bewusst und auch nicht der verheerenden Folgen, unter denen nun drei Familien zu leiden hatten: seine eigene und die der beiden Mädchen. Die betroffenen Eltern waren erschüttert und die Mädchen vom verantwortungslosen Verhalten des Jungen schockiert, den beide – ohne voneinander zu wissen – für ihren *Freund* gehalten hatten.

Beide haben abgetrieben. Zwei unschuldige Kinder haben nie das Licht der Welt erblickt. Sie mussten den Preis für die «Popularität» ihres fünfzehnjährigen *Vaters* zahlen.

Und die beiden Mädchen? Welche Verletzungen haben sie wohl an Körper und Seele davongetragen, weil sie sich zu leichtfertig einem Jungen hingegeben hatten? Welche ersten Erfahrungen mit der Sexualität werden sie wohl in eine eventuelle spätere Ehe mitnehmen?

«Es tut ja keinem weh»

Wenn wir glauben, dass unser persönliches Handeln keine direkten Auswirkungen auf andere hat, nehmen wir unsere moralische Verantwortung nicht ernst. Das ist vor allem dann der Fall, wenn wir denken, dass ein Mensch tun und lassen kann, was er will, solange seine Handlungen nicht die Freiheit und das Recht eines anderen verletzen.

Auf diese Weise wird die Legitimität einer Handlung also danach beurteilt, wie sie die Beziehungen zu den anderen beeinflusst! Aber das ist noch nicht alles! Oft wird das eigene Handeln auch im Verhältnis zu anderen besseren oder schlechteren Handlungen beurteilt: «Es ist besser, Sex zu haben, als zu stehlen oder Drogen zu nehmen».[1]

In der Relation gesehen ist das schon richtig. Wenn wir etwas bewerten sollen, uns dazu aber absolute Kriterien fehlen, dann müssen wir zwangsläufig Vergleichsgrössen finden, anhand derer wir diese Bewertung machen können. Auf diese Weise wissen wir, ob etwas *besser* oder *schlechter* als etwas anderes ist.

Wenn man allerdings vorehelichen Sex so rechtfertigen will, muss man dabei mindestens drei Faktoren berücksichtigen.

- Als Erstes muss sich ein Christ an Gott und an dem, was er in seinem Wort offenbart hat, ausrichten. Das *Übel* der Sexualität vor der Ehe darf nicht im Zusammenhang mit anderen kleineren Übeln gesehen werden. Auf diese Weise könnten wir alles rechtfertigen. *«Ihre Gedanken klagen sich untereinander an oder entschuldigen sich auch – an dem Tag, da Gott das Verborgene der Menschen richtet nach meinem Evangelium durch Jesus Christus»* (Röm. 2,15–16). Das *Übel* des unerlaubten Sex muss deshalb als *Sünde* vor Gott, gemäss der von ihm aufgestellten Massstäbe, angesehen werden.
- Zweitens, wer vor der Ehe sexuell aktiv wird, merkt gar nicht, dass er damit sich selbst und seinem Partner schadet. Abgesehen von den *geistlichen* Folgen seines Handelns muss er auch die *emotionalen und körperlichen*

[1] In den 60er und 70er Jahren war folgender Slogan der Hippies und der Pazifisten sehr populär: *make love, not war.*

Konsequenzen in Betracht ziehen. In den folgenden Kapiteln werden wir näher darauf eingehen.

■ Und drittens ist vorehelicher Sex keine Privatsache. Das scheint jetzt ein Widerspruch zu sein, ist es aber nicht. Sehen wir uns dazu einige Fakten an:

1. *Die steigende Zahl ungewollter Schwangerschaften.* Sie führen zu überstürzten Mussehen.[2] Aber diese Ehen haben die falschen Voraussetzungen, um eine echte Verbundenheit zwischen den Ehepartnern herstellen zu können. Die Ehe wird hier als eine Art *Heilmittel* angesehen. Die Statistiken zeigen, dass solche Ehen auch die ersten sind, die in die Brüche gehen. Wer kommt dann für den Schaden (emotional, körperlich und finanziell) auf?
2. *Schwangerschaftsabbrüche.* Man schätzt, dass jährlich ungefähr 40 Millionen Abtreibungen vorgenommen werden! In den Industrieländern ist Abtreibung legal und wird in dafür vorgesehenen Kliniken durchgeführt. Was ist der soziale und moralische Preis dafür?
3. *Geschlechtskrankheiten.* Wer zahlt die Behandlung dieser Krankheiten? Arztbesuche, Medikamente, Krankenhausaufenthalte, Schwangerschaftsabbrüche, etc. gehen letztendlich zu Lasten der Allgemeinheit. In diesem Sinn ist unerlaubter Sex ganz und gar nicht Privatsache.

Ist es ein Liebesbeweis?

Wir haben bereits gesehen, dass zwischen *Sex* und *Liebe* ein grosser Unterschied bestehen kann. Man kann einen Menschen lieben, ohne mit ihm sexuell zu verkehren (z. B. während der Verlobungszeit zwischen Christen, die ihren Glauben konsequent leben). Man kann aber auch Sex mit jemand haben, ohne ihn zu lieben (z. B. Prostituierte).

Bei Paaren, die fest miteinander befreundet sind, ist immer wieder die Rede vom so genannten *Liebesbeweis.* Was ist damit gemeint? Im Allgemeinen bedeutet es die Zustimmung des Mädchens (oder des Jungen) zum Geschlechtsverkehr.

Aber ist so eine Forderung wirklich ein Liebesbeweis? Oder ist es nicht vielmehr eine Verzerrung des Begriffs Liebe? Ist es nicht eher das Verlangen nach körperlicher als nach emotionaler Befriedigung? Und ist es nicht ein Zeichen von Egoismus desjenigen, der so etwas verlangt?

Ein Junge, der an eine falsche Vorstellung von Liebe und Intimität appelliert, um so die Befriedigung seines sexuellen Verlangens zu erreichen, beweist damit, dass er nicht in der Lage ist, eine feste und verantwortungsvolle Beziehung zu seiner Partnerin aufzubauen. Es ist offensichtlich, dass er nur an einer Beziehung interessiert ist, in der er seine eigenen Bedürfnis-

[2] Allein in der Toskana mussten 1994 insgesamt 1173 Minderjährige heiraten.

se befriedigen kann, da er wenig Rücksicht für seine Partnerin zeigt. Es könnte leicht sein, dass er sie nicht in ihrer Ganzheit als *Person* wahrnimmt, sondern nur als *Körper,* über den er verfügen will.

Dasselbe gilt auch für das Mädchen, das einen solchen Liebesbeweis fordert, da heute immer mehr Mädchen selbst die Initiative ergreifen.

Der *wahre* Liebesbeweis zeigt sich aber in der Geduld, mit der eine tiefe Beziehung auf geistlicher, emotionaler und geistiger Ebene aufgebaut wird. Diese Bindungen sind es, die eine Beziehung zwischen zwei Menschen festigen. Es ist wichtig, wahre Liebe und Achtung zum Ausdruck zu bringen. Die Gefühle füreinander werden so wachsen können, weil sie eben auf diesen Werten aufbauen. *«Besser, wer seinen Geist beherrscht, als wer eine Stadt erobert»,* denn *«eine aufgebrochene Stadt ohne Mauer, so ist ein Mann ohne Selbstbeherrschung»* (Spr. 16,32 und 25;28).

Ist Sex zu haben ein Beweis dafür, dass man erwachsen geworden ist?

Forschungen der Anthropologen haben gezeigt, dass es im Verlauf der Menschheitsgeschichte verschiedene Initiationsriten gab – und auch heute noch gibt –, die den Eintritt in das Erwachsenenalter festlegen. Oft standen diese Riten im Zusammenhang mit der Fähigkeit zu töten (wie bei gewissen kriegerischen Stämmen) oder mit der Zeugungsfähigkeit.

In der westlichen Welt könnte der Beginn der sexuellen Aktivität den Gedanken aufkommen lassen, dass man den Schritt vom Kindes- zum Erwachsenenalter vollzogen hat. Der Glaube, dass es sich hier um eine absolut notwendige Etappe handelt, um die eigene Reife unter Beweis zu stellen, macht es schwer, der Anziehungskraft des Sex zu widerstehen, auch vom psychologischen Standpunkt aus gesehen. Denn Jungen möchten Männer und Mädchen Frauen werden.

Die Fähigkeit, eine sexuelle Beziehung einzugehen, beweist noch nicht, dass ein gewisser Grad an Reife erreicht wurde. Von einem *technischen* Standpunkt aus gesehen, braucht man deshalb kein grosser Experte zu sein. In diesem Zusammenhang sagte mir einmal eine ältere Person etwas sehr Kluges: «Was ist da schon dabei? Auch die Hunde tun es. Die Schwierigkeit bei den Menschen liegt nicht darin, miteinander zu schlafen, sondern miteinander zu reden!»

Neugier

Die Neugier ist eine der wichtigsten Gründe, weshalb Jugendliche Sex erleben möchten. Mädchen sind stärker an das emotionale Empfinden gebunden. Sie sind deshalb erst dann zum sexuellen Verkehr bereit, wenn sie sich auch gefühlsmässig zu ihrem Partner hingezogen fühlen. Das ist zumindest noch die Norm bei Mädchen, die schon etwas älter sind. Was aber die ganz jungen Mädchen betrifft, so hat eine neuere Umfrage gezeigt, dass heute für 42,3% der erste Geschlechtsverkehr nicht aus Liebe geschieht, sondern einfach aus Neugier.[3] Das ist meiner Meinung nach eine alarmierende Zahl. Denn sie weist einmal mehr auf die Oberflächlichkeit hin, mit der man einer so intimen Angelegenheit begegnet.

Wenn in den Familien die natürliche Neugier nicht durch eine gute und richtige Information, in Form eines offenen und ehrlichen Gesprächs, befriedigend gestillt wird, werden die Jugendlichen versuchen, ihre Neugier ausserhalb der Familie zu stillen. Um das zu tun, kommt ihnen die Welt mit allen nur erdenklichen Mitteln, wie der Pornografie oder Sonstigem, entgegen. Auf diese Weise machen sie sich ein völlig falsches Bild von der Sexualität. Und ganz sicher werden sie das Gesehene auch in die Praxis umsetzen wollen.

«Wir werden später sowieso heiraten»

Diese Rechtfertigung hört man immer wieder, auch unter gläubigen Jugendlichen.

Trotzdem kommt auch hier, wie bei den anderen Begründungen, nur derselbe Egoismus zum Ausdruck: *Die Sünde der Unzucht ist deshalb nicht weniger schlimm, nur weil sie im Hinblick auf eine bevorstehende Heirat zu sehen ist!* Wenn die Bibel Sex vor der Ehe verurteilt, so meint sie damit die Zeit bis zu dem Tag, an dem die Hochzeit gefeiert wird. Ein Jahr oder ein Monat vor der Heirat haben deshalb denselben moralischen Wert.

Zum Teil sind auch jene Eltern für diese veränderte Sichtweise verantwortlich, die die künftige Verwandtschaftsbeziehung schon als gegeben voraussetzen und noch vor der Hochzeit den Verlobten ihrer Tochter als *unseren Schwiegersohn* bzw. die Verlobte ihres Sohnes als *unsere Schwiegertochter* bezeichnen. Auch wenn die Verlobten die allerbesten Absichten haben, so sind sie vor dem Gesetz doch noch nicht verheiratet. Man soll also nicht voreilig Anreden benutzen, die erst *nach dem Ja-Wort* ihre Gültigkeit haben.

Psychologisch gesehen bringt die vorzeitige Verwendung dieser Anreden die Verlobten auf den Gedanken, dass ein eventueller sexueller Verkehr vor der Heirat implizit von den Eltern akzeptiert wird.

In Wirklichkeit gibt es keinerlei Ausnahme, die Sex erlaubt, bevor man rechtmässig miteinander verheiratet ist. Selbst wenn der Hochzeitstermin schon feststeht und es nur noch wenige Monate bis dahin sind, berechtigt das nicht, körperlich intim zu werden. Es wurde schon ausführlich darauf

---

[3] Aus *La Repubblica* vom 6.8.2001.

hingewiesen, dass die Verlobung eine Zeit des gegenseitigen Kennenlernens auf geistlicher, emotionaler und geistiger Ebene ist.

Widersteht man dem sexuellen Verlangen aufgrund einer festen Glaubensüberzeugung, so gibt man dem Partner ausserdem die Möglichkeit, ein solch konsequentes Verhalten schätzen zu lernen. In einer Zeit, in der man alles und sofort will und keiner mehr bereit ist, auf etwas zu verzichten, ist Selbstkontrolle ein Zeichen von Charakterstärke und emotionaler Reife. Sie sind äusserst wichtige Elemente für die Stabilität einer künftigen Ehe. Eine Frau wird einen solchen Partner schätzen.

Wenn hingegen ein Mädchen dem Verlangen des Jungen nachgibt, wird er zunächst einmal zufrieden damit sein. Er kann sie nun körperlich besitzen und seine sexuellen Bedürfnisse befriedigen. Es kann aber sein, dass er sie später dafür unbewusst als *leichtes* Mädchen ansieht. Wie bereits erwähnt, wird ein Junge umso weniger Achtung vor einem Mädchen haben, je schneller sie sich ihm hingibt.

Und schliesslich darf ein Christ kein Anlass zur Sünde für einen anderen Christen sein. Den eigenen Partner (während der Verlobungszeit) dazu zu bringen, Sex vor der Hochzeit zu haben (auch wenn sie unmittelbar bevorsteht), heisst, ihn zur Sünde zu verleiten. *Die Verleitung zur Sünde ist aber genauso schwerwiegend wie die Sünde selbst!*

10. Geistliche Gründe

Es mag zwar paradox klingen, aber es gibt auch geistliche Gründe, die zu vorehelichem Sex verleiten. Man denke nur z. B. an die Auffassung vom Sex in vielen fernöstlichen Religionen und Philosophien. Dort wird er als ein Mittel angesehen, um die Grenzen der körperlichen Dimension zu überschreiten. So zieren auch eindeutig sexuelle Szenen die Fassaden vieler heidnischer Tempel in Indien. In alten Mythen ist oft die Rede von der fleischlichen Vereinigung zwischen den Göttern und den Menschen. Und in bestimmten Religionen war die Tempelprostitution sehr weit verbreitet.

Auch der Okkultismus und die Teufelsanbetung stehen oft im Zusammenhang mit sexueller Aktivität. Der Glaube an magische Kräfte betont, dass die fleischliche Vereinigung viel körperliche Energie freisetzt, die bei verschiedenen Riten nötig ist. Die anthropologische Beschreibung vieler unterschiedlicher heidnischer und esoterischer Riten macht deutlich, dass die sexuelle Vereinigung ein konstantes Element dabei ist.

Das zeigt also, dass bei okkulten Praktiken die sexuelle Komponente fast immer im Zusammenhang mit Ereignissen steht, bei denen Beschwörungsformeln eingesetzt werden oder die einen mystischen oder spirituellen Hintergrund haben.

Aber abgesehen von dieser vollkommenen Entartung der Sexualität als Geschenk Gottes, welche angeblichen geistlichen Gründe gibt es für einen Christen, die ihn zu unerlaubtem Sex verleiten könnten?

Fleischlichkeit

Die Bibel sagt, dass der Gläubige die Fähigkeit zum Sündigen nicht verloren hat. Trotz seiner neuen Natur wird er ermahnt, den Versuchungen zu widerstehen und dem Teufel keinen Raum zu geben: *«Unterwerft euch nun Gott! Widersteht aber dem Teufel! Und er wird von euch fliehen»* (Jak. 4,7). *«Seid nüchtern, wacht! Euer Widersacher, der Teufel, geht umher wie ein brüllender Löwe und sucht, wen er verschlingen kann. Dem widersteht standhaft durch den Glauben»* (1. Petr. 5,8–9). *«Gebt dem Teufel keinen Raum»* (Eph. 4,27).

Alle diese biblischen Aufforderungen sind an Christen gerichtet und beziehen sich auf ihre Heiligung und ihr Glaubenswachstum. Sie verweisen auf das Ziel Gottes für unser Leben als wiedergeborene Christen: unsere neue Natur als Kinder Gottes durch ein konsequentes Verhalten unter Beweis zu stellen.

Nun kommt es leider manchmal vor, dass unser Fleisch noch sehr stark ist und sich nicht immer dem Werk des Geistes unterordnet. Vor allem der sexuelle Bereich ist ein leichtes Angriffsziel. Denn hier muss man stärker als in anderen Bereichen gegen Versuchungen ankämpfen. Wird das persönliche geistliche Leben nicht ausreichend gepflegt, kann das Fleisch die Oberhand gewinnen und den Gläubigen zur Sünde verleiten. *«Denn das Fleisch begehrt gegen den Geist auf, der Geist aber gegen das Fleisch; denn diese sind einander entgegengesetzt, damit ihr nicht das tut, was ihr wollt»* (Gal. 5,17). *«Ich finde also das Gesetz, dass bei mir, der ich das Gute tun will, nur das Böse vorhanden ist. Denn ich habe nach dem inneren Menschen Wohlgefallen am Gesetz Gottes. Aber ich sehe ein anderes Gesetz in meinen Gliedern, das dem Gesetz meines Sinnes widerstreitet und mich in Gefangenschaft bringt unter das Gesetz der Sünde, das in meinen Gliedern ist. Ich elender Mensch! Wer wird mich retten von diesem Leibe des Todes? Ich danke Gott durch Jesus Christus ... Denn das Gesetz des Geistes des Lebens in Christus Jesus hat dich freigemacht von dem Gesetz der Sünde und des Todes»* (Röm. 7,21–24; 8,2).

Der Apostel Paulus spricht in seinen Briefen oft von fleischlichen Christen; also von denjenigen, die den Schwächen der alten Natur nachgeben, anstatt die Frucht des Heiligen Geistes hervorzubringen (zwei Aspekte dieser Frucht sind *Geduld* und *Selbstbeherrschung,* vgl. Gal. 5,22).

Wenn ein Christ unerlaubten Sex hat, zeigt er damit, dass er geistlich schwach und sein Leben leider von einer fleischlichen Gesinnung geprägt ist, die ihn leicht zur Sünde verführt.

Ein falsches Gottesbild

Wer Sex vor der Ehe hat und sich dabei trotzdem als Christ bezeichnet, sündigt nicht nur, sondern zeigt damit auch, dass er ein falsches Bild von Gott und Gottes Plan für die Menschen hat. Er erkennt nicht, dass der Herr uns seine Gebote gegeben hat, um uns zu schützen und für unsere wahren Bedürfnisse zu sorgen. Das Verbot, keinen Sex vor und ausserhalb der Ehe zu haben, ist kein engherziger Moralismus der Kirche, sondern ein klares Gebot Gottes. Wie wir im nächsten Kapitel noch sehen werden, besteht es durchaus zu Recht, und zwar sowohl in geistlicher und moralischer als auch in körperlicher und emotionaler Hinsicht.

Viele gläubige Jugendliche sind aber der Meinung, dass biblische Verbote die persönliche Freiheit einschränken und nur fromme Auslegungen heute längst überholter Sitten sind.

Wer Gott als einen Despoten und Spassverderber sieht, hat noch nicht viel von seinem liebevollen Plan, den er für uns Menschen hat, verstanden. Wahrscheinlich ist für so jemanden die biblische Offenbarung nur eine Liste von Geboten und Verboten. Viele Fragen, die im fünften Teil dieses Buches (*Heikle Fragen*) angeführt sind, bringen genau diese Haltung dem Wort

Gottes gegenüber zum Ausdruck. Wer so denkt, sieht die Bibel nicht als die liebevolle schrittweise Darlegung des Erlösungsplans für eine sündige Menschheit, sondern als ein Gesetz, das im Widerspruch zu unseren Wünschen steht.

Um uns ein richtiges Bild von Gott zu machen, müssen wir aber verstehen, was das Ziel und der Endzweck seiner Verbote sind, anstatt selbst zu beurteilen, ob wir sie übertreten können oder nicht.

Eine falsche Gottesbeziehung

Die unmittelbare Folge einer falschen *Vorstellung* von Gott ist eine ebenso falsche *Beziehung,* die zu ihm aufgebaut wird.

Die Beziehung, die Gott zum Menschen herstellt, beruht auf der Gnade und dem Werk Christi. Der wiedergeborene Christ tritt in eine Vater-Kind-Beziehung mit Gott. *«So viele ihn aber aufnahmen, denen gab er das Recht, Kinder Gottes zu werden, denen, die an seinen Namen glauben»* (Joh. 1,12). Der aus dem Heiligen Geist Geborene wird von Gott als Kind angenommen und empfängt den damit verbundenen geistlichen und rechtlichen Segen. *«Gott ... hat uns vor Grundlegung der Welt auserwählt ... zur Sohnschaft durch Jesus Christus für sich selbst nach dem Wohlgefallen seines Willens»* (Eph. 1,4–5). *«Wenn aber Kinder, so auch Erben, Erben Gottes und Miterben Christi»* (Röm. 8,17).

Das bedeutet, dass der wahre Gläubige den Willen des Vaters tun möchte, eben weil er in einer Liebesbeziehung zu ihm steht. Er ist voll Dankbarkeit für das unverdiente Heil, das Christus ihm durch den Glauben geschenkt hat.

Wenn wir Christen sind, müssen wir daher die Gebote Gottes auf der Grundlage dieser Liebesbeziehung sehen, die er zu uns hergestellt hat. Eine richtige Gottesbeziehung wird uns sein Gebot, keinen sexuellen Verkehr vor der Ehe zu haben, in der rechten Weise verstehen lassen.

Suche nach geistlicher Einheit

Die fernöstlichen Philosophien lehren, dass es verschiedene Methoden gibt, um die geistliche Einheit mit einem anderen Menschen zu erfahren. Eine davon ist der Sex, weil er einem, vor allem beim Orgasmus, das Gefühl gibt, mit dem anderen zu *verschmelzen.*

Zwar kann man bei der körperlichen Intimität ein Gefühl tiefer Vereinigung und auch einer gewissen *Verschmelzung* erfahren, aber das hat nichts mit der geistlichen Einheit zu tun, von der der fernöstliche Mystizismus spricht. Für den Christen ist diese Sicht falsch. Die geistliche Einheit mit einem anderen Menschen *ist* für einen Christen nur dann möglich, wenn sie sich vor allem auf die geistliche Einheit mit Gott gründet! Und wie kann man eine geistliche Einheit mit Gott haben, wenn man seine Gebote missachtet? Sex ist erst dann ein Segen, wenn er mit dem Schöpfungsplan Gottes übereinstimmt, d. h. wenn er körperlicher Ausdruck der *ehelichen* Liebe ist.

Jeder andere Anspruch auf geistliche Einheit durch sexuelle Vereinigung ist nur Illusion. Diese geistliche Begründung für Sex ausserhalb der Ehe wird von der Bibel nicht gestützt. Wenn wir behaupten, Christen zu sein, dann müssen wir die biblische Sicht der Sexualität beachten. Dort finden wir nämlich den richtigen Blickwinkel, aus dem heraus sie gesehen werden muss.

In diesem zweiten Teil des Buches haben wir einige Gründe hervorgehoben, die Jugendliche veranlassen können, sexuell aktiv zu werden.

Im dritten Teil werden wir dieselben Beweggründe (physisch, sozialmilieubedingt, psychisch und geistlich) von einem anderen Standpunkt aus betrachten. Das wird uns helfen, zu verstehen, warum wir vor der Ehe keinen Sex haben sollten.

Dieses Thema ist weder ein Tabu noch ein Gebot, das sich Selbstzweck ist. Wenn die Bibel zu etwas *«Nein»* sagt, dann müssen wir daran denken, dass es dafür eine ganze Reihe guter Gründe gibt. Sie betreffen sowohl das tiefste Sein des Menschen als auch seine Beziehung zu Gott.

«'Denn ich kenne ja die Gedanken,
die ich über euch denke', spricht der HERR,
'Gedanken des Friedens und nicht zum Unheil,
um euch Zukunft und Hoffnung zu gewähren'.»
(Jer. 29,11)

TEIL 3
GUTE GRÜNDE, UM BIS ZUR EHE ZU WARTEN

11. Sex in Gottes Plan

Wir haben bereits gesehen, dass es einen Unterschied zwischen *Sexualität* und *sexueller Aktivität* gibt. Mit ersterer ist die biologische Geschlechtlichkeit von Mann und Frau gemeint, mit letzterer das *Vollziehen sexueller Handlungen.* Der Herr verurteilt kein Verlangen, wenn es zu Recht besteht.[1] Was er aber verurteilt, ist das *Durchführen* (d. h. das Praktizieren) unerlaubter Handlungen.

Die Regeln und die Liebe des Vaters

Im Grunde weiss jeder Christ, was Gott über vorehelichen Sex sagt. Er verbietet und verurteilt ihn und bezeichnet ihn als *Unzucht.* Aber oft genügt uns ein allgemeines Gebot nicht, weil wir uns auf überzeugendere Argumente stützen wollen.

In diesem Kapitel soll nun die *biblische Norm* hinsichtlich des Sex vor der Ehe untersucht werden.

Wenn uns Begriffe wie *Regel, Vorschrift, Gebot, Gesetz* begegnen, denken wir meistens sofort an eine Beschränkung unserer persönlichen Freiheit. Wir bekommen ein unbestimmtes Gefühl von *Einschränkung,* und das stört uns. Wir möchten lieber frei sein zu tun, was wir wollen.

Wenn wir sehen, wie sich ein zweijähriges Kind einer Schalttafel voller frei liegender Stromkabel nähert, was tun wir dann? Lassen wir ihm die Freiheit, diese Kabel anzufassen? Oder versuchen wir, es daran zu hindern? Wahrscheinlich wird das Kind wütend werden, weil wir ihm etwas ver bieten, was so verlockend aussieht. Es ist sich nämlich der Gefahr nicht bewusst, denn der elektrische Strom ist unsichtbar. Aber wir wissen es und versuchen – um jeden Preis – zu verhindern, dass es einen Stromschlag bekommt.

In den Augen des Kindes wird unser «Nein» zu einer *Regel,* die seine Freiheit einschränkt. In Wirklichkeit wissen wir aber, dass sie ein *Schutz* für sein Leben ist.

Genauso verhält es sich mit dem Gesetz Gottes!

In unserer Beziehung zu ihm müssen wir eine tiefe Wahrheit verstehen:

---

[1] Im weiteren Sinn ist ein Verlangen erlaubt, wenn es in einem von der Bibel zu Recht bestehenden Kontext steht. So kann z. B. in der Ehe das Verlangen nach körperlicher Intimität mit dem Ehepartner erlaubt sein und auch erfüllt werden, während dieses Verlangen in der Verlobungszeit unerfüllt bleiben muss. Im *vierten* Teil dieses Buches (*Lernen, mit seinem Verlangen umzugehen*), und insbesondere in Kapitel 16, wird dieser Aspekt untersucht. Für eine eingehendere Behandlung dieses Themas verweisen wir daher auf besagten Abschnitt.

Welches Gebot Gott auch immer in seinem Wort festgelegt und offenbart hat, es ist da, um uns zu schützen, und nicht um unsere Freiheit einzuschränken.

Wir glauben an einen Gott der Liebe, der uns zum Vater wird. *«Seht, welch eine Liebe uns der Vater gegeben hat, dass wir Kinder Gottes heissen sollen! Und wir sind es»* (1. Joh. 3,1). Ein Vater, der seine Kinder liebt, möchte sie schützen, stärken, ihnen helfen und sehen, wie sie wachsen und klüger werden. Gott wird seinen Kindern immer zur Seite stehen und sich ständig liebevoll um sie kümmern. Diese Fürsorge zeigt sich in den Anweisungen, die er uns in seinem Wort gibt (das eine Art *Bedienungsanleitung* wird, damit wir lernen, wie wir mit unserem Leben am besten umgehen), und in dem Segen, den er uns schenkt. *«Jede gute Gabe und jedes vollkommene Geschenk kommt von oben herab, von dem Vater der Lichter»* (Jak. 1,17).

Wir müssen uns also auf drei Grundsätze stützen:

- Gott liebt uns
- Gott will uns beschützen
- Gott will für unsere wahren Bedürfnisse sorgen

Wenn der Herr uns eine Regel, eine Einschränkung oder ein Gebot gibt, so will er uns damit nicht etwas vorenthalten, sondern uns auf einen besseren Weg führen.

Was den sexuellen Bereich betrifft, will uns Gott nicht von vornherein das Lustempfinden nehmen, das uns die Sexualität verschaffen kann. Seine *negativen* Anweisungen dürfen nicht nur als Verbote gesehen werden. In Wirklichkeit stehen sie für etwas Umfassenderes und Tieferes, das die ganze Person einschliesst.

In erster Linie betreffen sie die *geistliche* Ebene. Sie haben aber auch mit unserem *Gefühlsleben* und unserer *Körperlichkeit* zu tun. Die biblische Botschaft wendet sich deshalb auch an den Mann und die Frau in ihrer Ganzheit von Geist, Seele und Körper. Was Gott uns in seinem Wort sagt, ist Ausdruck seiner Liebe zu uns. *«Denn ich kenne ja die Gedanken, die ich über euch denke, spricht der HERR, Gedanken des Friedens und nicht zum Unheil, um euch Zukunft und Hoffnung zu gewähren»* (Jer. 29,11).

Der wahren Bedeutung der so genannten *Verbote* liegt eine sehr tiefe Kenntnis unserer Persönlichkeit und unseres Inneren zugrunde. Man könnte also jede von Gott auferlegte Grenze folgend umschreiben: *«Ich möchte nicht, dass ihr irgendetwas tut, das euch selbst oder anderen Schmerz, Schuldgefühle, körperliche oder seelische Folgen zufügt. Ich habe für euch etwas Besseres vor».*

So gesehen ist das Verbot Gottes Ausdruck der drei oben erwähnten Grundsätze. Er weiss, dass Sex eine Quelle der Lust ist. Er weiss aber auch, wie die Folgen aussehen, wenn man Sex mit wechselnden Partnern hat. Aus diesem Grund hat der Schöpfer einen ausschliesslichen Rahmen vorgesehen, in dem die Sexualität frei und auf konstruktive, erfüllende und segensreiche Weise ausgelebt werden kann.

Der Rahmen, in dem die Sexualität ausgelebt wird

Der einzige und ausschliessliche Rahmen, in dem Sexualität nach dem Willen Gottes ausgelebt werden darf, ist die Ehe. Nur dort wird die Einheit zwischen Mann und Frau in jeder Hinsicht (geistlich, emotional und körperlich) vollkommen verwirklicht. «Durch die Ehe verhindert Gott, dass die menschliche Gesellschaft nur ein bunt gemischter Haufen von Einzelwesen ist. Er organisiert sie auf Grundlage der Familie, deren Zelle zwei Menschen sind, die nach seinem Willen zusammengefügt wurden».[2]

Die Ehe ist deshalb in den Augen Gottes hoch angesehen. *«Die Ehe sei ehrbar in allem, und das Ehebett unbefleckt! Denn Unzüchtige und Ehebrecher wird Gott richten»* (Hebr. 13,4).

In diesem Vers finden wir *drei Elemente,* die von grosser Bedeutung sind, um den Wert der biblischen Anweisung zu verstehen:

- Wertschätzung (*«Die Ehe sei ehrbar in allem»*)
- Vorschrift (*«das Ehebett sei unbefleckt»*)
- Urteil (*«Unzüchtige und Ehebrecher wird Gott richten»*)

Wer sind die Unzüchtigen und Ehebrecher? Es sind diejenigen, die Sex ausserhalb der Ehe haben. Das heisst also, Sex *vor* der Ehe oder auch *während* der Ehe mit einem Partner, der nicht der eigene Ehepartner ist.

Wo verläuft nun die Grenze zur Unzucht? Um die Natur dieser Sünde wirklich begreifen zu können, muss man sich den Bereich, den Gott für das Ausleben der eigenen Sexualität vorgesehen hat, etwas genauer ansehen.

Bekanntlich ist die erste Stelle in der Bibel, die ausdrücklich auf die fleischliche Vereinigung von Mann und Frau Bezug nimmt, folgende: *«Und Gott, der HERR, baute die Rippe, die er von dem Menschen genommen hatte, zu einer Frau, und er brachte sie zum Menschen. Da sagte der Mensch: 'Diese endlich ist Gebein von meinem Gebein und Fleisch von meinem Fleisch; diese soll Männin heissen, denn vom Mann ist sie genommen'. Darum wird ein Mann seinen Vater und seine Mutter verlassen und seiner Frau anhängen, und sie werden zu einem Fleisch werden. Und sie waren beide nackt, der Mensch und seine Frau, und sie schämten sich nicht»* (1. Mose 2,22–25).

---

[2] René Pache, (Hrsg.), *Nuovo Dizionario Biblico (Neues Bibellexikon),* Ed. Centro Biblico, Neapel 1981, S. 538

Wie schon im ersten Kapitel erwähnt wurde, ermöglicht es die Verbindung von Mann und Frau, die im Schöpfungsplan vorgesehene Komplementarität herzustellen. Darüber hinaus ist sie eine Möglichkeit, um *gemeinsam* das Bild Gottes zu widerspiegeln.

In diesem Abschnitt finden wir *vier wichtige Momente* (oder Phasen):

■ **Das Anerkennen, dass man mit dem Partner zusammenpasst** (*«Diese endlich ist Gebein von meinem Gebein und Fleisch von meinem Fleisch»*). Hier wird dem Mann bewusst, dass die Frau, die er vor sich hat, Eigenschaften besitzt, die ihm dienen und ihn ergänzen. Er erkennt in ihr die Gefährtin, mit der er den Rest seines Lebens verbringen kann. Sie ist für ihn eine Gesprächspartnerin, an die er sich wenden kann. Denn mit ihr kann er eine ebenbürtige Beziehung auf verschiedenen Ebenen führen: gefühlsmässig, geistig und geistlich. Der Mann sieht in ihr eine Person, die dieselbe Lebensauffassung hat und mit der er die gleichen Ziele verfolgen kann. Das gibt ihnen die Möglichkeit, sich mit allen Mitteln dafür einzusetzen, immer mehr eins zu werden. Der Mann hat seine *Seelengefährtin* gefunden.

Diese Phase können wir mehr oder weniger mit der Verlobungszeit gleichsetzen. Wie schon ausführlich in Kapitel vier beschrieben, ist das eine sehr wichtige Phase. Während dieser Zeit wird nämlich innerhalb einer ausgewogenen Beziehung geprüft, wie man zueinander passt, wobei der *Dialog* ganz entscheidend ist.

■ **Das Verlassen der ursprünglichen Familie** (*«Darum wird ein Mann seinen Vater und seine Mutter verlassen»*). Damit wird die während der Verlobung gereifte Entscheidung, die Eltern zu verlassen, um eine eigene Familie zu gründen, angezeigt. Es ist kein *Sich-Lossagen,* sondern ein *Verlassen des Nests,* um ein eigenes zu gründen, und zwar gemeinsam mit der Person, die man ausgewählt hat.

■ **Die gesetzliche Vereinigung** (*«und seiner Frau anhängen»*). Dieses Einswerden geschieht auf *formeller* Ebene und drückt die Verpflichtung aus, die ein Mann und eine Frau eingehen – vor Gott und den Menschen, gemäss der Gesetze des Landes, in dem sie leben –, für den Rest ihres Lebens zusammenzuleben und füreinander zu sorgen mit selbstloser Liebe und gegenseitiger Anteilnahme.

Es ist wichtig zu betonen, dass die Ehe eine in jeder Hinsicht gültige *Rechtshandlung* ist und nicht nur eine einfache Absichtserklärung, wie das bei der Verlobung der Fall ist. Auch das Zusammenleben zweier Personen unter dem gleichen Dach, ohne dass diese Verbindung formell bekräftigt wurde, *ist noch keine Ehe.* Es fehlt nämlich ein ganz entscheidendes Element: *der Bund,* der in rechtlicher Hinsicht die Verbindung bestätigt.

Dieses Element wird in der Bibel ganz besonders betont, wenn von der Ehefrau als der *Frau deines Bundes* gesprochen wird (Mal. 2,14). Damit ist der zwischen den beiden Eheleuten öffentlich abgegebene Bund gemeint, der die gegenseitigen ehelichen Pflichten garantiert. Es ist ein Bund, der sowohl vor den Menschen als auch vor Gott geschlossen wird und mit dem eindeutige Rechte und gegenseitige Pflichten einhergehen.

Auch im Buch der Sprüche wird auf diesen Bund Bezug genommen. Salomo spricht dort von der Frau, die Ehebruch begangen hat, weil sie *«den Vertrauten ihrer Jugend verlässt und so den Bund ihres Gottes vergisst»*. (Spr. 2,17).

Im Neuen Testament ist die *gesetzliche Dimension* der Ehe ebenso eindeutig. Der Apostel Paulus erinnert nämlich daran, dass *«die verheiratete Frau … durchs Gesetz an den Mann gebunden ist»* (Röm. 7,2), mit anderen Worten, dass sie eine *eheliche Pflicht* ihm gegenüber hat (vgl. 1. Kor. 7,39). Im Alten Testament wurde die Ehe ohne religiösen Ritus vollzogen. Aber aus den Versen, die sich auf den Ehebund beziehen, lässt sich schliessen, dass diese Entscheidung öffentlich durch einen Schwur bestätigt wurde. Viele Bibelstellen beschreiben die Eheschliessung als ein Fest, bei dem die Beteiligten die Entscheidung des Brautpaares, ihre Verbindung in einem Bund zu bestätigen, zur Kenntnis nahmen.

■ **Die sexuelle Vereinigung** (*«und sie werden zu einem Fleisch werden»*). Mit der sexuellen Intimität wird die eheliche – durch einen Bund bestätigte – Verbindung von Mann und Frau vollkommen. Diese *sexuelle* Vereinigung darf aber erst *nach* der *gesetzlichen* Vereinigung erfolgen (vgl. 1. Mose 29,21–23).

Wenn wir behaupten, Christen zu sein und dem Herrn gehorchen möchten, müssen wir angesichts dieser Prinzipien die Reihenfolge der unterschiedlichen Phasen einhalten, in denen die Schritte, die zur Ehe führen, erfolgen müssen. Man darf hier die Reihenfolge nicht durcheinander bringen.

Unser Schöpfer hat die Sexualität geplant und ihr einen wichtigen Platz in der *ehelichen* Verbindung zugewiesen. Man braucht nur einige Stellen im Hohelied zu lesen, um sich darüber klar zu werden. *«Wie schön sind deine Schritte in den Sandalen, du Tochter eines Edlen! Die Biegungen deiner Hüften sind wie Halsgeschmeide, ein Werk von Künstlerhand. Dein Schoss ist eine runde Schale. Nie mangle es ihr an Mischwein! Dein Leib ist ein Weizenhaufen, umzäunt mit Lilien. Deine beiden Brüste sind wie zwei Kitze, Zwillinge der Gazelle (…) Wie schön bist du, und wie lieblich bist du, o Liebe voller Wonnen»* (7,2–4,7).

Auch im Buch der Sprüche finden wir einen sehr bedeutungsvollen Ehesegen: *«Deine Quelle sei gesegnet, erfreue dich an der Frau deiner Jugend! Die liebliche Hirschkuh und anmutige Gemse – ihre Brüste sollen dich berauschen jederzeit, in ihrer Liebe sollst du taumeln immerdar!»* (Spr. 5,18–19).

Mit diesen Worten preist die Bibel also die körperliche Liebe zwischen einem Mann und einer Frau, wenn sie auf einer *geistlichen* und *gesetzlichen* Verpflichtung beruht, die ihr erlaubt, in einer festen, durch einen klaren *Bund* bestätigten Verbindung zu wachsen und sich zu entwickeln.

Ausserhalb dieses Bundes kann der Sex nicht Ausdruck einer vollkommenen und tiefen Verbindung sein, weil er in einem vorübergehenden Rahmen ausgelebt wird, wo der Wille und die Bereitschaft, sich für das ganze Leben zu binden, fehlt. Wenn die emotionale Reife fehlt oder eine Beziehung nicht durch eine gesetzliche Verpflichtung abgesichert ist, kann der Sex – anstatt zu grösserer Intimität zwischen zwei Menschen zu führen – sogar ein Hindernis für das dynamische Gleichgewicht der Beziehung werden.

Darum geht es in den nächsten Kapiteln.

12. Physische Gründe für das Warten

Sexuelle Aktivität betrifft unser Denken, unseren Geist und unseren Körper. In den *Gedanken* wird das Verlangen ausgelöst; der *Geist* kann durch die Sünde verunreinigt werden, wenn es sich um unerlaubten Sex (*vor* und *ausserhalb* der Ehe) handelt; und der *Körper* (er ist das Mittel, um die Sexualität auszuleben) kann unter den unerwarteten Konsequenzen leiden.

In diesem Kapitel wollen wir uns einige dieser Konsequenzen ansehen.

Im Wesentlichen gibt es mindestens *zwei* wichtige *physische* Gründe dafür, Jugendliche davor zu warnen, Sex vor der Ehe zu haben: erstens die Gefahr, sich eine Krankheit zu holen, und zweitens das Risiko einer ungewollten Schwangerschaft.

Geschlechtskrankheiten

Ich will hier keine Panikmache betreiben und mit dem Schreckgespenst der Krankheiten aufwarten, um Jugendliche davon zu überzeugen, sich nicht auf unerlaubten Sex einzulassen. Ich glaube, dass es andere gute Gründe dafür gibt. Trotzdem ist der *gesundheitliche* Aspekt auf keinen Fall zu übersehen. Schon gar nicht, wenn man die Daten sieht, welche die WHO (Weltgesundheitsbehörde) Jahr für Jahr herausgibt.

Heute hat die Öffentlichkeit durch die verheerende Ausbreitung von *Aids* den Blick für das noch viel grössere Ausmass anderer Geschlechtskrankheiten verloren. Tatsächlich nehmen auch sie immer weiter zu, trotz Sensibilisierungskampagnen für die Verwendung des Präservativs.

Die Verbreitung bestimmter Infektionskrankheiten, die sich nicht nur auf die bekanntesten Geschlechtskrankheiten wie Syphilis, Tripper und Aids beschränken, ist alarmierend. Jährlich werden neue Krankheiten entdeckt, die beim Geschlechtsverkehr übertragen werden.[1]

Der Hauptgrund für die starke Zunahme dieser Krankheiten liegt vor allem darin, dass sich die sexuellen Gewohnheiten geändert haben. Die gegenwärtige Aidsepidemie, die unseren Planeten heimsucht, ist in erster Linie «eine Folge der sexuellen Revolution und der schnellen Transportmittel. In den letzten zwanzig Jahren wurden im sexuellen Bereich fast alle in der

---

[1] Die Gruppe dieser Krankheiten ist grösser und komplexer geworden. Heute sind mindestens 30 Mikroorganismen und 20 Syndrome bekannt, die beim Geschlechtsverkehr übertragen werden können, und ihre Zahl steigt weiter an. In einem Interview mit Dr. Stefanon vom Onkologischen Institut in Mailand hiess es, dass die Geschlechtskrankheiten «gerade unter Teenagern zunehmen; zum einen, weil sie eher die Pille als das Präservativ benutzen, und zum anderen, weil sie immer früher Sex haben und daher auch mehrere Partner haben werden. Das *Papillom Virus* ist z. B. die zweithäufigste Krankheit und gilt als krebserregend» (*La Repubblica* vom 1.8.2000).

Vergangenheit akzeptierten Normen abgeschafft: Immer mehr Menschen haben 10, 20, 30 oder mehr Sexualpartner im Jahr. Dazu kommt noch, dass sich Menschen aus allen Winkeln der Erde in wenigen Stunden treffen können. So reisen sehr viele Männer in Länder der Dritten Welt, um ihre 'Männlichkeit' bei Frauen unter Beweis zu stellen, die durch bitterste Armut zur Prostitution gezwungen wurden. Die Fortschritte in der Medizin und insbesondere bei den Antibiotika, die Geschlechtskrankheiten wirksam bekämpfen, scheinen ausserdem das Risiko, für einen solchen Lebensstil 'teuer bezahlen' zu müssen, auszuschliessen. Auf diese Weise wurden aber die idealen Voraussetzungen für die Verbreitung eines Virus, wie des HIV, geschaffen».[2]

Man schätzt, dass in jeder Minute weitere 10 Menschen mit Aids infiziert werden!

Ein weiteres Problem stellt auch der Umstand dar, dass Aids eine lange Inkubationszeit hat.[3] Nach dem heutigen Wissensstand kann diese Zeitspanne anscheinend sehr variieren und durchschnittlich 10 Jahre dauern. Eine mit dem HIV-Virus infizierte Person kann also lange Zeit ein normales Leben führen, weil die Krankheit noch nicht erkennbar ist. Man spricht in diesem Fall von HIV-Infektion (das heisst, das HIV-Virus wird festgestellt, ohne dass zunächst die für die Erkrankung typischen Symptome auftreten). Das bedeutet, dass eine damit infizierte Person das Virus auf andere übertragen kann, ohne es zu merken.[4]

Die massive Informationskampagne für die Verhütung von Aids (und von anderen Geschlechtskrankheiten) hat im *Präservativ* (oder Kondom) die wirksame Waffe entdeckt. Tatsächlich senkt es das Risiko einer Virus-

---

[2] Elisabeth Sulger Büel, *AIDS, Dossier einer Epidemie,* Schwengeler Verlag, 1990, S. 20 (HIV ist das Virus, das für Aids verantwortlich ist, Anm. d. Autors).

[3] Unter *Inkubationszeit* versteht man die Zeit, die zwischen der Infektion und dem Ausbruch der Krankheit liegt.

[4] Was die Geschlechtskrankheiten betrifft, muss man eine sehr wichtige statistische Tatsache berücksichtigen. Wenn man mit jemandem Sex hat, der schon viele verschiedene Sexualpartner hatte, ist es gewissermassen so, als hätte man mit ihnen allen Sex. Die Übertragung von Infektionskrankheiten verbreitet sich genau auf diese Weise, weil die Ansteckungsgefahr dadurch stark zunimmt. Ich gebe hier zwei besonders tragische Berichte wieder, die aus dem schon zitierten Buch von Sulger Büel stammen. Der erste handelt von einer 17-jährigen Amerikanerin, die *nur eine einzige Nacht* mit einem Mann verbrachte, der dann an Aids starb. In jener Nacht wurde sie infiziert und heute sagt sie mit tiefem Bedauern: «Ich habe all das verloren, was ich mir immer gewünscht habe: einen Mann, ein Haus und Kinder. In einem einzigen Augenblick habe ich alles verloren!» Der zweite Bericht stammt von einem Schweden, der während eines Kurzurlaubs auf Haiti mit dem HIV-Virus infiziert wurde. Wieder in Schweden steckte er fünf der sieben Sexualpartner an, die er in den folgenden drei Jahren hatte, von denen zwei wiederum weitere zwei Männer infizierten. Zwei dieser Frauen brachten zwei HIV-positive Kinder zur Welt. «Nur ein Abenteuer» auf Haiti hat in kürzester Zeit das Leben von mindestens 10 Personen in Gefahr gebracht!

übertragung erheblich. Es gibt aber trotzdem immer wieder Fälle von Infektionen: entweder weil das Präservativ nicht richtig verwendet wird oder weil es reisst oder einfach nur, weil es im entscheidenden Augenblick nicht griffbereit ist.[5]

Am schnellsten wird das HIV-Virus mit dem Blut übertragen. Es genügt deshalb schon die kleinste Verletzung, um sich anzustecken.[6] Nach Meinung einiger Forscher bietet auch das Präservativ keinen 100%igen Schutz, weil die Latexmembran, aus dem es besteht, eine Porosität hat, die von Auge nicht sichtbar ist und die, in bestimmten Fällen, das gefürchtete HIV-Virus durchlassen kann. Ausserdem könnte es in anderen Körperteilen kleine Verletzungen oder Wunden geben. Wenn diese in Kontakt mit organischen Flüssigkeiten kommen (wie Blut oder Sperma, die die höchsten Konzentrationen an Viren enthalten), wäre die Ansteckung theoretisch möglich.

Einige Statistiken

Als bei der, in diesem Buch schon öfters erwähnten, Bibelfreizeit für Jugendliche von Aids die Rede war, machte ich eine interessante Feststellung.

	Ich stimme zu		Ich stimme nicht zu		Ich weiss nicht	
AUSSAGE	J	M	J	M	J	M
Ich habe Angst vor Aids	39%	69,6%	48,7%	25%	12,3%	5,4%
Unberührtheit und eheliche Treue ist der beste Schutz vor Aids	78%	66%	17%	26,7%	5%	7,3%

■ Anhand dieser Zahlen hat es den Anschein, dass mehr Mädchen als Jungen Angst vor Aids haben (fast 70% gegenüber 39%), während 48,7% der Jungen von dem Problem nicht sonderlich berührt zu sein scheinen. Diese Zahl könnte nun auf zweierlei Weise interpretiert werden.

---

5 Darüber hinaus sind immer mehr Männer bereit, trotz des Aufrufs zu mehr Verantwortungsbewusstsein, einen höheren Preis zu bezahlen, nur um ungeschützten Sex (d. h. ohne Präservativ) mit den Prostituierten haben zu können. Laut der Daten, die Anfang 2002 vom Ministerium für Chancengleichheit und von der Vereinigung Parsec zur Verfügung gestellt wurden, verwenden in Italien 43% der Prostituierten auf Wunsch des Kunden kein Präservativ und mehr als 12% der Prostituierten sind HIV-positiv! Wie hoch wird dieser Prozentsatz in den nächsten Jahren noch ansteigen? Und wie gross wird wegen der Unzucht die Ansteckung auch in den Familien sein?

6 Wie die Medien berichten, gab es leider auch Fälle von Infektionen durch Bluttransfusionen, ohne dass ein Verschulden der Betroffenen im sexuellen Bereich vorlag.

Die erste (meiner Ansicht nach *negative*) Möglichkeit ist, dass sich vielleicht 69,9% der Mädchen bewusst sind, dass die Verantwortung für die Verhütung vor allem Sache des Jungen ist (bei der Verwendung des Präservativs). Er denkt aber nicht immer daran und hat deshalb keines dabei. Das würde aber vermuten lassen, dass es sich hier um unerlaubten Sex handelt.

Die zweite Interpretation, die ich auf jeden Fall für *positiver* halte, ist, dass fast die Hälfte der Jungen (48,7%) keine Angst vor Aids hat, weil sie keinen Grund dazu haben. Sie brauchen sich vor Aids nicht zu fürchten, da ihr Verhalten mit ihrem Glauben übereinstimmt.[7]

■ Was die zweite Aussage betrifft, so sind gut 78% der Jungen von einer Tatsache überzeugt, die auch immer häufiger von den Forschern anerkannt wird: **Die einzige Möglichkeit, sich beim sexuellen Verkehr vor Aids zu schützen, ist, nur eine Beziehung mit nur einem Partner zu haben.** Mit anderen Worten, sein Leben lang nur mit einem einzigen Menschen Sex zu haben. Aber ist nicht genau das Gottes Plan für die Ehe? Der Herr will uns mit seinen Geboten also auch vor den *körperlichen Folgen* der Sünde schützen.

■ Um noch einmal auf die zweite Aussage zurückzukommen, bin ich, ehrlich gesagt, ein bisschen beunruhigt über die 26,7% der Mädchen, die nicht damit übereinstimmen, dass Unberührtheit und eheliche Treue der beste Schutz vor Aids sind. Wie ist dieses Ergebnis zu verstehen? Ist es Unkenntnis oder der Versuch, Sünde zu rechtfertigen?

Trotzdem gilt: «Die beste Art, sich vor einer Ansteckung mit HIV zu schützen, ist sexuelle Enthaltsamkeit oder eheliche Treue und ein Leben ohne Drogen. Wer treu ist und verantwortungsbewusst lebt, wird wohl kaum mit HIV in Berührung kommen. Die Präservative senken das Risiko einer Ansteckung erheblich. Sie stellen aber keinen absolut sicheren Schutz gegen das HIV-Virus dar».[8]

Ungewollte Schwangerschaften

Wenn zwei Personen unterschiedlichen Geschlechts sexuellen Verkehr haben, ist es statistisch wahrscheinlich, dass die Natur früher oder später ihren Lauf nimmt und ein Kind gezeugt wird.

Heute scheint dieses Problem, dank der vielen Möglichkeiten der Empfängnisverhütung, kein Anlass zur Sorge mehr zu sein. Aber trotz der zunehmenden Verwendung von Verhütungsmitteln gibt es bisher anscheinend noch keine 100%ig sichere Methode.

---

[7] Es wurde auch die folgende mögliche Interpretation vorgeschlagen: Manche haben keine Angst vor Aids, weil sie die entsprechenden Vorkehrungen treffen. In diesem Fall müsste man aber vorehelichen Sex voraussetzen.

[8] Elisabeth Sulger Büel, *op. cit.*, S. 57.

Das sicherste Verhütungsmittel soll die *Pille* sein. Da es sich dabei aber um ein Medikament handelt, das auf das Hormonsystem der Frau einwirkt, gibt es verschiedene Nebenwirkungen. Ausserdem bietet sie keinen Schutz vor Geschlechtskrankheiten.

Das *Präservativ* senkt, wie schon erwähnt, die Gefahr einer Ansteckung. Was die Empfängnisverhütung betrifft, liegt seine Zuverlässigkeit aber nur bei etwas über 85%. Bezieht man dann auch noch das Risiko mit ein, dass es falsch verwendet wird oder reisst, nimmt seine empfängnisverhütende Wirkung drastisch ab. Und auch wenn es nicht richtig am Penis haftet, kann Sperma durchdringen.

Andere Mittel, wie *samenabtötende Medikamente* oder das *Diaphragma* (d. i. ein mit einer Gummimembran überzogener Spiralring, der am Eingang zum Muttermund eingesetzt wird) sind ebenfalls kein 100%iger Schutz vor einer ungewollten Schwangerschaft.

All das sind Verhütungsmittel, die die Befruchtung verhindern. Ihr Ziel ist es, das Zusammentreffen zwischen der Eizelle und den Samenzellen zu verhindern.

Dagegen gibt es andere Arten von Verhütungsmitteln – *Abortivmittel* –, die das Einnisten der eventuell befruchteten Eizelle in der Gebärmutterschleimhaut verhindern. Das sind in erster Linie die intrauterinen Mittel (wie die *Spirale,* die vom Gynäkologen eingesetzt werden muss) und die so genannte *Pille danach.*

Vom moralischen Standpunkt aus sind diese Mittel abzulehnen, da sie ein Leben verhindern, das, wenn auch erst im Zellstadium, schon begonnen hat.

Für ein junges unverheiratetes Paar, das trotzdem Sex miteinander hat, ist eine Schwangerschaft ein *Unfall,* der um jeden Preis vermieden werden muss. Und da die Sünde nun einmal verlockender ist als die Tugend, werden sie, nur um auf das eigene sexuelle Vergnügen nicht verzichten zu müssen, auf jeden Fall versuchen, diesem «unangenehmen Zwischenfall» zu entgehen.

Oft tun die Eltern so, als wüssten sie nicht, dass ihre Kinder, obwohl sie noch nicht verheiratet sind, Sex haben. Auch manche Gemeindeleiter sehen lieber über dieses Problem hinweg. Wichtig ist nur, dass das Ganze keine offensichtlichen Folgen nach sich zieht. Wenn es aber dann doch zu einem «Schaden» kommt, d. h. einer ungewollten Schwangerschaft, macht man seiner Empörung gleich Luft und der Ruf nach Ausschluss aus der Gemeinde wird laut.

Wird Sexualität auf diese Weise ausgelebt, ist sie nicht nur sündig, sondern sie verfehlt auch ihre eigentliche Bestimmung. Es wurde schon mehrmals darauf hingewiesen, dass sie erst in einer lebenslangen verbindlichen Beziehung in ihrer ganzen Tiefe erlebt werden kann, also in dem geschützten und sicheren Rahmen einer Ehe nach Gottes Plan. In diesem Fall ist ein Kind keineswegs ein «unangenehmer Zwischenfall», sondern die Krönung der Liebe zwischen den Ehepartnern, deren Liebe und Reife dadurch noch zunimmt, da Kinder *«ein Geschenk des HERRN»* (Ps. 127,3) sind.[9]

Auf der einen Seite gibt es Paare, die sich Kinder wünschen, aber keine bekommen können. Andererseits gibt es viele, die keine Bedenken haben, ein Leben auszulöschen, das im Bauch einer Mutter heranwächst, der für die abgetriebenen Föten längst nicht mehr jener, von Dichtern beschriebene, warme und sichere Ort ist.

Wenn als Folge von unerlaubtem Sex ein Mädchen schwanger wird, muss sich das Paar einer schwierigen Situation stellen, von der unweigerlich auch andere Personen betroffen werden. Es gibt verschiedene Möglichkeiten, einen Fehler wiedergutzumachen. [Achtung: mit *Fehler* meine ich hier *nicht das Kind,* das gezeugt wurde, sondern *den unerlaubten Sex, der zur Empfängnis geführt hat!*]

Sehen wir uns einige dieser Möglichkeiten an.

▪ **Heiraten.** Leider ist das nicht immer die beste Entscheidung. Auf den ersten Blick scheint dieser Ausweg unvermeidbar zu sein, um dem Kind, das unterwegs ist, eine normale Familie zu geben. Es zeigt sich aber, dass die meisten *Mussehen* schon nach kurzer Zeit scheitern, weil sie unter den falschen Voraussetzungen geschlossen wurden. Das Kind selbst könnte zum Ablassventil der Unzufriedenheit seiner Eltern werden, weil sie es als die Ursache ihrer erzwungenen Verbindung betrachten.

Wenn man miteinander verlobt ist, scheint alles wunderbar zu laufen. Aber dann, im Alltag einer erzwungenen Heirat, wenn man sich den alltäglichen Problemen stellen muss, wenn man vielleicht noch auf der Suche nach einer Arbeit ist, wenn Windeln zu wechseln und Rechnungen zu bezahlen sind etc., dann scheint einem die Decke auf den Kopf zu fallen. Wenn man in dieser Situation nicht schon eine gewisse Reife besitzt, kann das alles Spannungen und Konflikte hervorrufen, die auch zur Trennung führen könnten.

Und was hat letztendlich in diese Misere geführt? Vorehelicher Sex.

▪ **Die Beziehung beenden.** In diesem Fall flieht der Junge feige vor seiner Verantwortung, um sich auf keine verbindliche und dauerhafte Verpflichtung, wie die einer eventuellen Ehe, einlassen zu müssen. Er zeigt damit, wie unreif und egoistisch er in Wirklichkeit ist. Solange man Spass hat, ist alles in Ordnung. Aber wenn es darum geht, Verantwortung für sein Tun zu übernehmen, dann wird es problematisch. Das Mädchen wird sitzen gelassen und muss sich alleine um das neue Leben, das in ihr entsteht, kümmern. Da-

---

[9] Das soll aber nicht heissen, dass ein Ehepaar ohne Kinder eine unvollständige Familie oder nicht gesegnet ist, nur weil es das *Geschenk* eines Kindes nicht erhalten hat.

mit sind wir bei der traurigen Situation allein erziehender Mütter mit all den praktischen, emotionalen und sozialen Konsequenzen (und Schwierigkeiten), die sich daraus ergeben.

In diesen Fällen sieht man sofort, dass die Gründe, die das Paar zur körperlichen Intimität bewogen haben, ganz offensichtlich egoistischer Natur waren. Alles ging gut, bis es zu dem «Zwischenfall» kam. Was ist nun aus den schönen Worten von Liebe, vom Einssein von Körper und Seele und vom Wunsch, zusammenzubleiben, geworden?

Eine Beziehung, die ganz anders hätte verlaufen können, wird auf die denkbar schlechteste Weise beendet. Auch hier stellt sich die Frage: Was war der Grund für das Scheitern?

■ **Das Kind in Pflege geben.** Früher gab es Einrichtungen, die sich um die ungewollten Kinder oder um die Kinder, die in mittellosen Familien zur Welt kamen, kümmerten: die Waisenhäuser. Heute gibt es soziale Einrichtungen, die dafür sorgen, dass die von der zuständigen Behörde als «gefährdet» eingestuften Kinder in andere Familien zur Pflege gegeben werden. Wer ein Kind in Pflege nehmen möchte, muss strenge Voraussetzungen erfüllen und mit einem langen Amtsweg rechnen. Manchmal kommt es vor, dass solche Kinder grossem emotionalen Druck ausgesetzt sind.

In den glücklichsten Fällen werden Kinder in einer Familie aufgenommen, die sich später dazu entschliesst, eine Adoption anzustreben. Auf diese Weise können unerwünschte Kinder eine Familie finden, die *für sie* ihre richtige Familie wird.

■ **Das Kind bei den Grosseltern aufwachsen lassen.** Manchmal müssen die Eltern des Mädchens oder des Jungen die gar nicht so geringe Aufgabe auf sich nehmen, ihr Enkelkind grosszuziehen, um so den unverantwortlichen Eltern die Möglichkeit zu geben, weiterzustudieren oder sich eine Arbeit zu suchen. Es kann aber auch sein, dass Letztere nicht einmal daran denken, ihre Situation in Ordnung zu bringen.

In diesem Fall wächst das Kind in vertauschten Familienverhältnissen auf. Es bekommt dadurch auch eine falsche Auffassung der Elternrolle. Und ausserdem, wenn man eine solche Verantwortung auf die Grosseltern abschiebt, ist es gerade so, als würde man sie «den Preis» für den unerlaubten Sex ihrer Kinder bezahlen lassen.

■ **Das Kind verkaufen.** In manchen sozial unterentwickelten Gebieten kommt leider auch so etwas vor. In Italien dauert es noch sehr lange, um ein Kind adoptieren zu können. Und oft müssen die Antragsteller viele Untersuchungen und bürokratische Vorgänge über sich ergehen lassen. So kann es der Fall sein, dass sich die Gelegenheit ergibt, über skrupellose Geschäftemacher ein Kind im Ausland zu «kaufen». Hin und wieder hört man von solchen Fällen.

■ **Das Kind aussetzen oder töten.** Das ist zweifellos eine grausame und unmenschliche Lösung. Die Nachrichten erinnern uns aber leider daran, dass es auch in unserem Land bestimmte «Monster» gibt, die aus Angst, oder um schwierigen Situationen aus dem Weg zu gehen, das Neugeborene lieber gleich nach der Geburt loswerden.

■ **Abtreiben.** Das scheint die vernünftigste Lösung zu sein. Das Gesetz 194 vom 22. Mai 1978 sieht in Italien die Möglichkeit des freiwilligen Schwangerschaftsabbruchs vor. Die Patientin darf dabei anonym bleiben. Alles wird professionell in Krankenhäusern durchgeführt und die Kosten gehen zu Lasten des nationalen Gesundheitssystems. Es ist also die Allgemeinheit, die die Abtreibungen bezahlt. Ein weiterer Beweis dafür, dass unerlaubter Sex keine Privatsache ist!

Von einem rein gesundheitlichen und sozialen Standpunkt aus gesehen hat der Abtreibungsparagraph zum Schutz Tausender Mädchen und Frauen beigetragen. Sie wurden dadurch sowohl vor denjenigen geschützt, die die Abtreibung unerlaubt durchführten, ohne irgendeine berufliche Qualifikation dafür zu haben, als auch vor Ärzten, die sich Unsummen zahlen liessen, um einen solchen Eingriff heimlich in dafür ausgestatteten Behandlungsräumen durch zuführen. So wird diesbezüglich den Frauen heute ein grösserer Schutz geboten.

Aber von einem moralischen und geistlichen Standpunkt aus gesehen ist Abtreibung eine grausame Lösung, weil *sie aus christlicher Sicht Mord ist!*

Viele fragen sich, ab wann das menschliche Leben beginnt, um zu erkennen, ob Abtreiben wirklich die Tötung eines menschlichen Wesens bedeutet. Wenn das Leben erst mit der Geburt beginnt, dann hat der Fötus keinerlei Rechte: Er ist dann nur ein Teil des Körpers der Mutter und kann wie ein Nierenstein oder Mandeln entfernt werden. Wenn aber das menschliche Leben mit der Empfängnis beginnt, dann hat der Fötus dieselben Rechte wie jeder Mensch!

Die Bibel hat in diesem Zusammenhang viel zu sagen: *«Denn du bildetest meine Nieren. Du wobst mich in meiner Mutter Leib. Ich preise dich darüber, dass ich auf eine erstaunliche, ausgezeichnete Weise gemacht bin. Wunderbar sind deine Werke, und meine Seele erkennt es sehr wohl. Nicht verborgen war mein Gebein vor dir, als ich gemacht wurde im Verborgenen, gewoben in den Tiefen der Erde* (poetische Sicht des Mutterleibs, Anm. d. Autors). *Meine Urform sahen deine Augen. Und in dein Buch waren sie alle eingeschrieben, die Tage, die gebildet wurden, als noch keiner von ihnen da war»* (Ps. 139,13–16).

Und zum Propheten Jeremia sagt Gott Folgendes: *«Ehe ich dich im Mutterschoss bildete, habe ich dich erkannt, und ehe du aus dem Mutterleib her-*

vorkamst, habe ich dich geheiligt: zum Propheten für die Nationen habe ich dich eingesetzt» (Jer. 1,4–5).

Auch der Apostel Paulus findet ähnliche Worte: *«Als es aber dem, der mich von meiner Mutter Leibe an ausgewählt und durch seine Gnade berufen hat, gefiel, seinen Sohn in mir zu offenbaren, damit ich ihn unter den Nationen verkündigte»* (Gal. 1,15–16).

Die Bibel spricht also vom Fötus wie von einer *Person,* die der Herr schon kennt. Die *«Urform»* (so erscheint ein Fötus in den ersten Wochen) wird schon von Gott gesehen, auch wenn sie noch nicht der typischen menschlichen Gestalt entspricht.

Die italienische Gesetzgebung erlaubt die Abtreibung innerhalb der ersten neunzig Schwangerschaftstage. Beim Fötus, der sich «im Verborgenen» des Mutterleibs bildet, sind am 19. Tag seines Lebens in der Gebärmutter die Blutinseln und am 23. Tag die ersten Kontraktionen des Herzens sichtbar.

Das Wunder von Gottes Schöpfung vollzieht sich vor unseren Augen, wenn wir beobachten, wie sich ein menschliches Wesen schon in den ersten Wochen seines Lebens in der Gebärmutter entwickelt. Wir werden dann auch besser verstehen, warum die Bibel hier von einer Person spricht, mit der Gott schon eine Beziehung aufnehmen kann, wie z. B. bei Jeremia, den er schon als Fötus *«zum Propheten für die Nationen eingesetzt»* hatte.

Bei der Abtreibung wird ein menschliches Leben getötet. Und doch wird die moralische Tragweite eines solchen Handelns nicht wahrgenommen. Wir sagten schon, dass jedes Jahr auf der ganzen Welt ca. 40 Millionen Abtreibungen vorgenommen werden. Auch in Italien ist die Situation alarmierend. **Die Altersgruppe, in der es seit 1993 zu immer mehr freiwilligen Schwangerschaftsabbrüchen kommt, betrifft Mädchen unter 14 Jahren!**

In unserem Land gibt es Jahr für Jahr 140000 gesetzlich erlaubte Abtreibungen, zu denen noch ungefähr 15000 illegale Abtreibungen hinzukommen. Das heisst also, dass – den Sonntag ausgenommen – **in Italien täglich 500 Abtreibungen vorgenommen werden!**

Macht dies nicht nachdenklich?

Sind das nicht schon genügend Gründe, um zu verstehen, dass Gottes Gebot, mit dem Sex bis zur Ehe zu warten, nicht nur unseren Geist, sondern auch unseren Körper schützen will?

13. Soziale Gründe für das Warten

Die Geschichte lehrt uns, dass zunehmender moralischer Verfall die Gesellschaft schwächt.

Das ist aber nicht nur ein *soziales* Problem. Die Gefahr des moralischen Verfalls hat nämlich – wie wir schon im vorhergehenden Kapitel gesehen haben – auch auf *körperlicher* Ebene Folgen. Es besteht ein enger Zusammenhang zwischen diesen beiden Ebenen, da die Ausbreitung ansteckender Krankheiten eine grosse soziale Plage ist. Sie führt zu höheren Ausgaben im Gesundheitswesen, und zwar sowohl für die Behandlung als auch für die Vorbeugung. Ausserdem fordert sie einen sehr hohen persönlichen Einsatz, was Arbeit und Pflege betrifft.

Das zeigt sehr gut, in welcher Weise ein festes moralisches Gewissen Schutz bietet gegenüber einer ganzen Reihe von Konsequenzen, die breiten Schichten der Gesellschaft Schaden zufügen.

Von diesem Gesichtspunkt aus betrachtet, gibt es also triftige *soziale* Gründe, um ausserhalb der Ehe keinen Sex zu haben.

Bevor wir weitergehen, sehen wir uns zuerst einige statistische Daten an.

Einige Statistiken

	Ich stimme zu		Ich stimme nicht zu		Ich weiss nicht	
AUSSAGE	M	F	M	F	M	F
Ich hätte gerne, dass die Person, die ich einmal heirate, noch unberührt ist	88,6%	71,4%	4,5%	8,9%	6,9%	19,7%
Ich würde mich nicht so sicher dabei fühlen, jemanden zu heiraten, der schon vor mir sexuellen Verkehr mit anderen hatte	38,6%	30,9%	45,4%	40%	16%	29,1%

Das sind die Antworten der jugendlichen Teilnehmer der schon erwähnten Bibelfreizeit. Es ist anzunehmen, dass sie alle eine bestimmte geistliche Überzeugung haben. Trotzdem ist es wichtig, hier einige Anmerkungen zu machen.

■ Es sind vor allem die Jungen, die Wert darauf legen, einmal ein Mädchen zu heiraten, das noch Jungfrau ist (88,6%), während die Zahl der Mädchen, die einen noch unberührten Jungen heiraten möchten, eindeutig niedriger ist

(71,4%). Es kann also gut sein, dass das Unberührtsein eher für eine *weibliche* als für eine männliche Eigenschaft gehalten wird. Diese Sicht könnte das Ergebnis einer eher chauvinistisch eingestellten Kultur sein.

- Was die zweite Aussage betrifft, zeigt die Auswertung, dass, auch wenn die Unberührtheit für wichtig gehalten wird, dennoch 45,4% der Jungen und 40% der Mädchen bereit sind, eine nicht mehr unberührte Person zu heiraten.

Man muss sich dabei fragen, ob dieses Ergebnis darauf zurückzuführen ist, dass man vollkommen mit 2. Kor. 5,17 übereinstimmt, wo es heisst: *«Daher, wenn jemand in Christus ist, so ist er eine neue Schöpfung; das Alte ist vergangen, siehe Neues ist geworden»*. Oder ob es eher auf der Feststellung beruht, dass es heute schwierig ist, einen noch unberührten Partner mit 18, 20 oder 25 Jahren zu finden? Macht man also gute Miene zum bösen Spiel und ist bereit, trotz der Fehler der Vergangenheit eine feste Beziehung aufzubauen? Wenn wir optimistisch sein wollen, können wir darin auch eine Haltung sehen, die Grund zur Hoffnung gibt, denn *«die Liebe bedeckt eine Menge von Sünden»* (1. Petr. 4,8).

- 38,6% der Jungen und 30,9% der Mädchen geben zu, Zweifel zu haben, ob sie zu einem Partner, der schon sexuellen Verkehr mit anderen hatte, eine richtige Vertrauensbeziehung aufbauen könnten. Wenn man die Zahlen miteinander vergleicht, sieht man aber, dass zwischen denen, für die das ein grosses Problem ist und denen, die damit kein Problem haben, prozentual kein grosser Unterschied besteht: 6,8% bei den Jungen (38,6% im Vergleich zu 45,4%) und 9,1% bei den Mädchen (30,9% im Vergleich zu 40%).

Es kann also sein, dass diejenigen, die sich nicht so sicher dabei fühlen, einen nicht mehr unberührten Partner zu heiraten, strengere moralische Überzeugungen haben (was lobenswert ist). Es kann aber auch sein, dass sie sich, was die Erfahrung betrifft, dem Partner gegenüber unterlegen fühlen, wenn sie selbst noch unberührt sind.

Auf diesen Punkt wollen wir in Kapitel 20 noch ausführlicher eingehen.

Beziehungen, in denen sich alles um Sex dreht

In jeder zwischenmenschlichen Beziehung gibt es Komponenten, die das Verhältnis zueinander beeinflussen. Dieses soziale Beziehungsnetz baut auf verschiedenen Elementen auf: Wertschätzung, Freundschaft, Verantwortung, Anerkennung rechtlicher Formen, Aufgaben innerhalb der Gesellschaft, etc.

Was nun *Liebesbeziehungen* betrifft, scheint eines der grössten Probleme dabei zu sein, die verschiedenen Elemente, auf die sie aufbaut, im Gleichgewicht zu halten.

Ich erkläre das noch ausführlicher.

In der Ehe hat jedes Element seinen richtigen Platz (oder müsste ihn haben). Jeder Aspekt des Alltags steht mehr oder weniger im Zusammenhang mit dem Partner. Meist werden die alltäglichen Dinge gemeinsam in Angriff genommen. Die *körperliche Sexualität* ist ein Teil dieser Beziehung. Sie stellt einen der vielen Bereiche dar, die zusammen die Ganzheit der Beziehung ausmachen. Die für den Sex bestimmte Zeit muss innerhalb des gesamten ehelichen Rahmens gefunden werden. Dieser Rahmen ist sehr weit gesteckt. Er umfasst Aufgaben, Ziele, unterschiedliche Zeitrhythmen, alltägliche vorrangige Ziele, Zeiten, Ressourcen und auch familiäre Probleme, die zu bewältigen sind. Der Sex wird daher zu einem Stein in einem verschiedenartigen Mosaik. Er muss inmitten dieser vielen Elemente, die die *gemeinschaftliche Seite* des Ehelebens darstellen, harmonisch ausgelebt werden.

Ausserhalb der Ehe aber ist der Sex noch nicht an eine ausgewogene alltägliche Beziehung zwischen zwei Menschen gebunden. Diese *alltägliche* Beziehung, in guten und in schlechten Zeiten, besteht zwischen zwei unverheirateten Personen nämlich nicht. Die Rolle der sexuellen Aktivität – aufgrund der grossen Befriedigung, die sie mit sich bringt – droht zu wichtig zu werden und kann an die Stelle vieler anderer normaler Tätigkeiten treten. Der Sex kann zu einer grossen Anziehung für das Zusammensein werden. In vielen Fällen kann dieses Verlangen nach körperlicher Intimität – *in den Gedanken und in der Wirklichkeit* – einen Platz einnehmen, der ihm nicht zukommt. Das Paar wird also das soziale Leben immer mehr in den Hintergrund drängen und öfter nach Gelegenheiten zum Alleinsein suchen. Das wird sich auf ihre sozialen Beziehungen auswirken, da sie sich immer mehr von den anderen zu isolieren versuchen, um miteinander Sex zu haben.

Folgende Aspekte machen diese Situation noch problematischer:

- Hat man erst einmal angefangen, Sex miteinander zu haben, ist es meistens schwierig, damit wieder aufzuhören.
- Je häufiger man Sex hat, umso stärker wird im Allgemeinen beim Mann das Verlangen danach.
- Die angebliche Wichtigkeit der sexuellen Komponente nimmt immer mehr zum Nachteil anderer Komponenten der Partnerschaft zu, die aber wichtiger sind, um eine feste und tiefe Beziehung aufzubauen: Freundschaft, Gespräch, soziales Leben, Interessen, Glaube, gefühlsmässige Intimität …

Ein Erlebnisbericht

Der folgende Bericht wurde mir von einem Jungen geschickt, der an einer Jugendfreizeit teilgenommen hatte, bei der ich unter anderem auch auf die

Gefahr zu sprechen kam, Beziehungen aufzubauen, bei denen der Sex im Mittelpunkt steht.

Ich veröffentliche diesen Bericht mit seiner Erlaubnis.

Als ich 15 Jahre alt war, gefielen mir nur Mädchen, die älter waren als ich. Der Grund dafür lag vielleicht darin, dass ich immer mit Personen zusammen war, die älter waren als ich. Das Problem dabei war allerdings, dass meine Liebe nie erwidert wurde.

Ich wurde katholisch erzogen und ging auch fleissig in die Kirche. Ich habe den Herrn immer geliebt. Ich erinnere mich, dass er für mich wie ein Freund war. Er war stets bei mir. Ich weiss auch noch, wie oft ich geweint und darum gebetet habe, die richtige Freundin zu finden. Ich wollte kein «einfaches» Mädchen, also keines, das oberflächlich ist, sondern eines, das ich auch heiraten wollte.

Kurze Zeit später lernte ich auf einem Fest, das ein Jugendzentrum organisiert hatte, ein Mädchen kennen. Es war der Faschingsdienstag 1991. Mehr aus Spass forderte ich sie auf, einen Blues mit mir zu tanzen. Das war der Anfang einer grossen Liebe. Einige Tage später waren wir fest miteinander befreundet.

Ich meinte es von Anfang an ehrlich mit ihr. Was mich am meisten beeindruckte war, dass zwischen uns eine echte Freundschaft bestand, die mit jedem Tag enger wurde. Natürlich machten wir auch Petting. Ich möchte hier betonen, dass ich mich nicht wegen des sexuellen Vergnügens zu ihr hingezogen fühlte, sondern in erster Linie deshalb, weil ich sie so sehr liebte. Jedes Mal, wenn ich in die Kirche ging, bat ich den Herrn, sie einmal heiraten zu dürfen.

Es war aber nicht alles nur eitel Wonne und Sonnenschein. Oft kam es zu Auseinandersetzungen, die wir einfach dadurch lösten, indem wir körperlich intim wurden. Als ich nämlich 17 wurde, fingen wir an, richtigen Sex miteinander zu haben. Eine Woche später sprach ich mit ihrer Mutter darüber. Sie sagte uns, es wäre ihr lieber gewesen, ihre Tochter hätte damit bis zur Volljährigkeit gewartet. Sie überliess es aber uns selbst, unsere Entscheidungen zu treffen.

Mit 18 fuhren wir nach Frankreich auf eine FKK-Insel. Wir waren ganz begeistert davon. Aber ein Jahr später stritten wir uns immer öfter. Was unsere Beziehung u. a. belastete, war, dass sie zum Studieren an der Uni in eine andere Stadt ziehen musste. Wenn wir dann aber Sex miteinander hatten, versöhnten wir uns und alles war wieder in Ordnung. Doch schon nach kurzer Zeit waren alle Meinungsverschiedenheiten wieder da.

Ich glaube, ich könnte ein ganzes Buch darüber schreiben, was wir alles zusammen unternommen haben. Ich möchte hier aber nur darauf eingehen, wie der Sex uns zu Sklaven gemacht hat. Für mich war er immer eines der

Dinge, die mich am meisten stimuliert haben. Natürlich wusste ich sehr wohl, dass mein Verhalten gegen den Willen des Herrn war. Und dafür schämte ich mich auch vor ihm.

Alles in unserer Beziehung wurde zur Gewohnheit. Abends gingen wir aus Gewohnheit miteinander aus. Aus der Freundschaft, die uns anfangs verband, war jetzt nur noch ein Zusammenbleiben geworden, um Sex miteinander zu haben. Auch die Liebe, oder besser gesagt das, was ich für Liebe hielt, wurde zu einem rein sexuellen und gewohnheitsmässigen Akt.

Eines Tages, von meinem Leben enttäuscht, begegnete ich dem Herrn auf persönliche Weise. Ich erkannte, dass alles, was ich bis dahin geglaubt oder getan hatte, wertlos war. Ich fühlte mich so schuldig, und ich begriff, dass ich eine klare Entscheidung treffen musste. Ich sprach mit meiner Freundin darüber und sagte ihr, dass das, was mir machten, in den Augen des Herrn überhaupt nicht in Ordnung wäre. Sie sah mich ganz verwundert an. Aber an jenem Abend fasste ich den Entschluss, keinen Sex mehr zu haben. Sie verstand zwar, was Gott in der Bibel über Sex sagt, aber sie konnte nicht darauf verzichten. Nur meine Liebe zum Herrn und mein neues Leben als wiedergeborener Christ gaben mir die Kraft, an meinem Entschluss festzuhalten. Das einzige Problem war nur, wie lange ich wohl den Versuchungen, in die mich meine Freundin immer wieder führte, widerstehen konnte. Ich merkte, dass sie nicht auf Sex verzichten konnte oder nicht wollte. Sie provozierte mich weiter, um zu sehen, wie ernst es mir mit meinem Entschluss war. Ich sah ein, dass es so nicht mehr weitergehen konnte. Deshalb beschloss ich, mich von ihr zu trennen. Es tat mir sehr Leid. Aber ich wusste, dass es richtig war, so zu handeln.

Nachdem ich so lange an den Sex gebunden gewesen war, um den sich in der Beziehung zu meiner Freundin alles gedreht hatte, dachte ich, dass mir die plötzliche Enthaltsamkeit sehr zu schaffen machen würde. Aber der Herr hat mir wirklich geholfen, mich von dieser «Droge» zu befreien. Heute ist mir bewusst, wie sehr Sex die Menschen versklaven kann. Er ist wie eine Droge, die das Gehirn reizt und fast abhängig macht, wenn er in der falschen Weise ausgelebt wird. Wir sehen überall nackte Haut von Männern und Frauen, und das ist böse, weil es Menschen erregt und zur Sünde verführt. Die Welt verfällt immer mehr der Vergnügungssucht, und sie merkt nicht einmal, welche Folgen das hat.

Ich kenne Leute (Ungläubige), die mir sagen, ich sei verrückt geworden und hätte ja überhaupt keine Ahnung. Auch ich dachte, als ich mich noch nicht bekehrt hatte, dass ich niemals auf Sex verzichten könnte. Aber ich danke dem Herrn von ganzem Herzen für das, was er für mich getan hat. Und zwar dafür, dass er mich frei gemacht hat. Durch ihn habe ich verstan-

den, dass Sex nur der Zuckerguss auf der Torte ist. Zuerst kommt der Tortenboden, dann die Füllung und zuletzt der Zuckerguss. *M. M., 26 Jahre*

Spannungen in der Familie

Ein weiterer negativer Aspekt, den unerlaubter Sex auf sozialer Ebene haben kann, sind Spannungen in der Familie. Wenn man nämlich dadurch sündigt, indem man vorehelichen Sex hat, führt das daraus resultierende Schuldgefühl zu Veränderungen in den familiären Beziehungen.

Sehen wir uns einige der deutlichsten Veränderungen an:

▪ **Verlegenheit.** Das *erste Mal* bringt (wie wir im nächsten Kapitel noch besser sehen werden) grosse und unterschiedliche Emotionen mit sich. Eine davon kann die Verlegenheit den Eltern gegenüber sein, wenn man merkt, nicht mehr dieselbe Person wie vorher zu sein. Wir haben etwas getan, das unser Gewissen (und das der Eltern) als ein unerlaubtes Handeln empfindet. Und nun wissen wir nicht, wie wir mit diesem neuen Bewusstsein umgehen sollen. Wir haben irgendwie ein komisches Gefühl und wissen jetzt nicht recht, wie wir uns verhalten sollen. Zu unserem Selbstschutz reagieren wir manchmal unwillig, wenn man uns fragt, warum wir so sind. Wenn wir verlegen sind, reagieren wir anders, als wenn wir ein ruhiges Gewissen haben. Und das kann zu Problemen in unserer Beziehung zu den Familienangehörigen führen.

▪ **Schuldgefühle.** Wenn man das Vertrauen der Eltern enttäuscht, versucht man das irgendwie wieder gutzumachen. Vor allem aber will man seine Schuld vertuschen. Aber das führt nur dazu, das wir unseren Eltern gegenüber nicht ehrlich sind. In unserem Innern wissen wir das und deshalb werden wir uns auch nicht wie sonst verhalten. Aufmerksame Eltern merken, wenn ihr Kind etwas zu verbergen hat, und früher oder später kommt es auch ans Licht.

Bis es aber soweit ist, werden der Sohn oder die Tochter versuchen, mit ihren Schuldgefühlen so gut wie möglich zu Rande zu kommen.

▪ **Angst vor Konsequenzen.** Konsequenzen hat das Ganze dann, wenn die Eltern dahinter kommen. Sie werden unterschiedlich ausfallen, je nachdem für wie schwerwiegend die Eltern diese Sache einschätzen. Auch die religiösen Überzeugungen der Familie oder das Umfeld, in dem sie lebt, spielen dabei eine Rolle.

▪ **Verlust der Selbstachtung.** Auf dieses Problem werden wir im folgenden Kapitel noch ausführlicher eingehen. Wir wollen an dieser Stelle nur darauf hinweisen, dass das Bewusstsein, eine bekannte Grenze überschritten zu haben, jemanden dazu bringen kann, weniger Achtung vor sich selbst zu haben. Man erkennt dann nämlich, dass man weder in der Lage war, der Situation gewachsen zu sein, noch das Vertrauen, das die Eltern, in einen gesetzt haben, zu schätzen.

■ **Arroganz.** Wenn man anfängt, Sex zu haben, kommt man sich erwachsen vor. Diese Haltung kann die Beziehung zu den Eltern ändern. Man glaubt nämlich, sich nun das Recht auf mehr Freiheit erworben zu haben. Wie schon in Kapitel neun erwähnt wurde, könnte Sex als eine Form der Aufnahme in die Welt der Erwachsenen angesehen werden. In diesem Fall sind der Junge oder das Mädchen der Ansicht, dass die Eltern sich nicht mehr in ihr Privatleben einzumischen haben. Das ist ein grosser Irrtum und zeigt nur, dass wir Menschen im Innersten rebellisch sind.

■ **Falsche Erwartungen.** Vor kurzem sagte mir ein Junge, der vorehelichen Sex hatte, Folgendes: «Meine Eltern müssen einsehen, dass ich jetzt erwachsen bin. Jetzt bin ich an der Reihe, und dabei müssen sie mich unterstützen.» Ich gab ihm zu verstehen, dass das eine falsche Erwartung sei, die in bestimmten Filmen für Jugendliche vertreten wird, wo die Eltern ihren Kindern augenzwinkernd für einige Stunden sturmfreie Bude gewähren. Das ist ein Erziehungsstil, den die Bibel nicht befürwortet. Eine solche Erziehung richtet nur Schaden an, weil sie jedem Wunsch der Kinder nachgibt. Aber Kinder brauchen eine liebevolle und entschiedene Führung, keine Anarchie! Sie müssen erzogen werden *«in der Zucht und Ermahnung des Herrn»* (Eph. 6,4). Man darf von Eltern nicht verlangen, dass sie sündiges Verhalten unterstützen!

Um familiäre Spannungen zu vermeiden, muss es also feste Bezugspunkte geben, die von einer guten Kommunikation zwischen Eltern und Kindern noch gestützt werden.

Kinder, die in Familien aufwachsen, wo offen und ehrlich miteinander geredet wird und wo sie lernen, den Wert und die Würde einer Person zu schätzen, neigen nicht so sehr dazu, frühzeitig Sex zu haben. Wie wir schon in Kapitel acht gesehen haben, kann Sex in manchen Fällen ein Ersatz für fehlende Zuneigung und einen fehlenden Dialog in der eigenen Familie sein.

Wenn wir uns als Christen bezeichnen, dann müssen wir auch in unserem Glauben fest stehen und entsprechend handeln. Wir dürfen uns dann nicht hinter einer falschen Anständigkeit verstecken, unter der sich in bestimmten Fällen auch ernste moralische Probleme verbergen könnten. Setzen wir uns also dafür ein, dass die Familie noch die Keimzelle der Gesellschaft ist, in der die Werte und Grundsätze des wahren Christentums geschützt und fest vertreten werden!

14. Psychische Gründe für das Warten

Im Gegensatz zum Tier ist der Mensch ein geistiges Wesen mit einem moralischen Empfinden.

Die folgenden Worte Jesu geben uns zu verstehen, dass zwischen unseren Gedanken und unseren Handlungen eine eindeutige Beziehung besteht. *«Was aber aus dem Mund herausgeht, kommt aus dem Herzen hervor, und das verunreinigt den Menschen. Denn aus dem Herzen kommen hervor böse Gedanken: Mord, Ehebruch, Unzucht, Diebstahl, falsche Zeugnisse, Lästerungen; diese Dinge sind es, die den Menschen verunreinigen»* (Matth. 15,18–20).

Auf der Grundlage dieser Schriftstelle können wir sagen, dass **wir unsere Handlungen durch das, womit wir unser Denken füttern, verunreinigen können.** Als Mensch ist es uns möglich, Begriffe zu verstehen, abstrakt zu denken und uns philosophische und mathematische Systeme auszudenken. Das ermöglicht uns auch, mit anderen Menschen geistige und emotionale Beziehungen einzugehen. Mit einem Wort, **das Herz bestimmt die Motivationen unserer Handlungen und unserer Entscheidungen.**

Und gerade deshalb müssen wir in besonderer Weise auf unser Herz Acht geben. So ermahnt uns die Bibel, unseren Sinn zu erneuern und zu schützen. *«Mehr als alles, was man sonst bewahrt, behüte dein Herz! Denn in ihm entspringt die Quelle des Lebens»* (Spr. 4,23). Die «Quelle des Lebens» steht für das, was *aus unserem Innern heraus* unser Verhalten, unsere Ziele und die Motivationen unseres Seins und unseres Handelns beeinflusst. Unser Herz und Sinn muss unter die Herrschaft des Geistes kommen. Und zwar von dem Augenblick an, in dem dieser bei unserer Bekehrung in uns Wohnung nimmt (vgl. Joh. 14,17;23).

So gesehen wird die klare Aufforderung, auf unsere Gedanken Acht zu haben, verständlich. *«Ich ermahne euch nun, Brüder, durch die Erbarmungen Gottes, eure Leiber darzustellen als ein lebendiges, heiliges, Gott wohlgefälliges Opfer, was euer vernünftiger Gottesdienst ist. Und seid nicht gleichförmig dieser Welt, sondern werdet verwandelt durch die Erneuerung des Sinnes»* (Röm. 12,1–2). In diesen Versen wird der Zusammenhang zwischen dem *körperlichen* Aspekt, der sich darin zeigen muss, dass wir mit unserem Körper gemäss Gottes Geboten umgehen, und der Erneuerung unseres *Sinnes* deutlich. Nur durch ein Ausrichten auf das, was Gott wohlgefällig ist, sind wir in der Lage, «unsere Leiber darzustellen als ein lebendiges Opfer».

«Deshalb umgürtet die Lenden eurer Gesinnung, seid nüchtern und hofft völlig auf die Gnade» (1. Petr. 1,13). Die Bewahrung unserer Gedanken ist

noch wirkungsvoller, wenn der Wille darin geschult wird, den biblischen Lehren gemäss zu handeln. Jakobus schreibt dazu: *«Wer nun weiss, Gutes zu tun, und tut es nicht, dem ist es Sünde»* (Jak. 4,17). Es hat überhaupt keinen Wert, das Wort Gottes zu kennen, wenn man es nicht auch in seinem Leben umsetzt! *«Wer aber in das vollkommene Gesetz der Freiheit hineingeschaut hat und dabei geblieben ist, indem er nicht ein vergesslicher Hörer, sondern ein Täter des Werkes ist, der wird in seinem Tun glückselig sein»* (Jak. 1,25). Das bedeutet, dass der Gehorsam gegenüber Gottes Geboten (durch einen *erneuerten* und *zum Handeln bereiten* Geist) eine grosse innere Erfüllung bringt, die sich auf die verschiedenen Bereiche des praktischen Lebens auswirkt (*«der wird in seinem Tun glückselig sein»*).

Alle diese Aufforderungen zeigen uns, dass das Herz der eigentliche Mittelpunkt der menschlichen Natur ist. Es bestimmt, wem wir gehorchen wollen: Gott oder uns selbst und damit der Sünde.

Wir dürfen nicht vergessen, dass auch unsere Gedanken dem Gericht Gottes unterliegen: *«Denn das Wort Gottes ist lebendig und wirksam und schärfer als jedes zweischneidige Schwert und durchdringend bis zur Scheidung von Seele und Geist, sowohl der Gelenke als auch des Markes, und ein Richter der Gedanken und Gesinnungen des Herzens»* (Hebr. 4,12). Das Wort Gottes richtet auch die Absichten unseres Herzens, denn *«der HERR prüft die Herzen»* (Spr. 21,2) und *«kennt sie»* (Luk 16,15). Wir müssen deshalb wachsam sein, um nicht der grossen Anziehung, die Sex auf uns ausübt, zu unterliegen, und zwar sowohl Sex *vor* als auch *ausserhalb* der Ehe.

So gibt es also auch im psychischen Bereich sehr gute Gründe, um bis zur Ehe auf sexuellen Verkehr zu verzichten.

Sehen wir uns einige davon an.

Vergleichssyndrom

Wir sagten bereits, dass Jugendliche heute sehr stark einer Vielzahl von Reizen sexueller Art ausgesetzt sind. In Shows, Filmen, Zeitungen werden Lebensmodelle gezeigt, die fast immer die Realität gesunder zwischenmenschlicher Beziehungen verzerren: Frauen, die immer bereit sind und unbedingt Sex haben wollen; Männer, die von einer Frau zur anderen wechseln; Ehebrüche, moralischer Verfall, Verdorbenheit, oberflächliche Gefühle.

Die ständige Konfrontation mit solchen Vorbildern lässt Normen für sexuelles Verhalten entstehen, die zu *Bezugsmodellen* werden. Diese wiederum werden schnell zu einer Vergleichsgrösse, mit der sich die Mehrheit der Jugendlichen messen muss. Zumindest glauben sie das.

Wenn wir uns mit einem Standard messen, der für höher als unser eigener angesehen wird, führt das bei uns zum *Vergleichssyndrom,* wie die

Psychologen es nennen. Es verursacht grosse Angst bei dem, der daran leidet. Man fühlt sich nämlich sehr oft nur angenommen für das, was man tut, nicht aber für das, was man ist. Das ist die Falle des *Leistungsdenkens,* also jenes inneren Drangs, unbedingt beweisen zu wollen, dass wir in der Lage sind, das zu tun, von dem wir *glauben,* die anderen würden es von uns erwarten. Oft aber bestehen die Erwartungen anderer uns gegenüber nur in unseren Köpfen. In Wirklichkeit muss das gar nicht so sein.

Im Grunde ist das ein Problem des Angenommenseins. Das Bedürfnis, von den anderen akzeptiert zu werden, ist eines der tiefsten Bedürfnisse des Menschen. Das Traurige daran ist nur, dass wir dafür oft zu allem bereit sind.

Viele Mädchen lassen sich auf Sex ein, nur weil sie Angst haben, sonst nicht akzeptiert oder von ihrem Freund verlassen zu werden. Barbara, 18 Jahre, meint dazu: «Einige meiner Freundinnen haben mit ihren Partnern nur deshalb geschlafen, um ihnen einen Gefallen zu tun. Jetzt müssen sie allerhand in Kauf nehmen, weil sie Angst haben, verlassen zu werden und keinen mehr zu finden, der sie liebt.»[1]

Wenn wir uns an den von den Medien geschaffenen Vorbildern orientieren, wird der Vergleich noch problematischer und entwürdigender. Dort wird uns nämlich geistig (aber auch körperlich) sehr viel abverlangt, um mit unserem Bezugsmodell Schritt halten zu können. Wir müssen also bei der Wahl der Vorbilder, an denen wir uns orientieren möchten, sehr vorsichtig sein: *«Denn wir wagen nicht, uns gewissen Leuten von denen, die sich selbst empfehlen, beizuzählen oder gleichzustellen; aber da sie sich an sich selbst messen und sich mit sich selbst vergleichen, sind sie unverständig»* (2. Kor. 10,12). **Christen brauchen biblische Vorbilder!**

Die Angst, es im sexuellen Bereich mit bestimmten weltlichen Standards nicht aufnehmen zu können, kann mehr Frustrationen hervorrufen, als man vielleicht glaubt.

Wenn wir konsequent als Christen leben, dann dürfen wir uns weder vom Denken dieser Welt[2], noch von den Erwartungen, die sie an uns hat, beeinflussen lassen. Wir dürfen der Welt nicht in die Falle gehen, indem wir

---

[1] Giuseppe Sabino, *op. cit.,* S. 146. Man beachte, dass die in diesem Buch enthaltenen Erlebnisberichte von Jugendlichen stammen, die weder gläubig sind, noch eine bestimmte geistliche Überzeugung haben, was Sex vor der Ehe betrifft. Aber ihre Gefühle zeigen, dass es auf seelischer Ebene ganz eindeutig emotionale Verletzungen gibt. Damit bestätigt sich das, wovon auf diesen Seiten die Rede ist: Es geht nicht darum, vorehelichen Sex nur aufgrund einer Glaubensüberzeugung als Sünde anzusehen, sondern auch deshalb, weil *die Realität* zeigt, wie viele negative Folgen er haben kann.

[2] Ich möchte an dieser Stelle darauf hinweisen, dass mit *Welt* jenes von der Sünde beherrschte Denk- und Wertesystem gemeint ist, das von unbekehrten Menschen akzeptiert und vertreten wird, mit all den sich daraus ergebenden Konsequenzen (Unreinheit, Begierde, trügerische Leidenschaften, etc.). Es ist nicht nur eine Art, die Realität, die uns umgibt, auf der Grundlage geistlicher Hinweise aus der Bibel zu interpretieren. Es ist auch eine Feststellung der Geschehnisse, die sich um uns herum ereignen.

uns an ihren Vergleichsmassstäben messen. Denken wir nur einmal an das Volk Israel. Die Israeliten hatten angefangen unter dem Vergleichssyndrom zu leiden. Das zeigt sich darin, dass ihr Wunsch nach einem König vom Vergleich mit den anderen Völkern herrührte: *«Da versammelten sich alle Ältesten von Israel und kamen zu Samuel nach Rama. Und sie sagten zu ihm: '... Nun setze doch einen König über uns, damit er über uns Richter sei, wie es bei allen Nationen ist'»* (1. Sam. 8,4–5).[3]

Die ständig wiederkehrende Sünde des Götzendienstes in der Geschichte dieses Volkes hat gezeigt, wohin diese Anpassung führte.

Der Anhaltspunkt für einen Christen muss das Wort Gottes sein und nicht die Massstäbe oder Prinzipien einer von der Sünde beherrschten Welt.

Denken wir daran, dass die Basis einer tiefen und gesunden Liebesbeziehung zuallererst im *geistlichen, emotionalen* und *geistigen* Bereich liegen muss. Die *körperliche* Intimität ist bei aller Bedeutung, die ihr zukommt, nur eine *Folge,* aber keine *Voraussetzung!*

Schuldgefühle

Viele psychologische Schulen lehren, dass bei der Persönlichkeitsentwicklung Schuldgefühle auszuschalten sind. Nach dem Verständnis dieser Schulen würden viele innere Störungen dadurch hervorgerufen, dass ein Mensch die Last eines Urteils auf sich fühlt, wenn er etwas tut, von dem er weiss, dass es falsch ist. Man wird sich bewusst, etwas Schlechtes getan zu haben, und deshalb empfindet man Scham oder Unbehagen.

Da es das Ziel der Psychotherapie ist, dem Menschen zu helfen, seine emotionalen Hemmungen zu überwinden, wird das Schuldgefühl nun zum Hindernis, wenn es der vollständigen Selbstverwirklichung im Wege steht. Es muss also verschwinden. Wie? Ganz einfach: Man leugnet die Schuld, schwächt die Tragweite einer Sache ab oder macht andere für das eigene Handeln verantwortlich.[4]

Der biblische Gedanke der Sünde und die Notwendigkeit der Busse sollen ganz aus dem menschlichen Denken verschwinden. Auf diese Weise nimmt man aber der Predigt der Apostel ihre Kernaussage, die ganz eindeutig ist: *«Tut Busse, und jeder von euch lasse sich taufen auf den Namen Jesu*

---

[3] Interessant ist dabei, dass der Herr diesen eventuellen Wunsch seines Volkes schon im 5. Buch Mose 17,14 vorausgesagt hatte.

[4] Das ist eine uralte Strategie. Schon Adam versuchte nach dem Sündenfall die persönliche Verantwortung von sich zu weisen, indem er Eva direkt und Gott selbst indirekt die Schuld daran gab: *«Und Gott sprach: 'Hast du etwa von dem Baum gegessen, von dem ich dir geboten habe, du solltest nicht davon essen?' Da sagte der Mensch: 'Die Frau, die du mir zur Seite gegeben hast, sie gab mir von dem Baum ...'»* (1. Mose 3,11–12).

Christi zur Vergebung eurer Sünden (…) So tut nun Busse und bekehrt euch, dass eure Sünden ausgetilgt werden» (Apg. 2,38 und 3,19).

Was nun den sexuellen Bereich betrifft, schlagen Psychologie und die moderne Moral vor, die eigenen Triebe und Wünsche als normalen Ausdruck einer Sexualität anzusehen, die nach verschiedenen Möglichkeiten sucht, um mithilfe des eigenen Körpers den grösstmöglichen Lustgewinn zu erzielen. Auch die Homosexualität wird immer häufiger unter diesem Gesichtspunkt gesehen.[5]

Der Ansatz vieler psychologischer Schulen hat allmählich und zu einem grossen Teil die Schuldgefühle aus moralischen Überlegungen herausgelöst. Für einen Christen sind dagegen Schuldgefühle ein Warnsignal, das Gott uns in seiner unendlichen Weisheit ins Herz gelegt hat. Wir sollten ihm dafür dankbar sein, denn es hilft uns, zu unterscheiden, ob bestimmte Handlungen richtig sind oder nicht.

Wenn ein unverheiratetes Paar, das sich als gläubig bezeichnet, trotzdem anfängt, miteinander Sex zu haben, wird es gewöhnlich versuchen, es vor den Eltern und auch vor den Gemeindegliedern zu verbergen. Warum? Weil es weiss, dass es sündigt.

Giuseppina, 16 Jahre alt, bekennt: «Meine Familie weiss nichts davon. Wenn sie es wüsste, wäre das mein Ende. Und das macht alles noch viel schwieriger …»[6]

Das Gewissen schickt uns eindeutige Signale. Das Problem ist nur, dass wir es oft mit Erfolg betäuben, sodass es uns nicht mehr plagen kann. Und heute ist uns die Welt dabei auch noch sehr behilflich.

Wie eine im Jahr 1974 durchgeführte Untersuchung zeigte, gaben 86 % der unverheirateten Frauen, die zum Psychologen gingen, an, dass sie sexuellen Verkehr hätten und ihr grösstes Problem das damit verbundene Schuldgefühl sei.[7] Das bedeutet, dass wir, unabhängig von unserer Glaubensüberzeugung, das Wissen um Falsch und Richtig in uns tragen. Wenn wir Christen sind und ein Gebot Gottes übertreten, fühlen wir daher umso mehr eine Last auf unserem Herzen. Deshalb kann eine Liebesbeziehung, in der es Schuldgefühle gibt, nicht auf geistlicher und emotionaler Ebene vertieft werden.

---

[5] Trotzdem werden in der Psychiatrie, unabhängig von moralischen Bewertungen, gewalttätige Äusserungen einer veränderten und perversen Sexualität als Störungen bezeichnet.

[6] Giuseppe Sabino, *op. cit.*, S. 132.

[7] Vgl. Elizabeth Whelan, in ihrem Buch *Sex and Sensibility* aus dem Jahr 1974, zitiert von Josh McDowell und Dick Day in *Why Wait? What you need to know about the teen sexuality crisis,* Here's Life Publishers, California, 1987, S. 257.

Gott will uns auch von den *emotionalen* Folgen der Sünde befreien. Mit seinem Gebot, keinen Sex ausserhalb der Ehe zu haben, will er uns von den seelischen Folgen eines solchen unerlaubten Tuns schützen.

Gefühlschaos

Ein junges Paar, das schon vor der Ehe miteinander Sex hat, ist in den meisten Fällen *emotional,* auf jeden Fall aber in *geistlicher* Hinsicht unreif. Es wurde ausserdem schon betont, dass Jugendliche oft *Sex* mit *Liebe* verwechseln und *körperliche* Intimität schon für *gefühlsmässige* Intimität halten.

Diese Verwechslung kann zu Problemen in der Beziehung führen, weil sie oft auf Erwartungen beruht, die nicht erfüllt werden. So kann zu bestimmten Zeiten ein grösseres Bedürfnis nach Zuneigung da sein. Aber dieses Verlangen wird dann in falscher Weise gestillt. Die körperliche Ebene kann nicht alle Bedürfnisse eines Menschen befriedigen, schon gar nicht, wenn es um innere Bedürfnisse geht. Das führt zu Frustrationen, die sich auf die Beziehung eines jungen Paares auswirken. Die Gefühle, die man füreinander empfindet, können sich verändern, weil keiner versteht, was er wirklich braucht.

Der Sex macht nur einen Teil einer Beziehung zwischen zwei Menschen aus. Er allein genügt nicht, damit ein Paar darin die volle Erfüllung findet. Es war schon die Rede davon, dass eine Beziehung, die nur auf sexueller Anziehung beruht, nicht länger als 3 bis 5 Jahre hält. Dann ist sie vorbei, weil alle anderen, wichtigeren Aspekte fehlen, um ein Leben lang eine feste Beziehung, wie die Ehe eine sein muss, weiterzuführen.

Antonella, 19 Jahre, erinnert sich: «Ich war sein Lustobjekt. Alles andere war zweitrangig: meine Gefühle, meine Empfindungen (...). Das Gefühl, das ich nach unserem ersten Zusammensein und nach all den weiteren Begegnungen hatte, war immer das einer inneren Leere».[8] «Ich war überhaupt nicht glücklich. Ich weiss nicht wieso, aber ich fühlte mich benutzt. Nur er war zufrieden. Ich dachte, einen grossen Fehler gemacht zu haben. (...) Jedes Mal wenn wir Sex hatten, war ich mit meinen Gedanken woanders. Ich kann mir das auch nicht erklären ...»[9]

Wenn die Beziehung aus ist

Wenn die Beziehung zwischen zwei Jugendlichen in die Brüche geht, wird dieses Gefühlschaos, das durch unerlaubten und unreifen Sex noch verstärkt

---

[8] Giuseppe Sabino, *op. cit.,* S. 138–139.

[9] *ebd.,* S. 132

wird, sich auch auf eine spätere Beziehung auswirken. «Manchmal habe ich Gewissensbisse und bin voller Zweifel: Wenn unsere Beziehung eines Tages vorbei sein sollte, was würde ich dann zu meinem neuen Freund sagen und wie würde ich mich ihm gegenüber verhalten? Und wenn er wüsste, dass ich nicht mehr Jungfrau bin, würde er mich dann für eine halten, die mit jedem ins Bett geht?» (Adele, 18 Jahre).[10]

Wenn sich ein junges Paar in sexueller Hinsicht rein hält, kann es, selbst wenn die Beziehung in die Brüche gehen sollte, diese Situation mit einem ruhigen Gewissen und ohne Groll oder Reue bewältigen. Es hätte sich in diesem Fall nämlich nichts vorzuwerfen. Und es gäbe auch keine belastenden Erinnerungen an sexuelle Sünden. Deshalb könnten die beiden auch weiterhin Freunde bleiben.

Wenn sie aber körperlich intim geworden sind, wird alles viel schwieriger. Dann zeigt es sich nämlich, dass es überhaupt nicht leicht ist, Freunde zu bleiben und sich bei anderen Zusammentreffen ungezwungen zu geben (z. B. wenn sie in der Nähe wohnen oder in dieselbe Jugendgruppe gehen).

Eine Beziehung zu beenden, wenn man schon Sex miteinander hatte, ist eine sehr schlimme emotionale Erfahrung, die ungeahnte seelische Spuren hinterlassen kann. Auf gedanklicher Ebene wird es immer wieder Vergleiche und Gewissensbisse geben, die zu Enttäuschung, Angst, Frustrationen, emotionalen Verletzungen, Zukunftsängsten und Misstrauen, sich selbst und anderen gegenüber, führen können.

Die Reaktion auf bestimmte traumatische Erlebnisse ist nicht bei allen gleich. Denn jeder Mensch empfindet und reagiert anders, je nachdem wie sehr er an der in die Brüche gegangenen Beziehung gefühlsmässig und körperlich beteiligt war.

«Nachdem wir uns getrennt haben, ging es mir sehr schlecht, weil ich mich ihm ganz hingegeben hatte. Ich sah ein, dass es ein Fehler gewesen war. Ich war überhaupt noch nicht bereit dazu, als ich es tat. Ich war voller Gewissensbisse und dachte, einem neuen Freund nun gar nichts mehr geben zu können. Ich hatte Angst, dass keiner mich mehr wollte. Ich hatte ein wirklich schlechtes Gewissen!» (Federica, 16 Jahre).[11]

Wenn der Herr uns auffordert, keinen unerlaubten Sex zu haben, will er, dass wir *frei von jeder Erinnerung an unerlaubte sexuelle Erfahrungen sind. Sie würden nur unseren Geist belasten und unsere Gedanken und Beziehungen zu anderen Menschen, vor allem aber unsere Beziehung zu Gott trüben.*

---

[10] *ebd.*, S. 120.

[11] *ebd.*, S. 125.

Selbstbild und Selbstwertgefühl

Jeder von uns macht sich ein Bild von sich selbst anhand dessen, was wir von uns denken, aber auch anhand dessen, was andere über uns sagen oder denken. Schon von klein auf bilden wir uns eine Meinung über unsere Person und unseren Wert. Unser Leben lang empfangen wir zahlreiche Signale, die unser Selbstbild stärken oder schwächen können. Wenn wir ermutigt und geschätzt werden, wird unser Selbstwertgefühl steigen. Aber wenn wir Ablehnung, negative Kritik oder Spott erfahren, ist das ein ziemlicher Schlag für unsere Selbstachtung.

Keiner will abgelehnt werden, sondern jeder möchte geschätzt und geliebt werden. Jeder von uns möchte für irgendjemanden wichtig sein. Wenn wir die Gedanken und das Herz eines anderen ausfüllen, dann haben wir das Gefühl, im siebten Himmel zu sein.

In einer Liebesbeziehung ist so etwas ganz selbstverständlich. Aber es ist eine Medaille mit zwei Seiten. Es kann nämlich sein, dass *gerade der Wunsch, geschätzt und akzeptiert zu sein, zu einem Fallstrick werden kann.*

Es ist möglich, dass man dem Verlangen des Partners nach sexuellem Verkehr sehr oft nur deshalb nachgibt, weil man Angst hat, ansonsten die Achtung des Partners zu verlieren. Man hat Angst, verlassen zu werden, wenn man die Wünsche des anderen nicht erfüllt. Darin zeigt sich ganz deutlich, worauf eine solche Beziehung in Wirklichkeit beruht: nämlich auf *Egoismus, sexuellem Begehren* und *fehlender Rücksichtnahme.*

Egoistisch sind in einem solchen Fall beide Partner: einerseits der, der zum Sex drängt, weil er nur *seine* fleischliche Begierde stillen will. Andererseits ist aber auch der Partner, der dem Verlangen nachgibt, egoistisch, weil er es nur tut, um nicht allein gelassen zu werden. Auch er sieht den anderen nur im Zusammenhang mit den *eigenen* Zielen.

Wer zu unerlaubtem Sex drängt und bei Verweigern unterschwellig damit droht, den anderen zu verlassen, zeigt, dass er den Partner nur für selbstsüchtige Zwecke benutzen will. Er beweist damit aber auch, dass er nur wenig Achtung und Wertschätzung für den Partner übrig hat.

Die Selbstachtung eines Menschen kann, wenn er sich zunächst sexuell nicht hingeben will, dann aber doch dem Verlangen des Partners nachgibt, auf mindestens zweifache Weise Schaden davontragen:

- *Wenn das Selbstwertgefühl eines Menschen davon abhängt, was sein Partner von ihm hält.* Hier wird die Konfrontation vermieden, weil man sich für den Schwächeren hält und Angst hat, den Partner zu verlieren. In diesem Fall, um ein entsprechendes Selbstbild aufrechtzuerhalten, gibt man dem Verlangen des anderen nach, weil man denkt, der Partner wird einen dafür umso mehr schätzen. Später merkt man aber, dass man seine eigenständige Persönlichkeit mehr und mehr verliert. So wird man sich gezwungen sehen, ständig jedem Verlangen nachzugeben. Das führt zu einer immer geringeren Selbstachtung. Hier besteht die Gefahr, dass der eigene Körper zu einer Tauschware wird. Es ist gerade so, als würde der Partner sagen: «Ich liebe dich und akzeptiere dich, wenn du mit mir ins Bett gehst.» Das Angenommensein hängt also vom sexuellen Nutzen ab, den der andere daraus zieht.

■ *Wenn das Selbstwertgefühl von dem Bild abhängt, das jemand von sich selber hat, unabhängig davon, was der Partner denkt.* Wenn jemand fest davon überzeugt ist, dem Verlangen des Partners nicht nachgeben zu wollen, kann er auch für eine lange Zeit zu dieser Entscheidung stehen. Wenn aber der Partner nicht lockerlässt (und dabei vielleicht verschiedene Strategien anwendet), dann könnte es sein, dass man letztlich doch nachgibt und zum Sex bereit ist. In diesem Fall würde das Selbstbild einen schweren Schlag erleiden, weil man erkennt, nicht so stark gewesen zu sein, wie man dachte. Um diesen emotionalen Schmerz zu kompensieren, könnte man sich einreden, es am Ende auch selbst gewollt zu haben. Aber dieser Selbstbetrug kann zu einer tiefen Enttäuschung führen.

Wir haben schon gesehen, dass vorehelicher Sex und gefühlsmässige Unausgeglichenheit direkt in Zusammenhang miteinander stehen können. Ist Sex die Grundlage für die Selbstsicherheit und Selbstachtung, so wird dadurch die Entwicklung anderer Fähigkeiten behindert. *Wenn der Sex ausschlaggebend für das Selbstwertgefühl ist, dann wird er bald zum einzigen Mittel, um die eigene Identität zu festigen.* Auf diese Weise wird man – und ich sage es noch einmal – nicht für das, was man *ist,* sondern für das, was man *tut,* geliebt und akzeptiert.

Auch in der Ehe kann es zu einer solchen Entwicklung kommen. Verheiratete sind vor derartigen seelischen Erpressungen nicht gefeit. Aber dieses Problem ist noch um vieles grösser, wenn man schon vor der Heirat Sex miteinander hatte. Der Sex ausserhalb der Ehe wird in einem unpassenden Rahmen ausgelebt, dem die so wichtige Grundlage geistlicher und seelischer Sicherheit fehlt. Diese Art von Sicherheit kann sich aber nur bei einer dauerhaften Verpflichtung und in einer rechtmässig geschützten Atmosphäre entwickeln.

Es ist klar, dass die negativen Auswirkungen auf das eigene Selbstbild nicht sofort erkennbar sind. Sie werden sich aber nach einiger Zeit zeigen. Auch im Fall, dass man später heiratet.

Wenn der Herr anordnet, vor der Ehe keinen Sex zu haben, so will er uns dadurch auch vor einem *seelischen* Trauma bewahren, das wir *uns selbst* wegen unseres Ungehorsams seinen Geboten gegenüber zufügen. *«Und ich habe getan, was böse ist in deinen Augen; damit du im Recht bist mit deinem Reden, rein erfunden in deinem Richten»* (Ps. 51,6).

Reife

Das Leben ist ein ständiger Wachstumsprozess (nicht nur körperlich, sondern auch geistig, intellektuell und geistlich). Es ist ein beständiges Sich-Aneignen von Informationen, Gedanken und Erfahrungen. Daraus ergibt sich der Wissens- und Erfahrungsschatz, den jeder von uns mit sich herumträgt.

Die Entwicklung der *Reife* ist Teil dieses Prozesses. Die Reife zeigt, *wie* diese Entwicklung verläuft, und weist auf unseren persönlichen Wachstumsstand hin.

Es geht dabei nicht nur um einen *kognitiven* Prozess, d. h. es reicht z. B. nicht, zu beweisen, dass man Goethes Faust auswendig kennt. Reife ist das Ergebnis *vieler Faktoren* und sie wird mit dem Sich-Aneignen von Elementen erreicht, die uns zeigen, ob wir in der Lage sind, Entscheidungen für unser Leben zu treffen oder nicht; ob wir in der Lage sind, uns Ziele zu stecken und eine Strategie zu entwickeln, um diese Ziele zu erreichen oder nicht; ob wir in der Lage sind, unsere Reaktionen unter Kontrolle zu halten oder nicht. Reife zeigt sich also auch durch *Selbstbeherrschung, Gehorsam* und *Geduld.*

Jugendliche sind noch unreif, weil sie nicht in der Lage sind, mit ihren Gefühlen umzugehen. Sie wollen sich erwachsen fühlen. Und um diesen Anschein zu erwecken, greifen sie zur Zigarette oder haben Sex. Sie merken gar nicht, dass sie dabei ein gefährliches Terrain betreten. Auf diesem Terrain werden sie es aber früher oder später mit vielen von den Problemen zu tun bekommen, die auf diesen Seiten behandelt werden.

Die Reife eines unverheirateten Paares zeigt sich darin, dass es keinen sexuellen Verkehr hat.

Zu warten, bis man verheiratet ist, um ein gemeinsames Sexualleben zu beginnen, ermöglicht es, eine solide Basis für eine gesunde und reife Beziehung zwischen einem Jungen und einem Mädchen zu schaffen. Es ist viel schwieriger, über die eigenen Gefühle zu reden (vor allem für einen Mann) als miteinander zu schlafen. Für den Sex sind keine besonderen Fähigkeiten erforderlich. Aber eine gute Kommunikation zwischen den Partnern (auch auf geistlicher und emotionaler Ebene) will gut geübt sein.

Die Reife des Christen liegt genau darin, das zu verstehen.

Es gibt nur ein «erstes Mal»

Wenn man anfängt, Sex zu haben, erinnert man sich in der Regel ein Leben lang an das *erste Mal,* weil es auf jeden Fall ziemlich emotionsgeladen sein wird. Die damit verbundenen Gefühle werden nämlich dazu beitragen, die Erinnerung daran ganz besonders in unser Gedächtnis einzuprägen.

Wir Menschen erinnern uns im Allgemeinen leichter an Ereignisse, bei denen unsere Sinne stimuliert wurden und der Adrenalinstoss höher war. Es ist sogar erwiesen, dass sich Männer (in einigen Fällen aber auch Frauen) oft ohne Schwierigkeiten auch noch nach Jahren an Details beim sexuellen Verkehr erinnern. Aber nicht immer fallen ihnen die Namen der Person ein, mit der sie Sex hatten.

Aus diesem Grund ist auch das *erste Mal* so wichtig. Und es ist eine Freude, diese Erfahrung mit dem Menschen zu teilen, an den man sich in der Ehe lebenslang bindet. Man muss deshalb mit einer gegenseitigen und eindeutigen Reife dahin gelangen und erst nachdem man sich – vor Gott und den Menschen – durch die Ehe aneinander gebunden hat.

Diese Erfahrung trägt dazu bei, die Verbindung zu festigen, denn man macht gemeinsam eine für beide neue Erfahrung. *Das Gebot Gottes, die Sexualität für die Ehe aufzubewahren, will uns auch helfen, diese tiefe und vollkommene Beziehung mit dem Menschen, mit dem wir den Rest des Lebens verbringen werden, herzustellen.*

Die Entscheidung, bis zur Ehe zu warten, ist für Verlobte ein Zeichen von Liebe, das sie noch viel enger aneinander bindet.

Der folgende Bericht stammt von einem jungen gläubigen Paar, das jetzt glücklich miteinander verheiratet ist und inzwischen auch ein Kind hat. Ich veröffentliche ihn mit Erlaubnis der beiden.

Als wir eine feste Freundschaft eingingen, waren wir noch nicht bekehrt. Nach einiger Zeit haben wir mit Petting angefangen. Und von dort war es nur noch ein kleiner Schritt, bis wir richtig Sex miteinander hatten.

Das ging einige Monate so dahin, bis wir bei einer evangelistischen Veranstaltungsreihe mit Jugendlichen ins Gespräch kamen, die von Gott in einer für uns völlig neuen Art und Weise sprachen. Sie betonten die Wichtigkeit, eine persönliche Beziehung zu Jesus Christus zu haben und ein neues Leben zu empfangen. Meine Freundin und ich wurden neugierig und so nahmen wir weiter an diesen Treffen teil. Schon bald nahmen wir beide den Herrn an. Der Leiter der christlichen Gemeinde, die wir regelmässig zu besuchen begannen, zeigte uns anhand der Bibel, dass wir durch unser Verhalten in Sünde lebten, weil Gott Sex ausserhalb der Ehe verbietet. Am Anfang waren wir darüber ein bisschen wütend, denn unserer Meinung nach taten wir ja nichts Böses. Wir liebten uns und wollten uns unsere Liebe auch auf körperlicher Ebene beweisen.

Mit der Zeit erkannten wir aber, dass unser Gemeindeleiter Recht hatte und dass wir, wenn wir konsequent als Christen leben wollten, auch eine klare Entscheidung treffen mussten.

So beschlossen wir, bis zur Ehe keinen Sex mehr miteinander zu haben. Es war ein Entschluss, von dem wir dachten, wir würden darunter leiden.

Aber der Herr gab uns die Kraft, jeder Versuchung zu widerstehen. Wenn wir zusammen waren, ermutigten wir uns gegenseitig, stark zu sein und Geduld zu haben. Das war die beste Zeit unserer Verlobung! Wir sind auf geistlicher und emotionaler Ebene wirklich bereichert worden. Unsere Beziehung, von der wir dachten, sie sei schon stabil, wurde dadurch noch tiefer.

Nach ungefähr zwei Jahren heirateten wir. Wir können nur sagen, dass wir, als wir wieder miteinander schliefen – aber nun als Mann und Frau – das Gefühl hatten, wieder unberührt zu sein. Der Herr hatte unser Herz neu gemacht. Und der in der Ehe ausgelebte Sex wurde wirklich ein Geschenk und eine Art Segen für unsere Ehe.

Wir können sagen, dass wir «Glück hatten», weil keiner von uns beiden vorher andere Partner gehabt hatte. Aber wir denken voll Traurigkeit an all die Jugendlichen, die so leichtfertig ihr «erstes Mal» mit jemandem erleben, der vielleicht nur der Erste von vielen ist. Wie viele fremde Erinnerungen werden sie wohl in eine eventuelle spätere Ehe mitbringen?

In unserem kurzen Erfahrungsbericht haben wir unsere Sünde nicht verschwiegen und auch nicht unsere Reue darüber, sie begangen zu haben. Gott hat uns vergeben. Aber wenn wir noch einmal von vorne anfangen könnten, würden wir uns nicht mehr in sexuelle Sünden hineinziehen lassen. Wir beten, dass durch diese Zeilen viele Jugendliche ermutigt werden, auf ihre Unberührtheit Acht zu haben, um sie nur dem Menschen zu schenken, den sie einmal heiraten. Auf diese Weise werden sie selbst die Erfahrung machen, wie wichtig und wahr Gottes Gebote sind. *R. und M.*

In diesem Bericht wurde eine Frage gestellt: «Wie viele *fremde Erinnerungen* werden sie wohl in eine eventuelle spätere Ehe mitbringen?» Wenn der Herr uns dazu auffordert, unsere Sexualität erst in der Ehe auszuleben, tut er dies, um *unseren Geist zu schützen.* Unsere sündigen Erfahrungen beeinflussen nämlich unsere Gedanken durch Erinnerungen und Assoziationen, die unsere Seele betreffen.[12]

Das Wort Gottes ordnet an, dass *«Die Ehe in allem ehrbar sei, und das Ehebett unbefleckt! Denn Unzüchtige und Ehebrecher wird Gott richten»* (Hebr. 13,4). Untreue gibt es sowohl in der Ehe als auch vorher. Gott befiehlt

---

[12] Die Assoziationen unserer Seele oder unseres Geistes sind ein Produkt unseres Denkens. Sie kommen zustande, wenn der Anblick eines bestimmten Gegenstandes oder eines Bildes, das Einatmen eines Duftes oder das Hören eines Liedes uns an etwas erinnert, das nicht direkt mit dem in Zusammenhang steht, was wir gesehen oder gehört haben. Assoziationen schaffen wir in unserem Kopf, weil wir z. B. ein besonderes Gefühl hatten, als wir ein bestimmtes Lied hörten. Wenn wir später dieses Lied hören, werden uns wieder die Situation und die Empfindungen einfallen, die wir dabei verspürten. Ein besonderer Duft wird uns wieder an die Person oder die Umgebung denken lassen, in der wir ihn zum ersten Mal eingeatmet haben, etc.

uns, die Ehe von äusseren Einflüssen oder Erinnerungen an andere Personen rein zu halten. Wenn das Sexualleben zwischen einem Mann und einer Frau dann beginnt, wenn sie miteinander verheiratet sind, dann sind die Assoziationen in körperlicher und seelischer Hinsicht, die gemeinsamen Erinnerungen, die Erfahrungen, Entdeckungen, die Vertiefung der Beziehung, etc. Elemente, die zu einer starken Verbindung führen. Auch für die geistliche Ebene hat das Vorteile.

Das Warten, um das *erste Mal* dem Ehepartner zu weihen, als einzigartiges Geschenk, wird mit zahlreichen Segnungen auf jeder Ebene des Ehelebens belohnt. Wer aber dagegen *die Dinge überstürzen* will und sich aus *Egoismus* nicht um die Bedeutung solcher Lehren kümmert, wird nur sich selbst und dem anderen Schmerz zufügen.

«Er fragte mich nicht, ob es mir weh tat oder schön war, oder vielleicht beides zugleich. In jenem Augenblick gab es für ihn nichts anderes als meinen Körper … ich empfand Reue und Wut … ihm schienen meine Gefühle ganz egal zu sein» (Felicia, 18 Jahre).[13]

«Ich hatte ein Gefühl der Leere in mir, so als ob jemand in meinen Körper gekommen wäre und mir etwas genommen hätte, das mir gehörte. Und was am schlimmsten ist: der, selbst wenn er es wollte, es mir niemals mehr hätte zurückgeben können» (Giuliana, 19 Jahre).[14]

«Es störte mich sehr, wie er sich verhielt: Für mich war es sehr wichtig gewesen, für ihn zählte es vielleicht gar nicht … Noch heute sehne ich mich nach meinem ersten Mal, das ich gerne zu zweit erlebt hätte» (Silvia, 20 Jahre).[15]

Liebst du deinen Partner oder deine Partnerin wirklich?

Dann denk darüber nach.

Ist es das wert, alles kaputt zu machen, nur weil man nicht warten kann?

«Besser, wer seinen Geist beherrscht, als wer eine Stadt erobert (…) Eine aufgebrochene Stadt ohne Mauer, so ist ein Mann ohne Selbstbeherrschung» (Spr. 16,32 und 25,28).

---

[13] Giuseppe Sabino, *op. cit.,* S. 48.

[14] *ebd.,* S. 22.

[15] *ebd.,* S. 68.

15. Geistliche Gründe für das Warten

Wir dürfen ein sehr wichtiges biblisches Prinzip der Bibel nie vergessen: **Sünde hat immer Konsequenzen.** Die Bibel lässt daran gar keinen Zweifel. Die Realität zeigt, dass früher oder später jeder, der bewusst Gottes Gebote übertritt, den Preis dafür bezahlen muss.

Aber Gott liebt uns und lässt uns nicht ohne Hoffnung.

Wir müssten jetzt eigentlich schon eingesehen haben, dass der Herr uns den Sex ausserhalb der Ehe aus einer Reihe von Gründen verbietet, die unseren Körper, unsere Seele und unsere Beziehungen zu anderen Menschen betreffen.

In diesem Kapitel wollen wir uns die *geistlichen* Gründe ansehen, die uns dazu bewegen, auf die Ehe zu warten, um dort unsere Sexualität in der richtigen Weise auszuleben.

Führer oder Manipulanten?

Wir sprachen davon, dass sexuelle Reinheit eine Möglichkeit ist, um unsere Achtung vor dem Partner auszudrücken und um seine Würde und seinen Wert zu bestätigen. Wenn wir in einer Liebesbeziehung, die der Ehe vorausgeht, Enthaltsamkeit im sexuellen Bereich üben, beweisen wir damit, dass wir in der Lage sind, einen anderen Menschen geistlich zu *führen.*

Wenn wir aber auf unerlaubten Sex aus sind, werden wir so zu *Manipulanten.* Wir können niemandem ein Zeugnis *von* der Liebe Gottes und *für* die Liebe Gottes sein, wenn wir ungehorsam sind. Jesus stellt uns dazu eine klare Frage: *«Kann etwa ein Blinder einen Blinden leiten? Werden nicht beide in eine Grube fallen?»* (Luk. 6,39).

Wenn wir uns sexuell rein halten, dann geben wir die Liebe und die Gnade Gottes weiter. Anderenfalls sind wir nur ein Hindernis für uns selbst und für den Menschen, den wir in diese Sünde mit hineinziehen.

In Kapitel 11 dieses Buches haben wir beschrieben, welchen Rahmen Gott vorbereitet hat, damit wir dort unsere Sexualität ausleben können. Es war auch die Rede davon, dass Sex nur im Rahmen der Ehe seinen Platz hat und auch nur dort ein Segen sein kann. Die sexuelle Vereinigung ist erst nach der gesetzlichen Vereinigung gerechtfertigt.

Alles was ausserhalb dieser *Begrenzung* liegt, bezeichnet die Bibel als *Unzucht.*

Was heisst «Unzucht»?

Wir haben gesehen, dass Gott die Ehe hoch in Ehren hält. Ehebruch wird sogar schon in den Zehn Geboten verurteilt (siehe 2. Mose 20,14). Das Urteil, das auf Ehebruch steht, ändert sich im Lauf der Jahrhunderte nie, sodass es auch im Neuen Testament ganz klar heisst: *«Irrt euch nicht! Weder Unzüchtige noch Götzendiener, noch Ehebrecher (…) werden das Reich Gottes erben»* (1. Kor. 6,9–10; vgl. auch Gal. 5,19–21; Eph. 5,5 und Kol. 3,5–6).

Im Allgemeinen ist von *Unzucht* die Rede, wenn *vor*-eheliche Beziehungen gemeint sind, während mit *Ehebruch* der *ausser*-eheliche sexuelle Verkehr bezeichnet wird. In Wirklichkeit steht der Terminus Unzucht (hebräisch *zanah* und griechisch *porneia*) für eine ganze Reihe unerlaubter und unreiner sexueller Handlungen (vgl. 3. Mose 18), zu denen Prostitution (vgl. 3. Mose 19,29), eheliche Untreue (vgl. Matth. 19,9), Inzest (vgl. 1. Kor. 5,1) und Homosexualität (vgl. Jud. 7) gehört.

Es ist wichtig, daran zu denken, dass im Alten Testament **Unzucht ein Scheidungsgrund war.** In einem Gespräch mit den Pharisäern erinnert der Herr Jesus an diese Möglichkeit. *«Mose hat wegen eurer Herzenshärtigkeit euch gestattet, eure Frauen zu entlassen; von Anfang an aber ist es nicht so gewesen. Ich sage euch aber, dass, wer immer seine Frau entlässt, ausser wegen Hurerei, und eine andere heiratet, Ehebruch begeht»* (Matth. 19,8–9; vgl. auch 5,32).

Aus diesen Stellen geht klar hervor, dass Unzucht, d. h. unerlaubter Sex, ein triftiger Grund für eine Scheidung ist.

Die Schwere dieser Sünde wird dann besonders deutlich, wenn man den hohen Wert, den Gott der Ehe beimisst, bedenkt. Im ursprünglichen Plan des Schöpfers war sie als unauflösliche Verbindung gedacht. Leider musste Gott wegen der Herzenshärte der Menschen die Scheidung erlauben. Aber er sorgte hier für eine klare Regelung und griff die *Unzucht* als legales Element heraus, um eine Scheidung zu erlauben.

Unzucht als Scheidungsgrund bezog sich auch auf den sexuellen Verkehr vor der Ehe. Die folgende Schriftstelle zeigt das sehr gut:

«Wenn ein Mann eine Frau nimmt und zu ihr eingeht, und er hasst sie und legt ihr Taten zur Last, die sie ins Gerede bringen, und bringt sie in schlechten Ruf und sagt: 'Diese Frau habe ich genommen und mich ihr genaht und habe die Zeichen der Jungfrauschaft nicht an ihr gefunden!' Dann soll der Vater der jungen Frau und ihre Mutter die Zeichen der Jungfrauschaft der jungen Frau nehmen und zu den Ältesten der Stadt ins Tor hinausbringen. Dann soll der Vater der jungen Frau zu den Ältesten sagen: 'Ich habe meine Tochter diesem Mann zur Frau gegeben, und er hasst sie. Und siehe, er legt ihr Taten zur Last, die sie ins Gerede bringen, indem er sagt: ‹Ich habe an deiner Tochter die Zeichen der Jungfrauschaft nicht gefunden!› Dies hier sind nun die Zeichen der Jungfrauschaft meiner Tochter'. Und sie sollen das Tuch vor den Ältesten der Stadt ausbreiten. Und die Ältesten jener Stadt sollen den Mann nehmen und ihn züchtigen. Und sie sollen

ihm eine Geldbusse von hundert Schekel Silber auferlegen und sie dem Vater der jungen Frau geben, weil er eine Jungfrau in Israel in schlechten Ruf gebracht hat. Und sie soll weiterhin seine Frau sein; er kann sie nicht entlassen alle seine Tage. Wenn aber jene Sache Wahrheit gewesen ist, die Zeichen der Jungfrauschaft sind an der jungen Frau nicht gefunden worden, dann sollen sie die junge Frau hinausführen an den Eingang des Hauses ihres Vaters, und die Männer ihrer Stadt sollen sie steinigen, dass sie stirbt, weil sie eine Schandtat in Israel verübt hat, zu huren im Haus ihres Vaters. Und du sollst das Böse aus deiner Mitte wegschaffen» (5. Mose 22,13–21).

Einige Kapitel weiter finden wir eine ähnliche Stelle: *«Wenn ein Mann eine Frau nimmt und sie heiratet und es geschieht, dass sie keine Gunst in seinen Augen findet, weil er etwas Anstössiges an ihr gefunden hat und er ihr einen Scheidebrief geschrieben, ihn in ihre Hand gegeben und sie aus dem Haus entlassen hat ...»* (5. Mose 24,1). Es ist sehr wahrscheinlich, dass mit *etwas Anstössiges* sexuelles Handeln *vor* der Ehe oder ein unmoralisches Verhalten *nach* der Heirat gemeint ist. Jedenfalls wird Unzucht immer verurteilt.

In beiden Schriftstellen gibt es einige wichtige Aspekte.

- Es wurde vorausgesetzt, dass man unberührt in die Ehe ging.
- War eine Frau keine Jungfrau mehr (was ein Beweis für sexuellen Verkehr vor der Ehe war), so war das ein triftiger Grund, sich scheiden zu lassen, *obwohl Gott Scheidung hasst* (vgl. Mal. 2,16). Gerade dieser Aspekt des Gesetzes sollte uns, angesichts der Abneigung Gottes gegen Scheidung, zum Nachdenken über die Schwere dieser Sünde bringen.[1]
- Vorehelicher sexueller Verkehr wird als *schändliches Treiben* bezeichnet und mit Prostitution gleichgesetzt. Es handelt sich nicht zwangsläufig um Prostitution aus Erwerbszwecken, denn eine unverheiratete Frau, die sexuelle Beziehungen hatte, wurde als Prostituierte angesehen, egal, ob sie dafür Geld bekam oder nicht.
- Unzucht wurde mit dem Tod bestraft.[2]

---

[1] Die Unberührtheit der Frau lässt sich leichter nachweisen als die des Mannes. Deshalb gibt es in der Bibel auch keine so ausdrücklichen Hinweise auf die Unberührtheit des Mannes. Man darf jedoch nicht vergessen, dass jede Schriftstelle, die die Unzucht verurteilt, sowohl Männer als auch Frauen betrifft. Was die Bedeutung männlicher Unberührtheit betrifft, kann vor allem folgender Abschnitt angeführt werden: *«Denn Honig träufeln die Lippen der Fremden,* [also jeder Frau, die sexuellen Verkehr ausserhalb der Ehe hat, Anm. d. Autors] *und glatter als Öl ist ihr Gaumen; aber zuletzt ist sie bitter wie Wermut, scharf wie ein zweischneidiges Schwert. Ihre Füsse steigen hinab zum Tod, auf den Scheol halten ihre Schritte zu. Damit du auf den Pfad des Lebens nur nicht achtgibst, sind unstet ihre Bahnen, und du erkennst es nicht. Nun denn, ihr Söhne, hört auf mich und weicht nicht ab von den Worten meines Mundes! Halte fern von ihr deinen Weg und komm ihrer Haustür nicht nah! Sonst gibst du anderen deine Lebensblüte und deine Jahre einem Grausamen»* (Spr. 5,3–9)

[2] Es ist klar, dass heute nicht mehr zu diesen drastischen Mitteln gegriffen wird, denn mit dem Kommen Jesu beginnt die Zeit der Gnade. Trotzdem haben bestimmte *geistliche* Prinzipien in Bezug auf die Sünde auch heute immer noch ihre Gültigkeit (s. weiter unten).

■ Vorehelicher sexueller Verkehr wird daher als eine schwer wiegende Sünde angesehen. Wie schon erwähnt, erlaubt Gott die Scheidung – obwohl er sie hasst – dann, wenn sich herausstellt, dass es sexuellen Verkehr vor der Ehe gab.

Bestraft wurde auch sexueller Verkehr, mit dem beide einverstanden gewesen waren. In diesem Fall musste der Mann dem Vater des Mädchens eine Entschädigung bezahlen und das Mädchen auf der Stelle heiraten.

«Wenn ein Mann ein Mädchen trifft, eine Jungfrau, die nicht verlobt ist, und ergreift sie und liegt bei ihr, und sie werden dabei angetroffen: dann soll der Mann, der bei ihr lag, dem Vater des Mädchens fünfzig Schekel Silber geben, und es soll seine Frau werden, weil er ihr Gewalt angetan hat; er kann sie nicht entlassen all seine Tage» (5. Mose 22,28–29). Auch im 2. Buch Mose finden wir eine ähnliche Vorschrift: *«Wenn jemand eine Jungfrau betört, die nicht verlobt ist, und liegt bei ihr, muss er sie sich gegen das Heiratsgeld zur Frau erwerben. Falls sich ihr Vater hartnäckig weigert, sie ihm zu geben, soll er Geld abwiegen nach dem Heiratsgeld für Jungfrauen»* (2. Mose 22,15–16).

Es ist interessant, dass 5. Mose 22,28–29 dem Verführer vorschreibt, diese Frau nie mehr fortzuschicken, d. h. sich nie mehr von ihr scheiden zu lassen, weil er Schuld an ihrer Schmach trägt. Da sie nämlich nicht versucht hatte, sich zu wehren (wie in dem in den Versen 25–27 geschilderten Fall),[3] hat sie sich mit Unzucht befleckt, was der Prostitution gleichkommt. Hätte nun derjenige, der ihr ihre Unschuld genommen hatte, sie nicht auch geheiratet, hätte sie keinen anderen Mann mehr gefunden, der bereit gewesen wäre, sie zur Frau zu nehmen.[4]

Das Kommen Jesu verändert die *moralische* und *geistliche* Bewertung der Unzucht nicht im Geringsten. Im Gegenteil, er verschärft das *Gesetz* sogar noch.

[3] *«Wenn ein Mädchen, eine Jungfrau, einem Mann verlobt ist, und es trifft sie ein Mann in der Stadt und liegt bei ihr, dann sollt ihr sie beide zum Tor jener Stadt hinausführen und sie steinigen, dass sie sterben: das Mädchen deshalb, weil es in der Stadt nicht geschrien hat, und den Mann deshalb, weil er der Frau seines Nächsten Gewalt angetan hat. Und du sollst das Böse aus deiner Mitte wegschaffen. Wenn aber der Mann das verlobte Mädchen auf dem Feld trifft, und der Mann ergreift sie und liegt bei ihr, dann soll der Mann, der bei ihr gelegen hat, allein sterben. Aber dem Mädchen sollst du nichts tun, das Mädchen hat keine Sünde begangen zum Tode. Diese Sache ist vielmehr so, wie wenn ein Mann sich erhebt gegen seinen Nächsten und ihn totschlägt. Denn er hat sie auf dem Feld angetroffen. Das verlobte Mädchen schrie, aber niemand war da, der es rettete»* (5. Mose 22,23–27).

[4] Hier zeigt sich, in welcher Weise diese Vorschriften auf den rechtlichen und wirtschaftlichen Schutz des Schwächeren, nämlich der Frau, eingehen. Der Mann, der ein Mädchen entehrt hatte, war verpflichtet, sie zu heiraten. Denn in der jüdischen Gesellschaft jener Zeit blieb einer jungen entehrten Frau in den meisten Fällen nur die Prostitution, um für ihren Unterhalt sorgen zu können. Dadruch, dass Mann gezwungen war, die Frau zu heiraten, die er entehrt hatte, war ihr Lebensunterhalt gesichert.

«Meint nicht, dass ich gekommen sei, das Gesetz oder die Propheten aufzulösen; ich bin nicht gekommen, aufzulösen, sondern zu erfüllen. Denn wahrlich, ich sage euch: Bis der Himmel und die Erde vergehen, soll auch nicht ein Jota oder ein Strichlein von dem Gesetz vergehen, bis alles geschehen ist. Wer nun eins dieser geringsten Gebote auflöst und so die Menschen lehrt, wird der Geringste heissen im Reich der Himmel; wer sie aber tut und lehrt, dieser wird gross heissen im Reich der Himmel. Denn ich sage euch: Wenn nicht eure Gerechtigkeit die der Schriftgelehrten und Pharisäer weit übertrifft, so werdet ihr keinesfalls in das Reich der Himmel hineinkommen. (…) Ihr habt gehört, dass gesagt ist: 'Du sollst nicht ehebrechen!' Ich aber sage euch, dass jeder, der eine Frau ansieht, sie zu begehren, schon Ehebruch mit ihr begangen hat in seinem Herzen. Wenn aber dein rechtes Auge dir Anlass zur Sünde gibt, so reiss es aus und wirf es von dir! Denn es ist dir besser, dass eins deiner Glieder umkommt und nicht dein ganzer Leib in die Hölle geworfen wird» (Matth. 5,17–20,27–29).

Mit dem Neuen Testament bricht die Zeit der Gnade an. Deshalb wird auch die Übertretung von Gesetzen, die sexuelle Unreinheit betrafen, nicht mehr mit dem Tod bestraft (vgl. 3. Mose 18 und 20,10–22). Das Urteil über die Unzucht ändert sich aber nicht. Es geht nicht mehr um eine Bestrafung mit dem körperlichen Tod, sondern mit dem geistlichen Tod, der das Urteil Gottes über die Sünde ist. Denn *«Unzüchtige werden das Reich Gottes nicht erben»*.

Während des Apostelkonzils in Jerusalem, das gerade deshalb einberufen wurde, um die neutestamentliche Entwicklung einiger lehrmässiger Aspekte des Alten Testaments zu untersuchen, kamen die Apostel zu einigen Schlussfolgerungen, die beachtet werden mussten. Darunter findet sich auch die Folgende: *«… dass sie sich enthalten von der Unzucht»* (Apg. 15:20). Das bedeutet also, dass sich die moralische Beurteilung dieser Sünde nicht geändert hat. Im Gegenteil, in seinem Brief betont Judas die Schwere dieser Sünde, indem er sich auf ein sehr weit zurückliegendes Ereignis bezieht, dessen Folgen aber in die Ewigkeit reichen: *«… wie auch Sodom und Gomorra und die umliegenden Städte, die in gleicher Weise wie sie Unzucht trieben und hinter fremdem Fleisch herliefen, als ein Beispiel vorliegen, indem sie die Strafe des ewigen Feuers erleiden»* (Jud. 7).

Auch der Apostel Paulus nimmt fast in jedem seiner Briefe Bezug auf die geistliche Gefahr der Unzucht: *«Unzucht aber und alle Unreinheit oder Habsucht sollen nicht einmal unter euch genannt werden, wie es Heiligen geziemt; auch Unanständigkeit und albernes Geschwätz und Witzelei, die sich nicht geziemen, stattdessen aber Danksagung. Denn dies sollt ihr wissen, dass kein Unzüchtiger oder Unreiner oder Habsüchtiger – er ist ein Götzendiener – ein Erbteil hat in dem Reich Christi und Gottes»* (Eph.

5,3–5). *«Tötet nun eure Glieder, die auf der Erde sind: Unzucht, Unreinheit, Leidenschaft, böse Begierde und Habsucht, die Götzendienst ist! Um dieser Dinge willen kommt der Zorn Gottes über die Söhne des Ungehorsams»* (Kol. 3,5–6). *«Denn dies ist Gottes Wille: eure Heiligung, dass ihr euch von der Unzucht fernhaltet, dass jeder von euch sich sein eigenes Gefäss in Heiligung und Ehrbarkeit zu gewinnen wisse, nicht in Leidenschaft der Begierde wie die Nationen, die Gott nicht kennen»* (1. Thess. 4,3–5).

Die Bibel sieht Unzucht als ein Werk des Fleisches an, das in krassem Gegensatz zur Frucht des Geistes steht: *«Offenbar aber sind die Werke des Fleisches; es sind: Unzucht, Unreinheit, Ausschweifung (…). Die Frucht des Geistes aber ist: Liebe, Freude, Friede, Langmut, Freundlichkeit, Güte, Treue, Sanftmut, Enthaltsamkeit. Gegen diese ist das Gesetz nicht gerichtet. Die aber dem Christus Jesus angehören, haben das Fleisch samt den Leidenschaften und Begierden gekreuzigt. Wenn wir durch den Geist leben, so lasst uns durch den Geist wandeln!»* (Gal. 5,19–25).

Gott in unserem Körper verherrlichen

Zum Abschluss dieses Kapitels wollen wir noch auf eine Schriftstelle eingehen, in der die *geistliche Seite der Unzucht* betont wird.

«Alles ist mir erlaubt, aber nicht alles ist nützlich. Alles ist mir erlaubt, aber ich will mich von nichts beherrschen lassen. Die Speisen sind für den Bauch und der Bauch für die Speisen; Gott aber wird sowohl diesen als auch jene zunichte machen. Der Leib aber ist nicht für die Hurerei, sondern für den Herrn, und der Herr für den Leib. Gott aber hat den Herrn auferweckt und wird auch uns auferwecken durch seine Macht. Wisst ihr nicht, dass eure Leiber Glieder Christi sind? Soll ich denn die Glieder Christi nehmen und zu Gliedern einer Hure machen? Das sei ferne! Oder wisst ihr nicht, dass, wer der Hure anhängt, ein Leib mit ihr ist? 'Denn es werden', heisst es, 'die zwei ein Fleisch sein'. Wer aber dem Herrn anhängt, ist ein Geist mit ihm. Flieht die Unzucht! Jede Sünde, die ein Mensch begehen mag, ist ausserhalb des Leibes; wer aber Unzucht treibt, sündigt gegen den eigenen Leib. Oder wisst ihr nicht, dass euer Leib ein Tempel des Heiligen Geistes in euch ist, den ihr von Gott habt, und dass ihr nicht euch selbst gehört? Denn ihr seid um einen Preis erkauft worden. Verherrlicht nun Gott mit eurem Leib!» (1. Kor. 6,12–20).

Dieser Abschnitt führt uns zu einigen wichtigen Überlegungen:

- Die Aussage *«Alles ist mir erlaubt, aber nicht alles ist nützlich»*, zeigt uns die grosse Freiheit des Christen. Aber sie muss im Zusammenhang mit einer anderen Stelle gelesen werden: *«Nur gebraucht nicht die Freiheit als Anlass für das Fleisch»* (Gal. 5,13). Paulus stellt nämlich klar, dass der Gläubige sich *«von nichts beherrschen lassen soll»*.

■ Wir gehören dem Herrn mit unserem ganzen Sein. Also nicht nur unser Geist, denn *«der Leib ist für den Herrn und der Herr für den Leib ... eure Leiber sind Glieder Christi»*. Es geschieht durch den Körper, dass wir auf dieser Erde *«Gott verherrlichen»* können. Mit unserem physischen Körper bringen wir nämlich konkret das zum Ausdruck, was in unserem Geist ist.
■ Der Hinweis auf das *«Anhängen der Hure, um ein Leib mit ihr zu sein»* beschränkt sich nicht nur auf käuflichen Sex, also mit einer Frau, die dafür Geld nimmt. Wir haben bereits festgestellt, dass nach biblischer Sicht jede Frau, die ausserhalb der Ehe unerlaubten Sex hat, geistlich gesehen *wie* eine Prostituierte ist (vgl. 5. Mose 22,21). Wir haben deshalb guten Grund anzunehmen, dass dieser Abschnitt sich auf alle Arten der Unzucht bezieht – jene von unverheirateten Paaren eingeschlossen.
■ Unser Körper ist *«der Tempel des Heiligen Geistes»*. Um die Tragweite einer solchen Aussage besser verstehen zu können, müssen wir uns einige Dinge vor Augen halten. Aus dem zweiten Buch Mose wissen wir, dass die Stiftshütte der Ort war, an dem Gott wohnte: *«Und sie sollen mir ein Heiligtum machen, damit ich in ihrer Mitte wohne»* (2. Mose 25,8). Später sehen wir, dass der Tempel die Stiftshütte als den von Gott gewählten Ort ersetzt, um inmitten seines Volkes zu wohnen: *«Und das Wort des HERRN geschah zu Salomo, indem er sprach: 'Was dieses Haus betrifft, das du baust, so sollst du wissen: Wenn du in meinen Ordnungen lebst und meine Rechtsbestimmungen tust und alle meine Gebote bewahrst, dass du in ihnen lebst, dann werde ich dir mein Wort aufrechterhalten, das ich zu deinem Vater David geredet habe. Und ich werde mitten unter den Söhnen Israel wohnen und werde mein Volk Israel nicht verlassen!'»* (1. Kön. 6,11–13).

Sowohl in der Stiftshütte (vgl. 2. Mose 26,31–33) als auch im Tempel Salomos (vgl. 2. Chr. 3,14), war die Gegenwart Gottes durch einen Vorhang abgetrennt. Dieser Vorhang trennte das Heilige vom Allerheiligsten. Im Allerheiligsten befand sich die Bundeslade, welche die Gegenwart Gottes symbolisierte (vgl. 2. Mose 25,21–22 und 1. Kön. 6,19). In das Allerheiligste, d. h. in die Gegenwart Gottes, durfte nur der Hohepriester einmal im Jahr kommen (vgl. 2. Mose 30,10 und Hebr. 9,7).

Das Neue Testament sagt uns, dass dieser Vorhang, der uns von der Gegenwart Gottes trennte, durch der Opfertod Jesus Christi am Kreuz zerrissen wurde. Sein Blut gibt uns die Freiheit, direkt zum Thron Gottes zu kommen. *«Und es war schon um die sechste Stunde; und es kam eine Finsternis über das ganze Land bis zur neunten Stunde, da sich die Sonne verfinsterte; der Vorhang des Tempels aber riss mitten entzwei. Und Jesus rief mit lauter Stimme und sprach: 'Vater, in deine Hände übergebe ich meinen Geist!' Und als er dies gesagt hatte, verschied er»* (Luk. 23,44–46). *«Da wir nun, Brüder, durch das Blut Jesu Freimütigkeit haben zum Eintritt in das Heiligtum, den er uns eröffnet hat als einen neuen und lebendigen Weg durch den Vorhang – das ist durch sein Fleisch …»* (Hebr. 10,19–20).

Seit damals wird der Tempel Gottes nicht mehr mit einem Gebäude identifiziert. Er besteht vielmehr aus jedem einzelnen wiedergeborenen Christen, dessen Körper zum Allerheiligsten geworden ist – weil vom Blut Christi gereinigt wo Gott Wohnung genommen hat. *«Jesus sagte zu ihnen: 'Der Geist der Wahrheit … bleibt bei euch und wird in euch sein. (…) Wenn jemand mich liebt, so wird er mein Wort halten, und mein Vater wird ihn lieben, und wir werden zu ihm kommen und Wohnung bei ihm machen'»* (Joh. 14,17;23).

Sind wir uns also des Werkes Christi bewusst?

Können wir begreifen, wie wichtig wir in seinen Augen sind?

Wenn wir wiedergeboren sind, dann hat er uns zu seiner Wohnung gemacht. Dürfen wir dann unseren Körper (also den Tempel Gottes) dazu benutzen, um mit jemand anderem ausserhalb der Ehe eins zu werden und so Gottes Gebot übertreten?

Wäre das die richtige Weise, um Gott mit unserem Körper zu ehren und zu verherrlichen?

«Keine Versuchung hat euch ergriffen
als nur eine menschliche;
Gott aber ist treu, der nicht zulassen wird,
dass ihr über euer Vermögen versucht werdet,
sondern mit der Versuchung
auch den Ausgang schaffen wird,
sodass ihr sie ertragen könnt.»
(1. Kor. 10,13)

TEIL 4
LERNEN, MIT SEINEM VERLANGEN UMZUGEHEN

16. Wie sich die Versuchung auf geistiger und seelischer Ebene äussert

Erlaubtes und unerlaubtes Verlangen

Die Bibel sagt uns, dass es erlaubtes und unerlaubtes Verlangen gibt. Unser Verlangen ist rechtmässig, wenn es im richtigen Rahmen und mit der richtigen Herzenshaltung zum Ausdruck kommt. Es kann sich sowohl auf den geistlichen Bereich als auch auf den irdischen Bereich beziehen. *«Ob ihr nun esst oder trinkt oder sonst etwas tut, tut alles zur Ehre Gottes»* (1. Kor. 10,31). Hier wird betont, dass für uns Christen oberstes Ziel sein muss, Gott mit unserem Leben zu ehren.

Rechtmässiges Verlangen bezieht sich auf das, was Gott geschaffen hat. *«Denn jedes Geschöpf Gottes ist gut und nichts ist verwerflich, wenn es mit Danksagung genommen wird; denn es wird geheiligt durch Gottes Wort und durch Gebet»* (1. Tim. 4,4–5). Das lässt vermuten, dass Christen in der Lage sind, durch das Lesen von Gottes Wort und durch ein konsequentes Gebetsleben ein bestimmtes Unterscheidungsvermögen darüber zu entwickeln, ob ihr Verlangen rechtmässig ist oder nicht.

Denselben Hinweis finden wir auch noch in einem anderen sehr wichtigen Vers. *«Und habe deine Lust am HERRN, so wird er dir geben, was dein Herz begehrt»* (Ps. 37,4).

Wir können also sehen, wo unsere Verantwortung beim Umgang mit unserem Verlangen liegt.

- *Erstens:* den Willen Gottes durch das Studieren seines Wortes und im Gebet suchen.
- *Zweitens:* die Gemeinschaft mit dem Herrn hilft uns, Wünsche zu haben, die seinem Willen entsprechen.
- *Drittens:* wir können unsere Wünsche vor Gott bringen, die durch die richtige Einstellung geläutert worden sind. Sie besteht darin, Gott mit unserem Körper verherrlichen zu wollen (1. Kor. 6,20).

Auf diese Weise können wir erkennen, wo die Grenze zwischen erlaubtem und unerlaubtem Verlangen liegt.

Die Bibel spricht von der Freiheit des Christen. Man darf aber bestimmte Bibelstellen nicht dazu benutzen, um in sie etwas hineinzuinterpretieren, das in Wirklichkeit gar nicht gemeint ist. Es ist zweifellos von einer grossen Freiheit des Christen die Rede. Aber diese Freiheit muss in dem neuen Leben in Christus ihren Ausdruck finden, und nicht in der Befriedigung unseres eigenen fleischlichen Verlangens. *«Alles ist mir erlaubt, aber nicht alles ist nützlich. Alles ist mir erlaubt, aber ich will mich von nichts beherrschen lassen. Die Speisen sind für den Bauch und der Bauch für die Speisen; Gott aber wird sowohl diesen als auch jene zunichte machen. Der Leib aber ist nicht für die Hurerei, sondern für den Herrn»* (1. Kor. 6,12–13).

Letzten Endes wird die Trennlinie zwischen erlaubtem und unerlaubtem Verlangen dort gezogen, wo sich das Wollen des Fleisches vom Wollen des Geistes unterscheidet. *«Denn ihr seid zur Freiheit berufen worden, Brüder. Nur gebraucht nicht die Freiheit als Anlass für das Fleisch (...) Ich sage aber: Wandelt im Geist, und ihr werdet die Begierde des Fleisches nicht erfüllen. Denn das Fleisch begehrt gegen den Geist auf, der Geist aber gegen das Fleisch; denn diese sind einander entgegengesetzt, damit ihr nicht das tut, was ihr wollt»* (Gal. 5,13;16–17).

Deshalb ermahnt uns die Bibel, geistliche Wünsche zu haben: *«Eifert aber um die grösseren Gnadengaben!»* (1. Kor. 12,31) und *«Sinnt auf das, was droben ist, nicht auf das, was auf der Erde ist!»* (Kol. 3,2).

Im Gegensatz dazu werden wir aufgefordert: *«Du sollst nicht das Haus deines Nächsten begehren. Du sollst nicht begehren die Frau deines Nächsten, noch seinen Knecht, noch seine Magd, weder sein Rind noch seinen Esel, noch irgendetwas, was deinem Nächsten gehört»* (2. Mose 20,17). *«... dich zu bewahren vor der Frau des Nächsten, vor der glatten Zunge der Fremden. Begehre nicht in deinem Herzen ihre Schönheit»* (Spr. 6,24–25).

Was die sexuellen Wünsche betrifft, sagten wir schon, dass in der Ehe das Verlangen nach körperlicher Intimität mit dem Ehepartner erlaubt ist. Denn es äussert sich in dem von Gott für das Ausleben der eigenen Sexualität vorgesehenen Rahmen. *«Entzieht euch einander nicht, es sei denn nach Übereinkunft eine Zeitlang, damit ihr euch dem Gebet widmet und dann wieder zusammen seid, damit der Satan euch nicht versuche, weil ihr euch nicht enthalten könnt»* (1. Kor. 7,5).

Vor der Ehe muss dieses Verlangen (auch wenn es aus physiologischer Sicht ganz normal ist) allerdings unerfüllt bleiben. Es besteht hier nämlich noch nicht diese – durch einen Bund bestätigte – Verbindung, die dazu berechtigt, ein solches Verlangen auch zu stillen.

Zuneigung zu empfinden und den Wunsch zu verspüren, mit jemandem des anderen Geschlechts zusammen zu sein, ist völlig normal. Oft hat man dabei auch sexuelle Gedanken. Aber sie müssen unter Kontrolle gehalten werden, damit sie nicht zur Sünde verleiten. Deshalb ist es wichtig, zu *lernen, mit ihnen umzugehen.*

Wir müssen also unser unerlaubtes Verlangen unter Kontrolle halten, um der Versuchung keinen Raum zu geben. Wir dürfen keinen Gedanken nachhängen, die mithilfe der Begierde in uns Wünsche entstehen lassen, die schwer zu kontrollieren sind.

Verlangen, Versuchung und Sünde

Die Versuchung ist ein Prozess, der aus verschiedenen Phasen und Momenten besteht.

Im Allgemeinen *wird eine sexuelle Sünde nicht plötzlich begangen.* Sie entwickelt sich allmählich und fängt mit einem Reiz an. Mit diesem Reiz (der fast immer von aussen kommt) beschäftigen wir uns weiter in unseren Gedanken, bis er zu einer fixen Idee wird. Unser ganzes Denken wird immer mehr vom Gegenstand der Versuchung angezogen und konzentriert sich auf dieses Objekt. Irgendwann fängt man dann an, Strategien zu entwickeln, um das Wirklichkeit werden zu lassen, was bisher nur ein Gedanke war. *Der Gedanke wird zur Tat.*

Zu Beginn des Kapitels 14 wurde schon ausführlich von der Verwundbarkeit des menschlichen Herzens und von der Notwendigkeit, es zu schützen, um Sünde zu verhindern, gesprochen. Hier noch einmal ein wichtiger Vers in diesem Zusammenhang: *«Mehr als alles, was man sonst bewahrt, behüte dein Herz! Denn in ihm entspringt die Quelle des Lebens»* (Spr. 4,23).

Wir wollen nun versuchen, herauszufinden, welcher geistige Prozess abläuft, der dazu führt, dass aus Versuchung Sünde wird. Vor allem wird aber davon die Rede sein, wie wir so etwas verhindern können.

Entstehen und Entwicklung der Versuchung

Was ist Versuchung?

Sie ist Aufforderung zur Sünde. Und Sünde ist das Übertreten von Gottes Gebot. *«Jeder, der die Sünde tut, tut auch die Gesetzlosigkeit, und die Sünde ist die Gesetzlosigkeit»* (1. Joh. 3,4). Sündigen heisst, den eigenen fleischlichen Willen über den Willen Gottes zu stellen.

Die Bibel sagt uns, dass wir nicht deshalb Sünder sind, weil wir sündigen, sondern *wir sündigen, weil wir Sünder sind.* Anders gesagt, wir werden nicht zu Sündern *aufgrund* der begangenen Sünden, sondern wir werden schon mit einer sündigen Natur geboren. D. h. wir sind schon mit dem «Virus» der Sünde angesteckt, das uns Menschen beim Fall Adams eingeimpft wurde.

Die Versuchung macht sich unsere schon zur Sünde angelegte Natur zunutze. So können auch wiedergeborene Christen, obwohl sie in Christus eine neue Schöpfung sind, noch sündigen. Solange wir auf dieser Erde sind, wird unser *Fleisch* die Fähigkeit zu sündigen nicht verlieren. Unser Fleisch bekehrt sich nicht. *«Denn ich weiss, dass in mir, das ist in meinem Fleisch, nichts Gutes wohnt»* (Röm. 7,18). Das Fleisch wird immer im Widerstreit mit dem Geist stehen, was das durch die Versuchung hervorgerufene Verlangen betrifft (vgl. Gal. 5,16–17).

Der *Köder* für die Sünde ist die *Begierde,* die auf gedanklicher Ebene in uns existiert. Man kann sie auch als ein brennendes Verlangen, eine Sehnsucht oder eine starke Lust bezeichnen. Dieses starke Verlangen wird durch etwas hervorgerufen, an dem sich unsere Gedanken entzünden und das sie (die Begierde) auf die Erfüllung dieses Verlangens richtet.

Die Schriftstelle, die diesen *Prozess* sehr gut beschreibt, findet sich im Brief des Jakobus.

«Niemand sage, wenn er versucht wird: 'Ich werde von Gott versucht'. Denn Gott kann nicht versucht werden vom Bösen, er selbst aber versucht niemand. Ein jeder aber wird versucht, wenn er von seiner eigenen Begierde fortgezogen und gelockt wird. Danach, wenn die Begierde empfangen hat, bringt sie Sünde hervor; die Sünde aber, wenn sie vollendet ist, gebiert den Tod» (Jak. 1,13–15).

In diesen Versen sind mindestens *drei Phasen* des dynamischen Prozesses erkennbar, der von der Versuchung zur Sünde führt.

■ Erste Stufe: Das Objekt der Versuchung kommt in unser Blickfeld.

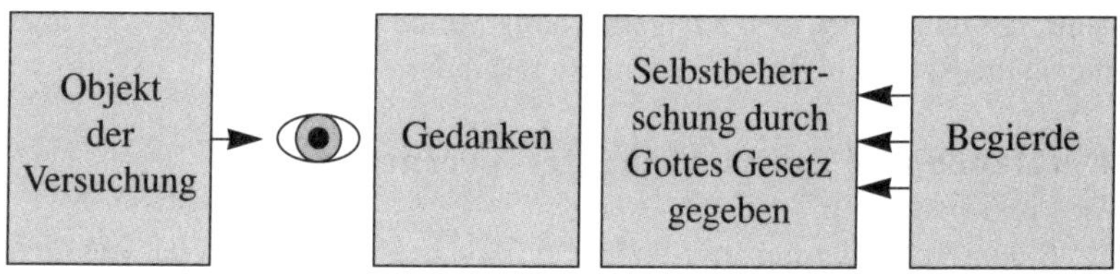

Die *Begierde,* die in unseren Gedanken ist, wird auch als *unterschwellige Möglichkeit zu sündigen* verstanden.

Zwischen diese Möglichkeit und unsere Gedanken schiebt sich die durch Gottes Gesetz gegebene Selbstbeherrschung. Sie schützt die Gedanken und verhindert, dass sie durch die Begierde entzündet werden. Unter *Gottes Gesetz* ist hier das *geistliche Gesetz* zu verstehen, das in das Herz des Menschen, der eine neue Schöpfung geworden ist, eingeschrieben wurde.

Die *Selbstbeherrschung* ist eine Frucht des Heiligen Geistes (vgl. Gal. 5,22). Diese Frucht entsteht im Gläubigen durch die Gemeinschaft mit Christus, durch das Gebet und den Gehorsam gegenüber seinem Wort. Im Wesentlichen ist sie das Ergebnis der Verteidigung und des Schutzes durch die Waffenrüstung, wie sie in Eph. 6,10–17 beschrieben wird.

Wenn wir unsere Gemeinschaft mit dem Herrn pflegen, dann werden wir in der Lage sein, unseren *Willen* dem Willen Gottes unterzuordnen mit dem Ziel, ihn mit unserem Körper zu verherrlichen.

«Oder wisst ihr nicht, dass euer Leib ein Tempel des Heiligen Geistes in

euch ist, den ihr von Gott habt, und dass ihr nicht euch selbst gehört? Denn ihr seid um einen Preis erkauft worden. Verherrlicht nun Gott mit eurem Leib!» (1. Kor. 6,19–20).

Auch wenn die Begierde noch in unserem Fleisch vorhanden ist, so sind die Waffen, mit denen wir sie unter Kontrolle halten können, doch nicht fleischlich. Wenn wir diese geistlichen Waffen einsetzen, stärken wir unsere Willenskraft.

«Denn obwohl wir im Fleisch wandeln, kämpfen wir nicht nach dem Fleisch; denn die Waffen unseres Kampfes sind nicht fleischlich, sondern mächtig für Gott zur Zerstörung von Festungen; so zerstören wir Vernünfteleien und jede Höhe, die sich gegen die Erkenntnis Gottes erhebt, und nehmen jeden Gedanken gefangen unter den Gehorsam Christi» (2. Kor. 10,3–5).

Es ist also eindeutig und unbestritten, dass wir gegen die Versuchung, gerade durch ein beständiges Achtgeben auf unsere Gedanken, ankämpfen können, auch wenn manchmal dieser Kampf schwierig erscheinen mag. Unsere Verantwortung liegt also darin, unsere Gedanken Christus zu unterwerfen.

Jedes von der Bibel nicht erlaubte sexuelle Verlangen – also jedes Verlangen, das zu Unzucht führen könnte – muss daher streng unter Kontrolle gehalten werden. Solange wir fest bei Christus bleiben, wird er uns die Kraft geben, unsere Kämpfe und Versuchungen auszuhalten. *«Gott aber ist treu, der nicht zulassen wird, dass ihr über euer Vermögen versucht werdet, sondern mit der Versuchung auch den Ausgang schaffen wird, sodass ihr sie ertragen könnt»* (1. Kor. 10,13).

■ **Zweite Stufe: Die Verführung schwächt die Selbstbeherrschung und den Willen** *(«die Begierde zieht fort und lockt»)*.

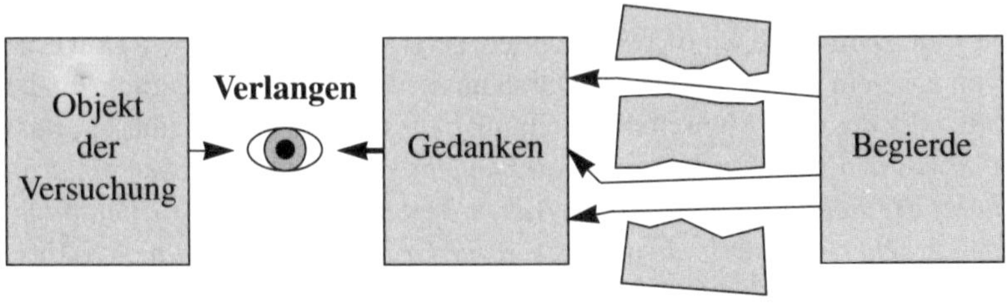

Wenn wir nicht darauf Acht geben, unsere Gedanken durch eine geistliche Beziehung mit Gott und mit der Wahrheit seines Wortes zu schützen, wird es dem Objekt der Versuchung gelingen, den Schild der Selbstbeherrschung zu *durchdringen* (der geschwächt wurde, weil wir angefangen haben, mehr dem Fleisch als dem Geist zu folgen).

Dann nämlich kommt es zu einer gedanklichen Verbindung zwischen der Begierde und unserem Geist. Wir sind nicht mehr in der Lage (oder wollen nicht mehr) *«jeden Gedanken unter den Gehorsam Christi gefangen nehmen»*. Deshalb konzentrieren sich die Gedanken auf das Objekt der Versuchung und verstärken so noch das Verlangen. Die Begierde, die in unserem Fleisch ist, wird nicht mehr von unserem Geist kontrolliert. Deshalb kann sie uns durch unsere Gedanken zu Handlungen verleiten, um dadurch unser Verlangen zu erfüllen. Unser geistlicher *Wille* hat sich vom Gesetz Gottes entfernt und ist geschwächt worden.

Damit befinden wir uns genau in der Lage, die der Apostel Paulus in Römer 7 beschreibt. Der dort aufgezeigte Gegensatz der zwei Arten des Wollens bringt sehr gut den Kampf gegen die Versuchung und die innere Zerrissenheit zum Ausdruck, zu der dieser Kampf manchmal führen kann: *«Ich finde also das Gesetz, dass bei mir, der ich das Gute tun will, nur das Böse vorhanden ist. Denn ich habe nach dem inneren Menschen Wohlgefallen am Gesetz Gottes. Aber ich sehe ein anderes Gesetz in meinen Gliedern, das dem Gesetz meines Sinnes widerstreitet und mich in Gefangenschaft bringt unter das Gesetz der Sünde, das in meinen Gliedern ist»* (Röm. 7,21–23).

Damit wir nicht in diese Zwischenphase der Versuchung und der Sünde geraten, ermahnt uns die Schrift, *«dem Teufel keinen Raum zu geben»* (Eph. 4,27) und uns Gott zu unterwerfen: *«Unterwerft euch nun Gott! Widersteht aber dem Teufel! Und er wird von euch fliehen»* (Jak. 4,7). Die Versuchung hält nicht ununterbrochen an, sondern sie besteht aus einzelnen Momenten. Wir müssen deshalb gegen diese Augenblicke ankämpfen, indem wir unsere Gedanken Christus unterwerfen. Es wird uns dann immer besser gelingen, mit diesem Verlangen umzugehen, das uns zu sexuellen Sünden verleiten will.

In unserem Glaubensleben müssen wir immer wieder Entscheidungen treffen. Daran, wie wir uns entscheiden, zeigt sich, ob wir uns von Gott oder von unserem Ich führen lassen. Durch unser Verhalten wird deutlich, ob der alte oder der neue Mensch die Richtung in unserem Leben angibt: *«... dass ihr, was den früheren Lebenswandel angeht, den alten Menschen abgelegt habt, der sich durch die betrügerischen Begierden zugrunde richtet, dagegen erneuert werdet in dem Geiste eurer Gesinnung und den neuen Menschen angezogen habt, der nach Gott geschaffen ist in wahrhaftiger Gerechtigkeit und Heiligkeit»* (Eph. 4,22–24).

Manche sind der Meinung, dass sie kein Urteil trifft, solange sie eine Sünde nicht mit einer *konkreten* Handlung begehen. Das stimmt nicht! Wir werden aufgefordert, keinen sündigen Gedanken nachzuhängen, weil auch sie unter das Gericht Gottes fallen. *«Denn das Wort Gottes ist lebendig und wirksam und schärfer als jedes zweischneidige Schwert und durchdringend bis zur Scheidung von Seele und Geist, sowohl der Gelenke als auch des Markes, und ein Richter der Gedanken und Gesinnungen des Herzens»* (Hebr. 4,12). Auch Jesus hat in diesem Zusammenhang keinen Zweifel daran gelassen: *«Ihr habt gehört, dass gesagt ist: 'Du sollst nicht ehebrechen!' Ich aber sage euch, dass jeder, der eine Frau ansieht, sie zu begehren, schon Ehebruch mit ihr begangen hat in seinem Herzen»* (Matth. 5,27–28).

Das bedeutet, dass die Heiligkeit Gottes Sünde nicht dulden kann, selbst dann nicht, wenn es nur bei der Absicht bleibt, wir also «nur» in Gedanken sündigen! Wenn wir also konsequent als Christen leben wollen, haben wir die grosse Verantwortung, nicht nur über unsere Handlungen, sondern vor allem auch über unsere Gedanken zu wachen. In diesem Kampf steht uns eine mächtige Waffe zur Verfügung: das Wort Gottes. *«Wodurch hält ein Jüngling seinen Pfad rein? Indem er sich bewahrt nach deinem Wort»* (Ps. 119,9).

■ **Dritte Stufe: Die Gedanken werden zu Taten** *(«die Begierde bringt die Sünde hervor»).*

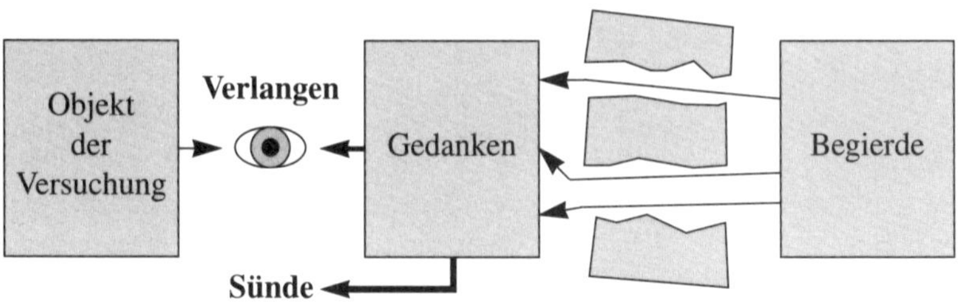

In dieser Phase werden die Gedanken nicht mehr vom Geist kontrolliert. Das Fleisch gewinnt die Oberhand. Die Begierde verleitet die Gedanken dazu, das Verlangen stillen zu wollen. Und so wird der Mensch eine ganze Reihe von Strategien entwickeln und Handlungen vollziehen, um seine Wünsche befriedigen zu können.

Die Versuchung hat ihr Ziel erreicht, wenn es ihr gelingt – durch Einwirken auf einen *schwachen,* von Gottes Gesetz getrennten, *Willen* – ihre sündigen Pläne durch die Erfüllung unerlaubter Wünsche umzusetzen. *«Die Sünde aber, wenn sie vollendet ist, gebiert den Tod»* (Jak. 1,15).

Der *Tod* ist das Ergebnis einer ganzen Reihe falscher Entscheidungen. Abgesehen von den geistlichen Konsequenzen, die die Sünde der Unzucht nach sich zieht, sind auch die Folgen zu bedenken, die den körperlichen, sozialen und seelischen Bereich betreffen. Es handelt sich also nicht nur um eine Art *geistlichen Tod,* sondern das Ganze ist komplexer. In der Sünde zu verharren, führt zu weiteren Problemen, die Auswirkungen auf alle Aspekte im Leben eines Menschen haben.

Die Sünde ist nämlich nicht nur eine *Übertretung,* die im Überschreiten einer Grenze besteht. Sie ist auch eine *Verunreinigung,* die die Gemeinschaft zwischen unserem Geist und Gott unterbricht.[1] Durch diese Trennung sind wir uns selbst, unserem Ich und unseren Leidenschaften ausgeliefert.

Wenn wir in der Sünde verharren, dann müssen wir uns fragen, ob wir wirklich wiedergeborene Christen sind. Der Apostel Johannes betont nämlich, wer in Christus bleibt, *«... sündigt nicht; jeder, der sündigt, hat ihn nicht gesehen noch ihn erkannt. (...) Jeder, der aus Gott geboren ist, tut nicht Sünde, denn sein Same bleibt in ihm; und er kann nicht sündigen, weil er aus Gott geboren ist»* (1. Joh. 3,6;9).

Wir halten uns für Kinder Gottes, aber wir tun Dinge, die unserem himmlischen Vater keine Ehre machen?

Begehen wir weiterhin Sünden im sexuellen Bereich?

Wenn die Antwort darauf «Ja» ist, dann ist es an der Zeit, über unser Leben einmal ehrlich nachzudenken, umzukehren, unsere Sünden zu bereuen und den Herrn zu bitten, uns zu vergeben und uns zu verändern.

[1] Es geht hier nicht um die Frage, ob man das Heil wieder verlieren kann, sondern darum, dass die Sünde eine vollkommene, ungetrübte Gemeinschaft zwischen dem Gläubigen und Gott verhindert. Aus diesem Grund kann das von Christus versprochene geistliche Leben aus der Fülle nicht erfahren werden.

17. Zwei Möglichkeiten, mit sexueller Versuchung umzugehen: David und Josef

Das negative Beispiel Davids

Der Text, auf den hier Bezug genommen wird, steht im *11. Kapitel des zweiten Buchs Samuel.*

In diesem Abschnitt finden wir sehr wichtige Informationen, die uns zu verstehen helfen, wie man mit sexueller Versuchung *nicht* umgehen soll.

Wir werden also versuchen zu erkennen, welchen Verlauf die Gedanken von König David genommen haben, die von der Versuchung zur Sünde führten. Und wir wollen auch herausfinden, welche Faktoren sein Handeln noch begünstigt haben.

■ *«Und es geschah bei der Wiederkehr des Jahres, zur Zeit, wenn die Könige ins Feld ausziehen, da sandte David Joab und seine Knechte mit ihm und ganz Israel aus. Und sie verheerten das Land der Söhne Ammon und belagerten Rabba. David aber blieb in Jerusalem»* (Vers 1).

Die Israeliten waren im Kampf. Aber David führte sein Heer nicht an. Zu anderen Zeiten hätte er nicht darauf verzichtet, sein Heer in den Kampf zu führen. Aber nun blieb er in Jerusalem. In diesem Augenblick kam er seiner Rolle als Führer nicht nach. Er hatte anderen seine Befehlsgewalt auf dem Feld übertragen. Während seine Männer dem Tod ins Auge sahen, war er in seinem königlichen Palast in Sicherheit.

Das ist zweifellos ein trauriges Bild, das der grosse König David hier abgibt! In der Vergangenheit hatte er heldenhafte Taten vollbracht. Schon als junger Mann hatte er seine aussergewöhnlichen Gaben unter Beweis gestellt. Und er hatte sich als tüchtiger und mutiger Feldherr ausgezeichnet. Aber davon ist nun nichts zu merken.

Wo ist Davids Mut geblieben? Wo seine Entschlossenheit? Wo sein Sinn für Verantwortung?

Anscheinend hat ihn das Untätigsein in seinem Palast zum *Müssiggang* verleitet. Das ist eine ganz grosse Gefahr. Wenn man nichts zu tun hat, lässt man seinen Gedanken freien Lauf. Ein altes Sprichwort sagt, dass *Müssiggang aller Laster Anfang ist.* Darin liegt eine grosse Wahrheit. Wenn der Geist untätig ist, dann kann es leicht der Fall sein, dass er anfängt, den Anwandlungen des Fleisches zu folgen und falsche Bedürfnisse entstehen zu lassen.

Wenn wir unseren Aufgaben nicht nachkommen, herrscht in unserem Leben und in unseren Gedanken Unordnung. *Der Müssiggang ist einer der*

Faktoren, durch die man am leichtesten in Sünde fällt. David hat es bewiesen.

■ *«Und es geschah zur Abendzeit, dass David von seinem Lager aufstand und sich auf dem Dach des Königshauses erging»* (Vers 2a).

Sehr oft schafft Müssiggang ein Gefühl des *Unbehagens* und der *inneren Leere.* Das sind zwei Elemente, die einen idealen Nährboden für die Versuchung abgeben. Ich glaube, dass dieser Vers auf eine gewisse, nicht deutlich erkennbare Nervosität Davids hinweist. Er geht, in Gedanken versunken, auf der Terrasse hin und her. Vielleicht macht er sich Sorgen wegen des Krieges, der gerade im Gang ist. Vielleicht ist ihm bewusst geworden, dass sein Platz neben seinem Heer hätte sein müssen, und nicht im Palast. Vielleicht verspürt er ein inneres Unerfülltsein, das ihn unzufrieden mit sich selbst sein lässt. Wahrscheinlich ruft seine Abwesenheit vom Schlachtfeld in ihm eine Art Konflikt hervor, weil er es vorgezogen hatte, im Palast zu bleiben, statt seinen Pflichten nachzugehen.

Natürlich sind das alles nur Vermutungen. Ich bin aber überzeugt, dass sie uns annähernd ein Bild davon geben können, in welcher seelischen Verfassung David sich befand, kurz bevor ihn die Versuchung traf. Auf jeden Fall aber können diese Überlegungen uns selbst eine Hilfe sein, um zu verstehen, dass wir in bestimmten Augenblicken besonders verwundbar sind. **Wenn wir uns dem Müssiggang hingeben und unsere geistlichen Pflichten vernachlässigen, ist es viel eher der Fall, dass dadurch Voraussetzungen geschaffen werden, unter denen uns die Versuchung noch gezielter treffen kann.** Es ist deshalb so wichtig, über unsere Gedankenwelt zu wachen, noch *bevor* die Versuchung eine Bresche schlagen kann!

■ *«Da sah er vom Dach aus eine Frau baden. Die Frau aber war von sehr schönem Aussehen»* (Vers 2b).

Da haben wir es – das Objekt der Versuchung, das in Davids Blickfeld gerät! Es handelt sich dabei nicht nur um *eine Frau,* sondern es heisst, dass sie *eine sehr schöne Frau* war. Dieses Element verstärkt die Versuchung noch. Die Anziehung, die auf Davids Sinne ausgeübt wird, nimmt durch die Schönheit der Frau noch zu. Es ist sehr wahrscheinlich, dass in Davids Kopf die im vorherigen Kapitel beschriebene Verbindung zwischen der Begierde und den Gedanken hergestellt wurde. Dafür spricht, dass er sofort Erkundigungen über die Frau einholte.

■ *«Und David sandte hin und erkundigte sich nach der Frau. Und man sagte ihm: 'Ist das nicht Batseba, die Tochter Eliams, die Frau Urias, des Hetiters?'»* (Vers 3).

König David lässt seinen Gedanken freien Lauf und möchte mehr über diese wunderschöne Frau erfahren. Aber die Frau ist nicht frei. Sie ist mit Uria verheiratet. Das ist einer seiner Soldaten, der treu auf dem Schlachtfeld kämpft, so wie David es befohlen hatte. Dass Batseba die Frau eines anderen ist, bringt David nicht von seinem Vorhaben ab. Er kümmert sich überhaupt nicht um die ethischen und moralischen Grenzen, die diese Situation ihm auferlegt. In seinen Gedanken hat das Verlangen Gestalt angenommen. So beginnt er eine Strategie zu entwickeln, um dieses zu befriedigen.

■ *«Da sandte David Boten hin und liess sie holen. Und sie kam zu ihm, und er lag bei ihr. Sie hatte sich aber gerade gereinigt von ihrer Unreinheit.*[1] *Und sie kehrte in ihr Haus zurück»* (Vers 4).

Der Prozess, der mit der Versuchung (die ein für sie vorbereitetes Herz vorgefunden hatte) begann, wurde mit einer konkreten sündigen Handlung beendet: Unzucht und Ehebruch.

Bis zu diesem Augenblick hatte David noch die Möglichkeit gehabt, von seinem Plan abzulassen. Er hätte seine Gedanken nicht weiter verfolgen dürfen, um sie nicht in die Tat umsetzen zu müssen. Aber er hatte der Versuchung zu viel Spielraum gegeben. **Er befand sich deshalb in einer Phase, aus der es kein Zurück mehr gab.** Er hatte seinem Verlangen nachgegeben und wurde davon überwältigt, während er seine Blicke woandershin hätte lenken müssen. Er hätte nicht zulassen dürfen, dass seine Gedanken sein fleischliches Verlangen nährten. Auslöser für sein Handeln war sein Denken, das nicht in der Lage war, die Triebe zu kontrollieren. Nun ist die Sünde begangen und ihre Folgen lassen nicht lange auf sich warten.

■ *«Und die Frau wurde schwanger. Und sie sandte hin und berichtete es David und sagte: 'Ich bin schwanger'»* (Vers 5).

Hier haben wir nun die erste Folge: eine ungewollte Schwangerschaft. Uria, der Mann Batsebas, war seit zu langer Zeit fort. Und da sie gerade erst ihre Monatsblutung hatte (was beweist, dass sie nicht schwanger gewesen war, bevor ihr Mann in den Krieg zog), ist es offensichtlich, dass die Sünde leicht aufzudecken sein würde. Nur ein unerlaubter sexueller Verkehr hätte zu so einer Situation führen können.

David ist nun mit einem Problem konfrontiert. Er muss eine Lösung für diesen «Unfall» finden. Seine Gedanken, die so oft vom Herrn geführt worden waren, sind nun darauf gerichtet, einen Plan zu schmieden, um seine Missetat zu verbergen.

■ *«Da sandte David zu Joab: 'Schick mir Uria, den Hetiter!' Und Joab schickte Uria zu David. Und Uria kam zu ihm, und David fragte nach dem Wohlergehen Joabs und nach dem Wohlergehen des Volkes und nach der Kriegslage. Und David sagte zu Uria: 'Geh in dein Haus hinab und wasche*

---

[1] Die *Unreinheit,* von der hier die Rede ist, bezieht sich auf das levitische Gesetz, wonach die Frauen während ihrer Menstruation als *unrein* angesehen wurden. Aus diesem Grund ordnete ihnen das Gesetz an, sich am Ende ihrer Monatsblutung zu reinigen (vgl. 3. Mose 15,19ff.).

deine Füsse!' Und als Uria aus dem Haus des Königs ging, kam ein Geschenk des Königs hinter ihm her. Uria aber legte sich am Eingang des Königshauses nieder bei allen Knechten seines Herrn und ging nicht in sein Haus hinab. Und man berichtete es David: 'Uria ist nicht in sein Haus hinabgegangen'. Da sagte David zu Uria: 'Bist du nicht von der Reise gekommen? Warum bist du nicht in dein Haus hinabgegangen?' Uria aber sagte zu David: 'Die Lade und Israel und Juda wohnen in Zelten, und mein Herr selbst, Joab, und die Knechte meines Herrn lagern auf freiem Feld, und da sollte ich in mein Haus hineingehen, um zu essen und zu trinken und bei meiner Frau zu liegen? So wahr du lebst und deine Seele lebt, wenn ich das tue!' Da sagte David zu Uria: 'Bleib auch heute noch hier! Morgen werde ich dich dann entlassen'. So blieb Uria an diesem Tag und am folgenden in Jerusalem. Und David lud ihn ein, und er ass und trank vor ihm, und er machte ihn betrunken. Und am Abend ging er hinaus, um sich auf sein Lager bei den Knechten seines Herrn hinzulegen; aber in sein Haus ging er nicht hinab» (Verse 6–13).

David nahm an, dass Uria nach einer so langen Abwesenheit das Verlangen verspüren würde, endlich wieder eine Nacht mit seiner schönen Frau zu verbringen. Dann hätte man nämlich glauben können, dass das Kind, das Batseba von David erwartete, das Kind Urias sei. Die Sünde des Ehebruchs wäre damit nicht ans Licht gekommen. Sowohl David als auch Batseba wären bei dieser ganzen Sache gut davongekommen.

Aber Davids Plan funktionierte nicht.

Er hatte nicht mit der absoluten Treue und Selbstverleugnung Urias gerechnet. Dieser wollte nämlich ein solches Vorrecht nicht geniessen, während seine Kriegskameraden eine schwierige Situation durchstehen mussten und beim Kampf getötet werden konnten. Uria, von seinen starken patriotischen Gefühlen für Israel geleitet (obwohl er Hetiter war), verzichtete aus Solidarität zu seinen Gefährten lieber darauf, mit seiner Frau zu schlafen (was nur sein gutes Recht gewesen wäre!).

Was für ein Vorbild für seinen König!

In dieser Situation bewies Uria eine weitaus grössere Charakterstärke als David.

Durch die entschiedene Haltung Urias konnte David das Problem nicht lösen. Deshalb musste er sich einen anderen Plan einfallen lassen, um seine Sünde zu vertuschen.

■ *«Und es geschah am nächsten Morgen, da schrieb David einen Brief an Joab und sandte ihn durch Uria. Und er schrieb in dem Brief Folgendes: 'Stellt Uria dahin, wo die Kampffront am härtesten ist, und zieht euch hinter ihm zurück, dass er getroffen wird und stirbt!' Und es geschah, als Joab die Stadt ständig beobachtete, setzte er Uria an der Stelle ein, von der er erkannt hatte, dass dort kriegstüchtige Männer waren. Als nun die Männer der Stadt auszogen und gegen Joab kämpften, fielen einige vom Volk, von den Knechten Davids; dabei starb auch Uria, der Hetiter»* (Verse 14–17).

Davids niederträchtiger Plan erfüllte sich. Die Sünde zog nun ihre fatalsten Folgen nach sich. Denn sehr oft führt eine Sünde zu weiteren Sünden. Um unsere Sünden zu verbergen, suchen wir manchmal nach Lösungen, die noch unheilvollere Konsequenzen haben. In Davids Fall kam zur Sünde der Unzucht und des Ehebruchs nun auch noch Mord hinzu.

In seinen Augen schien dies ein notwendiges Übel zu sein, um sein Problem zu lösen. Tatsächlich hat es den Anschein, dass nun alles wieder ins Lot gekommen ist. David kann aufatmen. Jetzt bleibt nur noch das Kind, das in Batseba heranwächst, als einzige sichtbare Folge seiner Sünde übrig. Aber auch in diesem Fall erkennt er schon einen Ausweg.

■ *«Und als Urias Frau hörte, dass Uria, ihr Mann, tot war, hielt sie die Totenklage um ihren Gatten. Als aber die Trauerzeit vorüber war, sandte David hin und nahm sie in sein Haus auf. Und sie wurde seine Frau und gebar ihm einen Sohn»* (Verse 26–27a).

Wie es scheint, hat die Geschichte nun ein unverhofft gutes Ende genommen. In Wirklichkeit ist das aber nicht der Fall. David musste als Folge seiner sexuellen Sünde viel Leid in der eigenen Familie erfahren. So heisst es auch im zweiten Teil von Vers 27: *«In den Augen des Herrn aber war die Sache böse, die David getan hatte».*

Im nächsten Kapitel sehen wir, wie der Prophet Nathan vom Herrn zu David gesandt wird, damit der König erkennt, wie böse er gehandelt hat und darüber Busse tut. Nathan erzählt ihm das Gleichnis vom kleinen Lamm, um ihm seine Missetat vor Augen zu führen. Als David erkennt, worum es dabei eigentlich geht, überbringt ihm der Prophet die Worte des Herrn.

■ *«Da sagte Nathan zu David … So spricht der HERR, der Gott Israels: '… Warum hast du das Wort des HERRN verachtet, indem du tatest, was böse ist in seinen Augen? Uria, den Hetiter, hast du mit dem Schwert erschlagen, und seine Frau hast du dir zur Frau genommen. Ihn selbst hast du ja umgebracht durch das Schwert der Söhne Ammon. Nun denn, so soll das Schwert von deinem Haus auf ewig nicht weichen, dafür dass du mich verachtet und die Frau Urias, des Hetiters, genommen hast, damit sie deine Frau sei!' So spricht der HERR: 'Siehe, ich lasse aus deinem eigenen Haus Unglück über dich erstehen und nehme deine Frauen vor deinen Augen und gebe sie deinem Nächsten, dass er bei deinen Frauen liegt vor den Augen dieser Sonne! Denn du, du hast es im Verborgenen getan; ich aber, ich werde dies tun vor ganz Israel und vor der Sonne!'»* (2. Sam. 12,9–12).

David dachte, seine Übertretung zugedeckt zu haben. Aber Gott hatte sie gesehen, und er konnte die Sünde nicht dulden. Sünde hat immer Konsequenzen, auch wenn sie sich erst nach langer Zeit einstellen. Der Herr hatte in seiner Gerechtigkeit beschlossen, David zu bestrafen. Obwohl er der von Gott selbst auserwählte König Israels war, so hatte er doch nicht das Recht, diese Position auszunutzen, um Sünde zu begehen.

In diesem Abschnitt werden die weiteren Konsequenzen seiner Sünde angeführt.

Nachdem er nun entlarvt worden war, erkannte der König die Bosheit seines Handelns. In dieser Situation schrieb er den Psalm 51 – einen der wichtigsten und berührendsten Busspsalmen – welcher zeigt, dass Davids Busse echt war.

■ *«Da sagte David zu Nathan: 'Ich habe gegen den HERRN gesündigt'.*[2] *Und Nathan sagte zu David: 'So hat auch der HERR deine Sünde hinweggetan, du wirst nicht sterben'»* (Vers 13).

David empfing Vergebung seiner Schuld. Aber in den darauf folgenden Jahren trat alles ein, was Nathan prophezeit hatte. Einer seiner Söhne, Adonija, brach ihm das Herz, weil er versuchte, die Herrschaft über Israel an sich zu reissen. Ein anderer Sohn, Absalom, verriet ihn und versuchte, nach Davids Macht zu greifen. Er war es, der aus Verachtung seinem Vater gegenüber dessen Nebenfrauen auf der Terrasse des königlichen Palastes vergewaltigte *«vor ganz Israel»*. Absalom tötete seinen Bruder Amnon, weil dieser seine Schwester Tamar vergewaltigt hatte. Am Ende wird Absalom selbst auf tragische Weise getötet. *«So soll das Schwert von deinem Haus auf ewig nicht weichen»*.

Oft wird uns gar nicht bewusst, welche verheerenden Folgen Sünde nach sich zieht!

Der Anlass für so viel Leid und Schmerz im weiteren Leben Davids war der Augenblick an jenem so weit zurückliegendem Abend auf der Terrasse seines Palastes, als er nicht darauf Acht gab, seine Gedanken unter Kontrolle zu halten. Er liess es zu, dass sie in ihm das Verlangen weckten, mit einer Frau, die nicht seine eigene war, ins Bett zu gehen.

Scheint uns diese Strafe zu hart zu sein?

Sicherlich handelt es sich hier um einen besonderen Fall, der nicht als absoluter Massstab genommen werden darf, um festzulegen, wie Gott mit

---

[2] Es ist wichtig zu beachten, dass David zugibt, *gegen den Herrn* gesündigt zu haben, auch wenn er in Wirklichkeit sich selbst, Batseba und Uria Böses zugefügt hatte. Das zeigt von seiner Einsicht, dass Sünde – unabhängig von ihren praktischen Konsequenzen – zuallererst ein Vergehen gegen Gott ist. Der schlimmste Aspekt der Sünde ist deshalb der geistliche.

jedem Einzelnen umgeht, vor allem nicht im Hinblick auf die Botschaft der Gnade im Neuen Testament. Aber solche Beispiele helfen uns zu verstehen, wie schwerwiegend die Sünde der Unzucht in Gottes Augen ist. Wenn wir also von *Sünde* sprechen, ist nicht ausschlaggebend, was wir darüber denken, sondern was der Herr uns durch sein Wort dazu zu sagen hat!

Das positive Beispiel Josefs

Von ganz anderer Art ist das Beispiel, das uns ein anderer, ebenfalls gut bekannter junger Mann aus der Bibel liefert: Josef.

Wir schon erwähnt (siehe Kapitel 8 und 9 dieses Buches) können manchmal emotionale Verletzungen und mangelnde Liebe in der Kindheit und Jugend dazu führen, dass man im frühzeitigen Sex Erfüllung sucht, um diesen Gefühlsmangel auszugleichen.

Am Beispiel Josefs sehen wir aber, dass eine tiefe Beziehung zu Gott die beste Art ist, um diese emotionalen Probleme zu überwinden.

Kapitel 37 im ersten Buch Mose gibt uns einen Einblick in die *familiäre Situation,* in der Josef lebte.

■ *«Und Israel* (Jakob) *liebte Josef mehr als all seine Söhne, weil er der Sohn seines Alters war, und er machte ihm einen bunten Leibrock»* (Vers 3).

Josef war der Liebling des alt gewordenen Jakobs. Als Zeichen seiner Liebe liess er ihm einen bunten Leibrock mit Ärmeln anfertigen. Was das Verhältnis zwischen Vater und Sohn betrifft, so hatte Josef eine gute gefühlsmässige Beziehung zu seinem Vater.

Das machte jedoch die Beziehung zu seinen Brüdern sehr problematisch, denn sie empfanden die Bevorzugung Josefs durch den Vater als ein Unrecht ihnen gegenüber. Manchmal handeln auch Eltern nicht sehr klug.

«Als aber seine Brüder sahen, dass ihr Vater ihn mehr liebte als alle seine Brüder, da hassten sie ihn und konnten ihn nicht mehr grüssen. Und Josef hatte einen Traum, den erzählte er seinen Brüdern; da hassten sie ihn noch mehr. (...) Da sagten seine Brüder zu ihm: 'Willst du etwa König über uns werden, willst du gar über uns herrschen?' Und sie hassten ihn noch mehr wegen seiner Träume und wegen seiner Reden. (...) Und seine Brüder waren eifersüchtig auf ihn; aber sein Vater bewahrte das Wort» (Verse 4–5, 8, 11).

Diese Stellen machen das gespannte Verhältnis und die äusserst negativen Gefühle deutlich, die die Brüder Josefs ihm gegenüber hegten (vor allem *Hass* und *Eifersucht*).

Dieser nicht bewältigte Groll liess in ihnen einen immer stärker werdenden Wunsch aufkommen: Sie wollten das Objekt ihres Hasses beseitigen.

■ *«Als sie ihn von ferne sahen und bevor er sich ihnen genähert hatte, da ersannen sie gegen ihn den Anschlag, ihn zu töten. Und sie sagten einer zum anderen: 'Siehe, da kommt dieser Träumer! So kommt nun und lasst uns ihn erschlagen und ihn in eine der Zisternen werfen, und wir wollen sagen: ‹Ein böses Tier hat ihn gefressen›. Dann werden wir sehen, was aus seinen Träumen wird'»* (Verse 18–20).

Ihre Gefühle ihm gegenüber brachten sie schliesslich dazu, einen tödlichen Plan zu schmieden. Seine Brüder planten, ihn umzubringen und seinen Leichnam in einer Zisterne zu verstecken. Nur Ruben, der älteste Sohn Jakobs, hatte Mitleid mit ihm und versuchte, sie von diesem Verbrechen abzuhalten.

■ *«Und Ruben sagte zu ihnen: 'Vergiesst nicht Blut, werft ihn in diese Zisterne, die in der Wüste ist, aber legt nicht Hand an ihn!' Das sagte er, damit er ihn aus ihrer Hand errettete, um ihn zu seinem Vater zurückzubringen. Und es geschah, als Josef zu seinen Brüdern kam, da zogen sie Josef seinen Leibrock aus, den bunten Leibrock, den er anhatte. Und sie nahmen ihn und warfen ihn in die Zisterne; die Zisterne aber war leer, und es war kein Wasser darin. Dann setzten sie sich, um zu essen. Und sie erhoben ihre Augen und sahen: und siehe, eine Karawane von Ismaelitern, kam von Gilead her; und ihre Kamele trugen Tragakant und Balsam und Ladanum; sie zogen hin, um es nach Ägypten hinabzubringen. Da sagte Juda zu seinen Brüdern: 'Was für ein Gewinn ist es, dass wir unseren Bruder erschlagen und sein Blut zudecken? Kommt, lasst uns ihn an die Ismaeliter verkaufen; aber unsere Hand sei nicht an ihm, denn unser Bruder, unser Fleisch ist er!' Und seine Brüder hörten darauf. Da kamen midianitische Männer vorüber, und sie zogen ihn heraus und holten Josef aus der Zisterne herauf. Und sie verkauften Josef an die Ismaeliter für zwanzig Silberschekel. Und sie brachten Josef nach Ägypten»* (Verse 22–28).

Wie muss sich Josef wohl gefühlt haben?

Welche emotionalen Verletzungen mag er wohl für sein weiteres Leben davongetragen haben? Er war ungefähr siebzehn, als ihm das widerfuhr (vgl. 1. Mose 37,2).

Durch den Hass seiner Brüder wurde er von einem Tag auf den anderen aus der Geborgenheit des Elternhauses gerissen und geriet in eine Situation, wo ihm keinerlei gefühlsmässige Zuwendung zuteil wurde – noch dazu in einem fremden Land, von Unbekannten umgeben.

Wenn der junge Josef eine Rechtfertigung hätte finden wollen, um der Versuchung der sexuellen Sünde nachzugeben, so hätte er sich auf die Lage, in der er sich befand, und auf das, was ihm in der eigenen Familie widerfahren war, berufen können. Angesichts seiner gefühlsmässigen Verfassung hätte es leicht der Fall sein können, den Verlockungen nach körperlicher Intimität nachzugeben, um jemanden zu finden, der diesen Mangel an Liebe, die ihm auf so brutale Weise entzogen worden war, ausgleichen konnte.

Und tatsächlich geschah es, dass auch er in eine Situation geriet, in der die sexuelle Versuchung sehr stark war. Kapitel 39 des ersten Buch Mose berichtet über die Einzelheiten dieser Erfahrung.

■ *«Und Josef war nach Ägypten hinabgeführt worden. Und Potifar, ein Kämmerer des Pharao, der Oberste der Leibwache, ein Ägypter, kaufte ihn aus der Hand der Ismaeliter, die ihn dorthin hinabgeführt hatten. Der HERR aber war mit Josef, und er war ein Mann, dem alles gelang; und er blieb im Haus seines ägyptischen Herrn. Als nun sein Herr sah, dass der HERR mit ihm war, und dass der HERR alles, was er tat, in seiner Hand gelingen liess, da fand Josef Gunst in seinen Augen, und er bediente ihn persönlich. Und er bestellte ihn über sein Haus, und alles, was er besass, gab er in seine Hand»* (Verse 1–4).

Josef wurde schon bald zum Verwalter aller Güter des Obersten der Leibwächter des Pharaos eingesetzt. Eine sehr verantwortungsvolle Aufgabe, die auch mit einem gewissen Ansehen verbunden war, erwartete ihn. Sein Dienstherr hatte vollstes Vertrauen zu ihm.

Das gute Aussehen und die stattliche Figur Josefs begannen aber zu einem Objekt der Versuchung für die Frau Potifars zu werden.

■ *«Josef aber war schön von Gestalt und schön von Aussehen ... da warf die Frau seines Herrn ihre Augen auf Josef und sagte: 'Liege bei mir!'»* (Verse 6b–7).

Ohne Umschweife forderte ihn die Frau Potifars eindeutig zum Sex auf. Von der Schönheit des jungen Mannes angezogen, wollte sie mit ihm schlafen. Die Worte *«Liege bei mir»* sind ein klare Aufforderung zum Sexualverkehr.

Vielleicht fühlte sich auch Josef von dieser Frau angezogen. Er war ein schöner junger Mann, auf der Höhe seiner sexuellen Reife. Und doch wusste er genau, wo seine Verantwortung lag.

■ *«Er aber weigerte sich und sagte zu der Frau seines Herrn: 'Siehe, mein Herr kümmert sich um nichts bei mir im Haus; und alles, was er besitzt, hat er in meine Hand gegeben. Er selbst ist diesem Haus nicht grösser als ich, und er hat mir gar nichts vorenthalten als nur dich, weil du seine Frau bist. Wie sollte ich dieses grosse Unrecht tun und gegen Gott sündigen?»* (Verse 8–9).

In der Antwort Josefs finden wir einige sehr wichtige Aspekte im Kampf gegen die Versuchung.

Zunächst begründet er seine Weigerung damit, dass ein Nachgeben der Versuchung gegenüber das Vertrauen, das sein Dienstherr zu ihm hat, zerstören würde. Sein Sinn für *Verantwortung* ist sehr ausgeprägt und ein Abschreckungsmittel, das ihn davor bewahrt, in Sünde zu fallen.

Zweitens weiss er, dass, auch wenn er im Hause Potifars über eine grosse Handlungsfreiheit verfügt, ihm trotzdem eine klare *Grenze* gesetzt ist. Er kann über jedes Gut seines Herrn frei verfügen, ausgenommen seiner Ehefrau.

Drittens ist sich Josef bewusst, dass er *«ein grosses Unrecht»* beginge, wenn er der Versuchung nachgeben würde. Das Wissen um die Schwere der Sünde beruht in seiner Beziehung zu Gott. Er ist sich nämlich im Klaren darüber, dass er damit *«gegen Gott»* sündigen würde. Es ist dasselbe Bewusstsein, das wir bei David *nach* seiner Reue finden. Josef dagegen hat dieses Bewusstsein schon *vorher,* und daher stellt es für ihn auch eine wertvolle Hilfe im Kampf gegen die Versuchung dar. Im Gegensatz zu David hat Josef seinem Verlangen nicht nachgegeben. Er konnte es unter Kontrolle halten und so vermeiden, in Sünde zu fallen.

■ *«Und es geschah, obwohl sie Tag für Tag auf Josef einredete, hörte er nicht auf sie, bei ihr zu liegen, mit ihr zusammen zu sein»* (Vers 10).

Trotz der Weigerung des jungen Mannes hörte die Frau nicht auf, ihn weiter zu bedrängen.

Können wir uns überhaupt vorstellen, welch grosser Versuchung Josef immer und immer wieder ausgesetzt war? Es war ein täglicher Kampf. Es war sicher nicht leicht für ihn, zu widerstehen. Bestimmt spielten seine Hormone angesichts der *Aufforderung* dieser Frau *zum Sex* verrückt. Er versuchte ihr aus dem Weg zu gehen. Aber sie bedrängte ihn nur weiter.

Hätte Josef seinen Gedanken freien Lauf gelassen, so hätte er an diesem Punkt annehmen können, dass Potifar sicherlich nie dahinter gekommen wäre. Er war oft ausser Haus, und so hätte er wohl nie Verdacht geschöpft. Es war seine Frau, die sich in Josef verliebt hatte, und es wäre ihr wohl ganz und gar daran gelegen gewesen, ihre eventuelle Liebesbeziehung vor ihrem Mann zu verbergen.

Menschlich gesehen war das eine ausgezeichnete Gelegenheit, selber für ein bisschen ausgleichende Gerechtigkeit zu sorgen, vor allem, wenn man bedenkt, wie Josef in der Vergangenheit behandelt worden war. Er hätte in den Armen dieser Frau Momente körperlicher Nähe geniessen und so den Gefühlsmangel, unter dem er vielleicht immer noch litt, ausgleichen können.

Stattdessen blieb Josef, trotz des ständigen Drängens der Frau, gegen alle Verführungskünste standhaft. Seine Beziehung zu Gott half ihm, *«alle feurigen Pfeile des Bösen auszulöschen»* (Eph. 6,16). Er war sich der Schwere der Sünde, die nach ihm greifen wollte, bewusst. Er wusste auch, dass Ungehorsam gegenüber Gottes Gebot den Widerstand gegen Versuchungen schwächte. Jeder Ungehorsam ist nämlich ein Schritt zurück, um wieder auf den Boden der Sünde zurückzukehren.

Josef hielt sich fest zu Gott, um widerstehen zu können.

■ *«Da geschah es an einem solchen Tag, dass er ins Haus kam, um sein Geschäft zu besorgen, als gerade kein Mensch von den Leuten des Hauses dort im Haus war, da ergriff sie ihn bei seinem Kleid und sagte: 'Liege bei mir!' Er aber liess sein Kleid in ihrer Hand, floh und lief hinaus»* (Verse 11–12).

Die Frau Potifars konnte keine weitere Zurückweisung ertragen. Ihre Versessenheit auf Sex hatte eine gefährliche Stufe erreicht. Als keiner im Haus ist, nutzt sie diese Situation aus, um Josef um jeden Preis dazu zu bringen, mit ihr zu schlafen. Sie greift sogar nach ihm und versucht, ihn auszuziehen.

An dieser Stelle hat die sexuelle Versuchung ihren Höhepunkt erreicht.

Die Frau spielt ihre letzte Karte aus.

Josef fühlt ihren Körper, der ihn umklammert, und kann den Duft ihrer Haut riechen. Die überaus sinnliche Berührung der Frau zeigt, dass sie zum Sex mehr als bereit ist.

Im kritischsten Augenblick der Versuchung tut Josef das Einzige, was er in dieser Situation noch tun kann: *Er flieht.*

In den Augen der Welt mag Josef ein Narr gewesen sein, weil er eine solche Gelegenheit nicht wahrgenommen hatte. Aber in den Augen Gottes bringt seine Flucht die Entschlossenheit zum Ausdruck, sich nicht mit einer Tat zu verunreinigen, die viele tragische Konsequenzen, auch in geistlicher Hinsicht, nach sich gezogen hätte.

Im Neuen Testament begegnet uns dieser Gedanke wieder. *«Flieht die Unzucht»* (1. Kor. 6,18). Dieselbe Mahnung erteilt der Apostel Paulus auch Timotheus: *«Die jugendlichen Begierden aber fliehe, strebe aber nach Gerechtigkeit, Glauben, Liebe, Frieden mit denen, die den Herrn aus reinem Herzen anrufen!»* (2. Tim. 2,22).

Eine abschliessende Betrachtung

David und Josef waren beide jung und attraktiv.

Wenn wir sie jedoch einander gegenüberstellen, fallen uns einige bemerkenswerte Unterschiede beim Umgang mit der sexuellen Versuchung auf.

David floh nicht vor der Versuchung der sexuellen Sünde und er gab nicht auf seine Gedanken Acht.

Josef dagegen schon.

David stellte seinen Willen über den Willen Gottes. Und er hörte auf sein eigenes Verlangen.

Josef dagegen sorgte sich darum, Gott treu zu bleiben, um nicht gegen ihn zu sündigen.

David musste die tragischen Konsequenzen seiner Sünde tragen, die grosse Auswirkungen auf seine ganze Familie hatten.

Josef, der von der Frau Potifars fälschlicherweise beschuldigt worden war, kam ins Gefängnis (vgl. 1. Mose 39,13–20). Auf den ersten Blick scheint seine Treue zu Gott negative Folgen zu haben. Aber *auf lange Sicht* gesehen, erfuhr er grossen Segen:

- Gott war mit Josef und erwies ihm grosse Güte (1. Mose 39,21–23).
- Josef wurde in eine Position erhoben, die seine frühere Position im Hause Potifars bei weitem übertraf. Er wurde zum Stellvertreter des Pharaos von Ägypten (1. Mose 41,37–49).
- Er fand wieder mit seinem Vater und seinen Brüdern zusammen und rettete sie vor der Hungersnot. Er zeigte damit, dass er die Verletzungen der Vergangenheit überwunden hatte. Gleichzeitig machte er auch die Barmherzigkeit Gottes deutlich (1. Mose 47,5–11).
- Weil Josef ein unbescholtener Mann war, der der Versuchung nicht nachgegeben hatte, wandelte Gott das Böse in Gutes und segnete ihn sehr in seinem Leben (1. Mose 50,15–21).

Was lernen wir von diesen beiden Persönlichkeiten?

Welche Schlüsse können wir für unser Leben aus ihrer Geschichte ziehen?

Wer von den beiden kann uns das bessere biblische Vorbild sein, um mit sexueller Versuchung umzugehen?

Sowohl David als auch Josef waren den gleichen Leidenschaften wie wir ausgesetzt. Sie waren beide jung und hatten ein ganz normales sexuelles Verlangen. Sie gingen aber in völlig unterschiedlicher Weise damit um. David liess sich von der Versuchung überwältigen und fiel ganz jämmerlich. Josef dagegen hat uns mit seinem Beispiel gezeigt, dass wir Versuchungen entgegentreten und sie besiegen können, wenn wir auf Gott sehen und mit seiner Hilfe rechnen.

«Alles vermag ich in dem, der mich kräftigt» (Phil. 4,13).

18. Haben wir eine feste Glaubensüberzeugung?

Im Vergleich zur Situation noch vor einigen Jahren ist es heute ganz sicher schwieriger, dem Druck, den die Welt in sexueller Hinsicht auf uns ausübt, entgegenzutreten. Wir haben schon ausführlich davon gesprochen, wie vielen Reizen Jugendliche heute ausgesetzt sind. Der Kampf um sexuelle Reinheit ist hart. Aber es ist leichter, gegen Versuchungen anzukämpfen, wenn man von der Wichtigkeit, den Angriffen zu widerstehen, *überzeugt ist.*

Wenn ein Christ den Willen Gottes tun will, dann muss er zuerst wissen, was Gott zu bestimmten Themen sagt. Es ist grundlegend, dass wir *seinen* Standpunkt, den die Bibel uns zeigt, kennen.

Wir haben davon gesprochen, dass Gott uns liebt und uns vor dem Leid und den Konsequenzen bestimmter Handlungen bewahren will, die zwar auf den ersten Blick erstrebenswert scheinen mögen, sich aber dann als Täuschungen und gefährliche Fallen herausstellen.

Wenn wir also Christen sein möchten, deren Leben mit ihrem Glauben an die Bibel übereinstimmt, dann müssen wir den Mut haben, zu bestimmten Dingen *Nein!* zu sagen. Wir dürfen uns nicht von den Ansichten der Welt mitreissen lassen, die uns zwar einladende und schön garnierte Gerichte präsentieren, welche aber in Wirklichkeit voller Gift sind.

Das unverzichtbare Fundament, um unseren Kampf aufnehmen zu können, ist die *feste Überzeugung,* dass sexueller Verkehr vor der Ehe Sünde ist. Die Bibel nennt diese Sünde *Unzucht.* Als solche wird sie von Gott verurteilt und bestraft, wie das die Bibel ganz eindeutig zeigt.

Sind wir davon fest überzeugt?

Einige Statistiken

	Ich stimme zu		Ich stimme nicht zu		Ich weiss nicht	
AUSSAGE	J	M	J	M	J	M
Sex vor der Ehe ist eine Sünde	87,8%	85,7%	7,3%	7,1%	4,9%	7,2%

Anhand dieser Zahlen sieht man sofort, dass die grosse Mehrheit gläubiger Jugendlicher diese Überzeugung hat.

Trotzdem gibt es einen bestimmten Prozentsatz (etwas mehr als 7%, sowohl bei den Jungen als auch bei den Mädchen), die nicht für wahr halten, was Gott diesbezüglich in seinem Wort sagt.

Bevor ich näher auf diese Zahl eingehe, möchte ich unsere Umfrage durch einige Elemente erweitern, die aus einer anderen, von einem statistischen Institut geführten Untersuchung stammen.

Eine der Fragen, die *Mädchen* unter 25 (die sich zu keiner bestimmten Glaubensüberzeugung bekannten) gestellt wurden, führte zu folgendem Ergebnis:

Frage	Ja	Nein
Ist deiner Meinung nach Enthaltsamkeit vor der Ehe noch wichtig?	48%	51%

Es hat also den Anschein, dass für fast jedes zweite Mädchen – auch wenn es keine besondere Glaubensüberzeugung hat – bestimmte moralische Werte noch von Bedeutung sind. Hier scheint aber die Enthaltsamkeit vor der Ehe als *Wert an sich* verstanden zu werden, ohne dass sie in Beziehung zur Sünde gebracht wird. Mit anderen Worten, vorehelicher Sex wird nicht als etwas gesehen, das Gott verurteilt.

So hat eine weitere Frage aus demselben Fragebogen, die diesmal an Jungen und Mädchen gerichtet wurde, auch folgendes ergeben:

Frage	Ja	Nein
Glaubst du, dass Sex nur in der Ehe ausgelebt werden soll?	12%	88%

Wenn wir die Antworten, die ich bei der in diesem Buch des Öfteren erwähnten Bibelfreizeit für Jugendliche erhalten habe, mit dieser anderen Umfrage vergleichen, sehen wir, dass sich die Ergebnisse der beiden Gruppen stark voneinander unterscheiden. Auf der einen Seite haben wir gläubige Jugendliche, und auf der anderen Seite Jugendliche, die sich zu keiner bestimmten Glaubensüberzeugung bekennen. Von den Letzteren glauben nur 12%, dass es richtig ist, mit dem Sex bis zur Ehe zu warten. Das heisst aber noch nicht, dass sie zu dieser Überzeugung aufgrund eines biblischen Massstabs gekommen sind. Es könnte sich dabei ebenso gut nur um eine (wenn auch lobenswerte) persönliche Überzeugung handeln.

So hat Lorella, 21 Jahre alt, ohne irgendeine *geistliche* Überzeugung zu haben, eben aus einer *persönlichen* Überzeugung heraus beschlossen, mit dem Sex bis zur Ehe zu warten. Sie erzählt: «Meine erste sexuelle Erfahrung habe ich mit zwanzig mit meinem ersten und einzigen Freund gemacht. Seit acht Monaten bin ich mit ihm verheiratet. Wir haben erst nach der Heirat miteinander geschlafen. Es war eine wunderschöne Erfahrung. Alles war dabei ganz natürlich und spontan. Ich will damit nicht sagen, dass man diese Erfahrung nicht schon vor der Heirat machen darf. Aber ich bin eben auf eine bestimmte Weise erzogen worden. Jeder von uns kann aus seinem Leben das machen, was er für sich am besten hält. Ich wollte es lieber so haben, und ich habe das überhaupt nicht bereut. Mein Partner ist sehr auf mich eingegangen. Er hat auf mich in körperlicher und moralischer Hinsicht, sowohl vor der Heirat als auch danach, Rücksicht genommen.[1]

Aber kehren wir nun wieder zu den Statistiken der gläubigen Jugendlichen zurück. Ich finde es besorgniserregend, dass für mehr als 7%, die einer örtlichen Gemeinde angehören, die Aussagen Gottes keine Gültigkeit haben.

Wie kommt das?

Es ist nicht leicht, darauf eine Antwort zu finden.

Die erste Überlegung, die man hier anstellen kann, ist, dass wahrscheinlich Sex eine so starke Faszination ausübt, dass man Gott für einen Lügner hält, wenn er vorehelichen Verkehr verbietet. Damit lädt man sich aber eine sehr schwer wiegende geistliche Verantwortung auf: *«Wenn wir sagen, dass wir keine Sünde haben, betrügen wir uns selbst, und die Wahrheit ist nicht in uns. (...) Wenn wir sagen, dass wir nicht gesündigt haben, machen wir ihn zum Lügner, und sein Wort ist nicht in uns»* (1. Joh. 1,8;10).

Es ist sinnlos, sich *selbst* einreden zu wollen, etwas sei weiss, wenn es in Wirklichkeit schwarz ist. Ist es in Ordnung, wenn wir aus der Bibel nur das herausnehmen, was uns passt, und den Rest ablehnen?

Die zweite Überlegung ist, dass es in den örtlichen Gemeinden möglicherweise diesbezüglich keine klare Unterweisung gibt. Dieser Zweifel würde auch durch die 4,9% der Jungen und die 7,2% der Mädchen bestätigt, die *nicht wissen,* ob vorehelicher Sex eine Sünde ist oder nicht. Es wäre wünschenswert, dass alle Gemeindeleiter sich regelmässig diesen Problemen stellen würden, um den Jugendlichen in diesem so schwierigen Bereich ihres Lebens klare Anweisungen aus der Schrift zu geben.

Die Kraft von Überzeugungen

Manchmal ist es sehr schwierig, die eigenen Triebe und Wünsche unter Kontrolle zu halten, vor allem dann, wenn die Menschen, mit denen wir zusammen in die Schule gehen, arbeiten, spielen, etc. der Meinung sind, dass

---

[1] Giuseppe Sabino, *op. cit.*, S. 94. Die Entscheidung Lorellas hatte also nichts mit dem Glauben zu tun. Sie ist aber trotzdem zu einer Überzeugung gekommen, was den Sex vor der Ehe betrifft, und zwar aufgrund ihrer Erziehung. Sie ist der Ansicht, dass jeder für sich selbst entscheiden muss. Aber in Wahrheit ist es so, dass ein Christ, der entsprechend seinem Glauben handelt, seine Entscheidungen auf der Grundlage dessen, was Gott ihm in der Bibel offenbart, treffen muss. Es gibt jedenfalls zu denken, dass es manchmal Jugendliche gibt, die, obwohl sie keinen auf die Bibel gegründeten Glauben haben, dem Willen Gottes näher sind als andere, die, auch wenn sie sich als gläubig bezeichnen, ein moralisches Verhalten an den Tag legen, in dem von ihrem Glauben nicht viel zu sehen ist.

Sex vor der Ehe völlig normal ist. Dadurch, dass wir ständig mit diesen Gedanken und diesen Werten konfrontiert sind, besteht die Gefahr, dass auch wir davon beeinflusst werden. Manche Psychologen behaupten sogar, dass unerfülltes Verlangen negative Auswirkungen auf die Psyche und das Verhalten habe. Ich teile diese Auffassung überhaupt nicht. Im Gegenteil, ich glaube nämlich, dass es gerade Aussagen wie diese sind, die die Fähigkeit zur Selbstbeherrschung schwächen. Die Tendenz, dem Menschen den grössten Freiraum in jedem Bereich des Lebens zu lassen, um seine persönliche Entfaltung nicht einzugrenzen, ist glatter Selbstmord! Eine solche Haltung verhindert, dass ein Mensch sich seiner *Pflichten* bewusst wird. Hier geht es nämlich nur darum, dass die *Rechte* des Menschen gewahrt werden.[2]

Eine gesunde Erziehung, die sich an den unveränderlichen biblischen Prinzipien orientiert, ermöglicht dagegen, klare Überzeugungen zu entwickeln. Sie sind grundlegend, um zu einem festen und ausgewogenen Charakter zu kommen. Das Fehlen von Einschränkungen und Regeln bringt nämlich Menschen ohne Rückgrat hervor. Sie sind weder in der Lage, ihre Pflichten wahrzunehmen, noch verantwortungsbewusst zu handeln. Und sie sind es auch, die leichter Versuchungen unterliegen. Der Herausforderung einer Versuchung ist dagegen leichter zu begegnen, wenn man eine feste Glaubensüberzeugung hat.

«Haltet es für lauter Freude, meine Brüder, wenn ihr in mancherlei Versuchungen geratet, indem ihr erkennt, dass die Bewährung eures Glaubens Ausharren bewirkt. Das Ausharren aber soll ein vollkommenes Werk haben, damit ihr vollkommen und vollendet seid und in nichts Mangel habt» (Jak. 1,2–4). Der Grund für die Aufforderung, sich zu freuen, liegt darin, dass der Glaube, wenn er nicht auf die Probe gestellt wird, keinen bewährten Charakter hervorbringen kann. Das Ausharren, d. h. jene Festigkeit und Beharrlichkeit, die mit der Ausdauer reifen, bringt den wahren christlichen Charakter hervor.

Deshalb fordert uns die Bibel auch auf: *«Und seid nicht gleichförmig dieser Welt, sondern werdet verwandelt durch die Erneuerung des Sinnes, dass ihr prüfen mögt, was der Wille Gottes ist: das Gute und Wohlgefällige und Vollkommene»* (Röm. 12,2). Wenn wir uns das Wort Gottes durch

---

[2] Vor einigen Jahren gab es in den Vereinigten Staaten eine Denkrichtung, die für eine extreme Form der *liberalen Erziehung* eintrat. Kurz gesagt ging es darum, das Kind alles machen zu lassen, wozu es Lust habe, um ihm in seiner kognitiven und emotionalen Entwicklung keinerlei Grenzen zu setzen. Einer der leidenschaftlichsten Verfechter dieses Erziehungsstils war der Kinderarzt Benjamin Spook, ein Theoretiker des absoluten freiheitlichen Verhaltens. Nach einiger Zeit erkannte man jedoch, dass diese Art der Erziehung schwache und verhaltensauffällige Menschen hervorbrachte, die sich nicht an Regeln hielten. Man erkannte, dass man Jahrzehnte brauchen würde, um das nachzuholen, was auf erzieherischer Ebene verloren gegangen war. Die deutlichsten Schäden dieses freiheitlichen Erziehungsstils waren: gänzliches Fehlen von Selbstbeherrschung, Disziplin, Pflichtbewusstsein und Verantwortungsgefühl.

die Erfahrung einer bestandenen Prüfung (in unserem Fall können wir unter *Prüfung* jede Versuchung oder unerlaubtes sexuelles Verlangen verstehen) zu Eigen machen, dann wird es zu einem Teil von uns selbst. Wir erfahren es sozusagen hautnah, und so bleibt es für uns nicht nur eine lehrmässige Theorie.

Wenn wir Christen sind, *wird es die Kraft unserer Überzeugungen sein, die uns hilft, mit unserem Verlangen umzugehen.* Ein starker Charakter reift aufgrund fester Überzeugungen. Jugendliche, die einen festen Glauben haben, sind nicht so leicht durch den Druck der Gleichaltrigen und der Massenmedien manipulierbar.

In den Vereinigten Staaten gibt es seit einigen Jahren die so genannten *Virgin Clubs.* Das sind christliche Jugendvereine. Diese jungen Leute haben ein gemeinsames Ziel: unberührt in die Ehe zu gehen. Sie haben die Bedeutung sexueller Reinheit und den Wert der vorehelichen Enthaltsamkeit erkannt. Aus diesem Grund verpflichten sie sich *aufgrund dieser Überzeugungen* dazu, ihren Kampf fortzusetzen, auch wenn das Mühe und Opfer kostet. Sie haben sich in Vereinen und Gruppen zusammengetan. Denn wenn man die gleichen Überzeugungen teilt, ist es leichter, mit vereinten Kräften zu kämpfen. Sie haben die *soziale* Dimension der Ermahnung des Apostels Paulus an den jungen Timotheus erkannt: *«Die jugendlichen Begierden aber fliehe, strebe aber nach Gerechtigkeit, Glauben, Liebe, Frieden mit denen, die den Herrn aus reinem Herzen anrufen!»* (2. Tim. 2,22).

Den Kampf gegen die Versuchung gewinnt man also in dem Augenblick, in dem man sich entschliesst, den Willen Gottes zu tun. Nur wenn wir von diesem Ziel beseelt und gestützt werden, können wir uns durch Gottes Geist formen lassen, um die Menschen zu werden, die *Gott* aus uns machen will, und nicht solche, die *wir* sein wollen.

Das ist die Basis, auf der unser Glaube aufbauen kann.

19. Wie man eine ausgewogene Beziehung aufbaut

In den vorherigen Kapiteln haben wir versucht herauszufinden, welche angeblichen Gründe es gibt, um vor der Ehe sexuell aktiv zu werden. Wir haben aber auch die Motivationen aufgezeigt, warum das Warten viel besser ist.

Nachdem nun eingehend alle Aspekte der vorehelichen Sexualität geprüft wurden – vom geistlichen, psychischen, körperlichen und sozialen Standpunkt aus – ist es nun wichtig, Bilanz zu ziehen.

Wie können wir als Christen eine Liebesbeziehung, die ausgewogen ist und dem Plan Gottes entspricht, aufbauen?

In den Kapiteln 4 und 5 wurde sowohl die Dynamik einer Liebesbeziehung – vom Verlieben bis zur Verlobung – als auch die *biblischen Grundsätze,* die uns bei der Wahl des Partners leiten müssen, aufgezeigt. **Der erste Grundsatz ist, einen Partner zu wählen, der denselben Glauben teilt.** Für einen Christen ist das eine unverzichtbare Voraussetzung für eine stabile und dauerhafte Beziehung.[1]

Trotzdem ist der gemeinsame Glaube noch keine Garantie für das Gelingen einer Beziehung. Man muss sich auf mehreren Gebieten bemühen, wenn man die Einheit und Komplementarität zwischen zwei Menschen unterschiedlichen Geschlechts verwirklichen will, wie Gott das in seinem Plan vorsieht.

Es ist wichtig, zu lernen, gemeinsam zu wachsen, und zwar nicht mehr nur als Einzelpersonen, sondern als Paar.

In diesem Kapitel werden einige weitere Hinweise gegeben, damit Christen lernen, eine Liebesbeziehung richtig zuführen.

Der Partner ist eine «Person»

Wenn man eine Liebesbeziehung mit jemandem beginnt, muss man beachten, dass jeder der beiden sich selbst als *Person* in diese Beziehung einbringt. In eine Beziehung bringen wir also nicht nur unsere Körperlichkeit mit, sondern all das, was unsere Persönlichkeit ausmacht: unseren Intellekt, unsere Gefühlswelt; die Art, wie wir unsere Emotionen ausleben; unsere persönlichen Erfahrungen, die mit unserem familiären und sozialen Leben zusammenhängen, unsere Lebensauffassung, unsere Auffassung von einer Beziehung, unsere Werte, unsere Weltanschauung, unser Charakter und – was am allerwichtigsten ist – unsere Beziehung zu Gott.

---

[1] Siehe im Anhang I dieses Buches: *Das Problem bei Ehen mit Ungläubigen*, S. 194.

Es mag banal erscheinen, eigens darauf hinzuweisen, aber wenn wir mit jemanden in eine Beziehung treten, dann haben wir einen Menschen mit ganz bestimmten Eigenschaften vor uns, die sich aufgrund oben erwähnter Elemente entwickelt haben. Und da auch wir Menschen mit ebenso ausgeprägten Eigenschaften sind, ist es wichtig, *einander zu kennen.*

Die Grundlage dieses *gegenseitigen Kennens* muss die *Achtung* dem Partner gegenüber und der Wunsch sein, *eine gefühlsmässige und geistliche Verbindung aufzubauen,* die später eventuell zu einer Ehe nach dem Herzen Gottes führen könnte.

Dazu ist es nötig, ein erstes Problem zu überwinden.

Schluss mit der Ichbezogenheit!

Jeder Mensch ist grundsätzlich ein Egoist. Er tendiert dazu, sich selbst zum Zentrum seiner kleinen Welt zu machen. In den Jugendjahren tritt diese Tatsache besonders deutlich zutage, sodass sie Auswirkungen auf die familiären Beziehungen hat. Man will die eigenen Ansprüche und Bedürfnisse befriedigen. Wir sind der Meinung, eine ganze Reihe von Rechten einfordern zu dürfen. Aber nicht immer denken wir daran, dass wir auch Pflichten haben.

Solange man keine gefühlsmässige Beziehung zu einem anderen Menschen hat, können Ichbezogenheit und Individualismus mehr oder weniger zu den Persönlichkeitsmerkmalen vieler Jugendlicher gehören, weil sie *in der Einzahl* leben. Das soll nicht heissen, dass alle so sind. Man findet aber diese Tendenz recht häufig, vor allem bei den Jüngeren.

Wenn wir uns aber irgendwann in unserem Leben in jemanden verlieben, beginnt sich die Dynamik unserer Gefühle zu ändern. Wir verlassen dann den *individuellen* Bereich und betreten den Bereich der *Zweierbeziehung.* Wenn aber die Ichbezogenheit nicht überwunden wird, kann sie auch zwischen Verlobten zu einem ernsten Problem werden. Wenn wir weiterhin egoistisch sind, kann es leicht der Fall sein, dass der Schwerpunkt in unserer Beziehung bei uns liegen wird. Wir werden dann den Partner nur als jemanden sehen, der unsere Bedürfnisse befriedigen kann. Eine solche Beziehung ist nicht ausgewogen, und sie kann sich nicht so harmonisch entwickeln, wie es nötig wäre.

«Schon während der Verlobungszeit kann die egoistische Tendenz eines oder beider Partner zu ernsten Problemen und Spannungen führen. Vielleicht verlangt er, dass sie sich an seine Welt anpasst. Es kümmert ihn nicht, wie sie die Zeit, die sie füreinander haben, verbringen möchte. Oder sie verlangt, dass das Gespräch sich immer um sie und um ihre gemeinsamen Gefühle drehen muss. Was aber er macht, interessiert sie kaum. (...) Solch ein egoistisches Verhalten führt unweigerlich zu Konflikten».[2]

Vergessen wir nicht, dass Egoismus eine Sünde ist, die durch die Erneuerung des Geistes und den Gehorsam gegenüber Gottes Geboten überwunden wird.

Jesus sagte: *«Du sollst deinen Nächsten lieben wie dich selbst»* (Matt. 22,39).

Die Liebe zum Nächsten entsteht dann, wenn wir eine ausgewogene Sicht von uns selbst haben, zu der wir aufgrund unserer Beziehung zum Herrn gekommen sind. *«Denn ich sage durch die Gnade, die mir gegeben wurde, jedem, der unter euch ist, nicht höher von sich zu denken, als zu denken sich gebührt, sondern darauf bedacht zu sein, dass er besonnen sei, wie Gott einem jeden das Mass des Glaubens zugeteilt hat»* (Röm. 12,3). Dank eines erneuerten Geistes werden wir deshalb dazu aufgefordert, *«dass in der Demut einer den anderen höher achtet als sich selbst; ein jeder sehe nicht auf das Seine, sondern ein jeder auch auf das der anderen»* (Phil. 2,3–4).

Um also eine Liebesbeziehung in der rechten Weise aufzubauen, muss der Egoismus aufgegeben werden. Beide Partner müssen anfangen, selbstlos zu denken und zu handeln.

Auf emotionaler Ebene wachsen

Liebe ist die Grundlage jeder Partnerschaft. Damit ist aber nicht ein *Sich-verliebt-Fühlen* gemeint. Liebe ist nämlich nicht nur ein passives Gefühl, das sich darauf beschränkt, uns starke Emotionen zu vermitteln. Sie ist etwas, das gepflegt, genährt und entwickelt werden muss. Liebe ist eine Handlung. Liebe erfordert Einsatz.

Der Apostel Paulus gibt uns eine sehr tief gehende Beschreibung davon, was Liebe ist:

«Die Liebe ist langmütig, die Liebe ist gütig; sie neidet nicht; die Liebe tut nicht gross, sie bläht sich nicht auf, sie benimmt sich nicht unanständig, sie sucht nicht das Ihre, sie lässt sich nicht erbittern, sie rechnet Böses nicht zu, sie freut sich nicht über die Ungerechtigkeit, sondern sie freut sich mit der Wahrheit, sie erträgt alles, sie glaubt alles, sie hofft alles, sie erduldet alles» (1. Kor. 13,4–7).

Jede dieser Eigenschaften ist so bedeutungsvoll, dass wir daran die Tiefe und Wichtigkeit der Liebe erkennen können. Paulus stellt uns hier die Elemente der wahren christlichen Liebe vor. Es zeigt sich dabei ganz deutlich, dass jedes einzelne Element *eine Handlung* bei demjenigen voraussetzt, der diese Art von Liebe zeigen will. Es bedarf einer bewussten Willensentscheidung, um geduldig und gütig zu sein, um nicht zu neiden, nicht gross zu tun, sich nicht unanständig zu benehmen, sich nicht erbittern zu lassen, usw.

---

2 Rinaldo Diprose, *Matrimonio cristiano (Die christliche Ehe),* IBE Edizioni, Rom, 1995, S. 11–12.

Es ist nicht leicht, diese Liebe *immer* auszudrücken. Wir können uns aber in kleinen Schritten darum bemühen.

- Wenn uns bewusst wird, dass unser Egoismus immer noch ein Hindernis für das gegenseitige gefühlsmässige Wachsen ist, dann dürfen wir Gott bitten, uns zu verändern.
- Seien wir bereit, durch das Wirken des Heiligen Geistes umgewandelt zu werden.
- Lernen wir die Elemente auswendig, die wahre christliche Liebe auszeichnen. Fragen wir uns bei den verschiedensten Gelegenheiten, ob wir diese Eigenschaften zum Ausdruck bringen oder nicht.
- Lernen wir unsere Gefühle mitzuteilen. Für einen Mann wird das schwieriger sein, aber die Frau kann ihm dabei helfen.
- Helfen wir uns gegenseitig, die Kanten unseres *Ichs* abzuschleifen.
- Lernen wir, Zuneigung zu schenken und nicht nur zu erhalten.
- Versuchen wir die innere Welt unseres Partners zu verstehen und bringen wir seine Fähigkeiten und positiven Seiten zur Geltung.
- Bringen wir eine reine Liebe zum Ausdruck, auf Grundlage der gegenseitigen Achtung, um etwas *gemeinsam* und nicht als zwei getrennte Persönlichkeiten aufzubauen.
- Verhalten wir uns auf emotionaler Ebene so, dass eine Atmosphäre des Vertrauens, der Zuverlässigkeit und der Geborgenheit entstehen kann.

Auf intellektueller Ebene wachsen

Bei der Frage, ob zwei Menschen zueinander passen, hat auch die intellektuelle Ebene ihre Bedeutung. Hier gemeinsame Interessen zu haben, kann die Partnerschaft festigen. Dagegen könnten sich grosse kulturelle Unterschiede als problematisch erweisen.

Leider wird oft den intellektuellen Unterschieden keine grosse Bedeutung beigemessen. Man sagt, dass Liebe alle Mängel zudeckt. In einer Partnerschaft mag das anfangs auch der Fall sein, wenn man vom anderen stark angezogen ist. Aber später könnte dieser Unterschied zu Konflikten und Enttäuschungen führen.

Eine Partnerschaft ist mehr, als sich nur in die Augen zu schauen und zu sagen: «Ich liebe dich.» Es genügt nicht, sich nur darum zu bemühen, eine gemeinsame Vision vom Leben zu entwickeln. Man muss auch über ähnliche kulturelle Mittel verfügen, die es den Partnern erlauben, sich gemeinsame Ziele zu setzen und, in Kenntnis der Umstände, Situationen einzuschätzen, um bewusste und gut durchdachte Entscheidungen zu treffen.

Das kann dann geschehen, wenn beide über ein Bildungsgut verfügen, das dem des anderen entspricht. Wie könnte wohl eine Ehe zwischen einem Universitätsdozenten und einer Frau aussehen, deren geistiger Horizont sich auf Seifenopern beschränkt? Oder zwischen einer Archäologin, die Vorträge auf der ganzen Welt hält, und einem Mann, dessen höchstes Streben es ist, die Abende in einer Bar beim Kartenspiel mit Freunden zu verbringen?[3]

Auch hier, im intellektuellen Bereich, müssen wir uns Ziele stecken, um wachsen zu können.

- Lernen wir, unsere Interessen zu teilen, indem wir offen darüber sprechen, was wir denken: Werte, Grundsätze, Ideale, Hobbys, Anschauungen.
- Lernen wir, gemeinsam über verschiedene Aspekte des täglichen Lebens nachzudenken. Was um uns herum geschieht, liefert uns zahlreiche Anregungen zum Dialog und zum Gedankenaustausch.
- Lernen wir, Situationen einzuschätzen und einen Standpunkt überzeugend zu vertreten.
- Versuchen wir, soweit möglich, gegenseitig unseren geistigen Horizont zu erweitern. Vielleicht indem wir gemeinsam eine Vorlesung zu einem Thema besuchen, das uns beide interessiert.
- Sprechen wir auch über unsere Sorgen, unsere Hoffnungen, unsere Träume. Versuchen wir gemeinsam, Antworten auf unsere Fragen zu finden.
- Lernen wir, die Bibel gemeinsam zu studieren. Das ist eine der tiefsten und wertvollsten Investitionen, die wir machen können.
- Bereichern wir uns gegenseitig, indem wir Informationen, Nachrichten, Wissen austauschen.
- Ermutigen wir uns zum Studium, zum Nachdenken oder zur Vertiefung bestimmter Fakten. Lernen wir, so wenig oberflächlich wie möglich zu sein.

Auf geistlicher Ebene wachsen

Für einen Christen ist die geistliche Ebene der Bereich, der mit der grössten Sorgfalt gepflegt werden muss. Gläubige Paare müssen daher vor allem auf geistlicher Ebene wachsen.

Dazu gibt es einige biblische Prinzipien zu berücksichtigen:

- Beide gläubigen Partner müssen sich gegenseitig helfen, einen Lebensstil zu entwickeln, der Gott gefällt. *«... und lasst uns aufeinander Acht haben, um uns zur Liebe und zu guten Werken anzureizen»* (Hebr. 10,24). Das müssen wir *«mit Sorgfalt»* tun – d. h. indem wir uns ernsthaft darum bemühen und diese Verantwortung nicht unterschätzen – und mit einer gewissen Ent-

[3] Ich möchte hier nicht missverstanden werden: Die angeführten Beispiele sollen nur die unvermeidliche intellektuelle Dynamik hervorheben, die sich in einer Partnerschaft entwickeln kann. Es ist nicht meine Absicht, Menschen in soziale und kulturelle Klassen einzuteilen und einige davon auf Kosten anderer zu bevorzugen. Es gibt Fälle, bei denen der grosse kulturelle Unterschied gut bewältigt wird und es keine Probleme gibt. Aber das sind in der Regel Einzelfälle und bilden nicht die Norm. Auch in diesem Bereich ist also Weisheit gefragt. Denn je mehr Gemeinsamkeiten das künftige Ehepaar hat, umso leichter wird es sein, mit eventuellen Spannungen innerhalb der Ehe umzugehen.

schlossenheit *«um uns anzureizen»* in unserer Beziehung zum Herrn zu wachsen.

■ Jeder Partner muss sich für das geistliche Wachstum und die geistliche Reife des anderen verantwortlich fühlen. Eine christliche Partnerschaft aufzubauen heisst auch, sich um das geistliche Wachstum des anderen zu kümmern. *«Das Wort des Christus wohne reichlich in euch; in aller Weisheit lehrt und ermahnt euch gegenseitig!»* (Kol. 3,16).

■ Beide müssen daran denken, dass Gott ihr gemeinsamer himmlischer Vater ist. Deshalb müssen sie lernen, ihre geistlichen Gedanken mitzuteilen und darüber zu sprechen, wie und was Gott in ihrem Leben wirkt, denn sie sind *«Mitbürger der Heiligen und Gottes Hausgenossen»* (Eph. 2,19).

■ Beide müssen ihre eigene persönliche Beziehung zu Gott pflegen, um in der Lage zu sein, dem anderen geistlich eine Hilfe sein zu können. *«Brüder, wenn auch ein Mensch von einem Fehltritt übereilt wird, so bringt ihr, die Geistlichen, einen solchen im Geist der Sanftmut wieder zurecht. Und dabei gib auf dich selbst Acht, dass nicht auch du versucht wirst»* (Gal. 6,1). Wesentlich ist es auch zu lernen, miteinander zu beten.

■ Beide müssen lernen, sich gegenseitig zu ermutigen, zu korrigieren und zu ermahnen: *«Ich bin aber, meine Brüder, auch selbst im Blick auf euch überzeugt, dass auch ihr selbst voller Güte seid, erfüllt mit aller Erkenntnis, fähig, auch einander zu ermahnen»* (Röm. 15,14).

■ Beide müssen füreinander ein gutes Beispiel sein, in jedem Bereich des praktischen Lebens, in der Sprache und im Benehmen. *«Niemand verachte deine Jugend, vielmehr sei ein Vorbild der Gläubigen im Wort, im Wandel, in Liebe, im Glauben, in Keuschheit!»* (1. Tim. 4,12).

■ Da *«die Liebe sich nicht unanständig benimmt»* (1. Kor. 13,5), haben beide gläubigen Verlobten die moralische und geistliche Verantwortung vor Gott, sich so zu verhalten, wie es dem Evangelium Christi würdig ist (vgl. Phil. 1,27). *«Und wenn ihr den Vater anruft, der ohne Ansehen der Person nach eines jeden Werk richtet, so wandelt die Zeit eurer Fremdlingschaft in Furcht!»* (1. Petr. 1,17). *«Wandelt als Kinder des Lichts ... indem ihr prüft, was dem Herrn wohlgefällig ist»* (Eph. 5, 8b, 10).

Das geistliche Wachstum ist ein entscheidender Aspekt für ein gläubiges Paar. Ihre Beziehung wird eine tiefe Verbundenheit erfahren, aber auch unter dem Segen Gottes stehen. Letzterer wird sich sowohl auf ihre gegenwärtige Liebesbeziehung als auch auf ihre künftige Ehe auswirken.

Erwartungen und Ziele

Wenn man sich in eine Liebesbeziehung einbringt, mit dem Ziel einer späteren Ehe, so muss auch gut über die gegenseitigen *Erwartungen* nachgedacht werden.

Da man aus unterschiedlichem familiärem Hintergrund kommt, wird jeder der Partner auch unterschiedliche Verhaltensmuster entwickeln, die möglicherweise den Erwartungen des anderen nicht entsprechen. So könnten beide in der späteren Ehe erwarten, dass der Partner sich so verhält, wie sich die eigenen Eltern verhalten haben.

Wenn z. B. der junge Mann aus einer Familie kommt, in der der Vater es gewohnt war, sich von seiner Frau in allem bedienen zu lassen, so wird auch er es ziemlich sicher für sein gutes Recht ansehen, dieses Verhaltensmuster nachzuahmen. Er wird also von seiner Frau erwarten, dass sie sich genauso verhält, wie seine Mutter sich gegenüber dem Vater verhalten hat. Wenn dagegen das Mädchen immer beobachten konnte, wie der Vater der Mutter auch bei den Arbeiten im Haushalt half, wird sie von ihrem Ehemann dasselbe erwarten.

Wie wird das junge Ehepaar damit umgehen, wenn es nicht schon vorher über diese praktischen Seiten gesprochen hat?

Natürlich ist das jetzt nur ein banales Beispiel. Die Erwartungen betreffen selbstverständlich jeden Bereich der Beziehung. Es ist also äusserst wichtig, dass sich ein konstruktiver Dialog entwickelt, um sich mit den jeweiligen Erwartungen auseinander zu setzen.

Eng mit den Erwartungen verbunden sind die *Ziele,* die sich ein Paar setzt. Sie müssen klar sein und von beiden geteilt werden. Wir haben schon in Kapitel 3 gesehen, welches die Ziele einer Ehe sind. Im Kapitel 5 wurde darauf hingewiesen, wie wichtig es ist, Gemeinsamkeiten zu haben und zueinander zu passen. Davon soll hier nicht mehr die Rede sein. Ich möchte nur noch einmal an einen sehr wichtigen biblischen Gedanken in dem folgenden schon zitierten Vers erinnern: *«Gehen etwa zwei miteinander, ausser wenn sie zusammengekommen sind?»* (Amos 3,3).

Rollen und Verpflichtungen

Wenn man daran denkt, sich zu verloben, ist es wichtig, sich von Anfang an darüber im Klaren zu sein, welches die jeweiligen Rollen und Verpflichtungen innerhalb einer Ehe sind.

So kann es sein, dass es in den ersten Monaten einer Ehe in der Partnerschaft Probleme gibt, was die jeweiligen Verpflichtungen betrifft. Das geschieht dann, wenn die Ehepartner nicht erkennen, welche Aufgaben ihnen zukommen, weil sie möglicherweise nicht genau über ihre Rollen Bescheid wissen. Zu viele Ehen scheitern aus diesem Grund.

Laut der zu Beginn des Jahres 2002 veröffentlichten Daten sind in Italien im Jahr 2001 die Scheidungen um 6% gestiegen. Betroffen davon sind vorwiegend Paare, die erst seit wenigen (3 bis 6) Jahren miteinander verheiratet waren.

Es gibt verschiedene Gründe, die ein Paar veranlassen können, sich zu trennen: Unvereinbarkeit der Charaktere, Egoismus, Ehebruch, Konflikte unterschiedlichster Art, Gewalt, Vernachlässigung, seelisches Unbehagen, zu wenig persönlicher Einsatz, etc. Meiner Meinung nach kommt es aber deshalb oft zu Trennungen, weil die Partner ihren Pflichten, die sie in der Ehe haben, nicht nachkommen, und zwar aus Egoismus, aus Unlust oder einfach deshalb, weil sie nicht wissen, worin diese bestehen. Man kann hier kein allgemeines und oberflächliches Urteil abgeben, denn jeder Fall müsste gesondert betrachtet werden. Trotzdem wäre es wichtig, dass jeder vor der Heirat sich darüber vollkommen im Klaren ist, welche Bedeutung eine Ehe hat und welche Faktoren es sind, die sie festigen bzw. bedrohen.

Verlobte Paare sollten sich ernsthafter mit den Rollen und Verpflichtungen auseinander setzen.

«Denn wer unter euch, der einen Turm bauen will, setzt sich nicht vorher hin und berechnet die Kosten, ob er das Nötige zur Ausführung habe?» (Luk. 14,28).

Klare Grenzen ziehen

Damit sich all das entwickeln kann, von dem weiter oben die Rede war, ist es wichtig, dass sich die Partner – im gegenseitigen Einverständnis – klare Grenzen setzen, die nicht überschritten werden dürfen. Diese Grenzen helfen, Situationen zu vermeiden, die nur schwer zu bewältigen sein könnten.

Sehen wir uns einige solcher Grenzen an.

■ **Zärtlichkeiten und Körpersprache.** Eine der Fragen, die mir am häufigsten von Jugendlichen gestellt wird, betrifft den Austausch von Zärtlichkeiten zwischen Verlobten: «Wie weit dürfen wir gehen?»

Ich glaube, man kann hier keine allgemein gültige Antwort geben und eine Liste der erlaubten und verbotenen Gesten aufstellen. Man kann einem verlobten Paar nicht vorschreiben, sich nur einen Kuss auf die Wange, nicht aber auf den Mund zu geben, oder den beiden zwar erlauben, sich auf den Mund zu küssen, aber nur mit geschlossenen Lippen. Wer so etwas verlangen würde, wäre nicht viel anders als jene Inquisitoren und Theologen im Mittelalter, die Listen darüber führten, was erlaubt oder verboten war. Für sie war die körperliche Sexualität nämlich die abstossendste aller Sünden.

Dennoch bin ich davon überzeugt, dass Kinder Gottes besonnen sein und sich selbst Grenzen setzen müssen, da sie wissen, dass die Bibel jede sexuelle Aktivität vor der Ehe verbietet. *Christen, die miteinander verlobt sind, müssten klug genug sein, ein Verhalten und Zärtlichkeiten (Umarmungen, Küsse, Berührungen, etc.) zu vermeiden, die unpassend sind und die Versuchung noch grösser machen könnten.*

Die Reaktion auf Berührungen ist von Mensch zu Mensch und je nach

Situation verschieden. Deshalb sollte jeder seine eigenen Grenzen kennen und daran denken, dass es leichtsinnig ist, sich in einer Weise zu verhalten, die das Verlangen anreizen kann. Ist das Feuer erst einmal entfacht, kann es nur schwer gelöscht werden! *«Kann man Feuer wohl tragen in seinem Gewandbausch, ohne dass einem die Kleider verbrennen? Oder kann jemand wohl schreiten auf glühenden Kohlen, ohne dass er sich die Füsse versengt?»* (Spr. 6,27–28).

Bei den Zärtlichkeiten eine Grenze zu ziehen, zeugt von Einfühlsamkeit und Rücksichtnahme für den Partner.

■ **Kleidung.** Auch das ist ein Aspekt, der nicht immer in seiner ganzen Bedeutung erfasst wird. Die Mode hat seit jeher Männern und Frauen vorgeschrieben, wie sie sich zu kleiden haben. Und immer schon hat die *Verführung* dabei eine Rolle gespielt. Es scheint, dass die Frauen sich auf eine bestimmte Art und Weise kleiden müssen, um die Männer zu locken und in ihnen sexuelle Gedanken und Wünsche hervorzurufen. Es wird immer mehr nackte Haut gezeigt: am Rücken, an den Beinen, am Bauch. Auch gläubige junge Mädchen lassen sich oft von diesem Trend mitreissen.

Die Bibel hat aber auch diesbezüglich etwas zu sagen:

«Ebenso, dass auch die Frauen sich in würdiger Haltung mit Schamhaftigkeit und Sittsamkeit schmücken, nicht mit Haarflechten und Gold oder Perlen oder kostbarer Kleidung, sondern mit dem, was Frauen geziemt, die sich zur Gottesfurcht bekennen, durch gute Werke» (1. Tim. 2,9–10). *«... indem sie euren in Furcht reinen Wandel angeschaut haben! Euer Schmuck sei nicht der äusserliche durch Flechten der Haare und Umhängen von Gold oder Anziehen von Kleidern, sondern der verborgene Mensch des Herzens im unvergänglichen Schmuck des sanften und stillen Geistes, der vor Gott sehr köstlich ist»* (1. Petr. 3,2–4).

Wir haben schon gesehen, dass Jungen von visuellen Reizen in besonderer Weise angesprochen werden. Sie sind deshalb sehr empfänglich dafür, wie sich Mädchen anziehen. Die aber sind sich vielleicht gar nicht bewusst, wie Jungen darauf reagieren, wenn Mädchen z. B. einen aufreizend kurzen Minirock tragen.

Es ist sehr aufschlussreich, wie die jugendlichen Teilnehmer der schon mehrmals erwähnten Bibelfreizeit zu diesem Thema geantwortet haben.

	Ich stimme zu		Ich stimme nicht zu		Ich weiss nicht	
AUSSAGE	J	M	J	M	J	M
Der Minirock ist ein Kleidungsstück wie jedes andere	39,5%	30,2%	56%	58,4%	4,5%	11,4%

Diese Zahlen zeigen, dass sowohl die Mehrheit der Jungen (56%) als auch der Mädchen (58,4%) sich bewusst ist, dass der Minirock anders wirkt als ein Sweatshirt oder ein Jogginganzug.

Der Minirock ist nur eines von vielen Kleidungsstücken, der den Umgang mit visuellen Reizen problematisch machen könnte.

Man tut also gut daran, bei den Grenzen, die in der Liebesbeziehung eines gläubigen Paares zu ziehen sind, auch darauf bedacht zu sein, sich so zu kleiden, dass dadurch kein Verlangen entsteht. Das würde nämlich beiden schaden.

■ **Zeit, die man gemeinsam verbringt.** Auch in diesem Punkt sollte man nicht dogmatisch sein. Ein guter Massstab besteht darin, andere Aktivitäten nicht zu kurz kommen zu lassen: die Schule, das Studium, den Sport, Zusammenkünfte, Freunde, die Familie, etc.

Die gemeinsam verbrachte Zeit ist für beide Partner wertvoll. Deshalb darf sie nicht unnütz vertan werden. Es gibt z. B. Paare, die sich so sehr daran gewöhnt haben, Zeit miteinander zu verbringen, dass sie ganze Nachmittage in der Wohnung des einen oder anderen Partners verbringen. Sie hören dann vielleicht nur Musik oder sehen fern, ohne auch nur ein Wort miteinander zu reden. Die Eltern sind vielleicht ganz froh darüber, weil sie ihre Kinder auf diese Weise kontrollieren können. Das ist aber keine sehr konstruktive Art, Zeit gemeinsam zu verbringen. Es ist besser, nicht so viel Zeit füreinander zu haben, sie dafür aber besser zu nutzen, um die Beziehung zu vertiefen.

Gemeinsam in den Fernseher zu starren – nur um einander nahe zu sein – heisst nicht, dass man sich dabei auf gefühlsmässiger, intellektueller und geistlicher Ebene näher kommt.

«Seht nun genau zu, wie ihr wandelt, nicht als Unweise, sondern als Weise! Kauft die rechte Zeit aus! Denn die Tage sind böse!» (Eph. 5,15–16). Das hier verwendete griechische Wort für Zeit ist *kairos*. Es betont den Wert der Zeit. Der Christ ist deshalb dazu aufgerufen, sie auszukaufen, d. h. sie für sein Leben wertvoll werden zu lassen.

Wenn die Zeit, die man miteinander verbringen will, einerseits nicht vergeudet werden soll, so darf sie andererseits auch nicht zu knapp bemessen sein. Die Verlobten müssen die Möglichkeit haben, sich kennen zu lernen. Dazu brauchen sie Zeit – Zeit, um zu reden, um verschiedene Situationen des Alltags zu bewältigen und um gemeinsam als Paar zu wachsen, und zwar innerhalb der Grenzen, die sich aus ihrer Situation heraus ergeben.

■ **Die Art des Zusammenseins.** Ich glaube, dieser Punkt wurde bereits ausführlich genug behandelt. Ich möchte hier nur daran erinnern, dass Christen, die miteinander verlobt sind, *geistlich* gesehen Bruder und Schwester in Christus sind. Daher dürfen sie kein zweideutiges oder zweifelhaftes Verhalten an den Tag legen. Sie müssen sich vielmehr gegenseitig helfen, die Ziele, die sie sich für ihre Beziehung gesteckt haben, zu erreichen und sich gegenseitig ermutigen, auch die Grenzen einzuhalten.

- **Den Geist schützen.** Wir haben schon gesehen, dass das Verlangen und die Versuchung in unserem Herzen entstehen. Daher ist es wichtig, es von sündigen Gedanken frei zu halten. Das kann man tun, indem man nichts liest, anschaut oder über Dinge spricht, die zu einer Versuchung werden oder negative Beispiele abgeben könnten. Auch dieses Thema wurde in den vorhergehenden Kapiteln schon eingehend behandelt.

Lernen, miteinander zu reden

Reden ist nicht immer gleichbedeutend mit *kommunizieren.* Jeder kann Töne (Worte) von sich geben. Aber nicht jeder ist in der Lage, ein echtes Gespräch zu führen. Echte Kommunikation ist eine Kunst, die gepflegt und sorgfältig geübt werden muss.

Wir leben heute in einer Zeit, in der sich die Kommunikation unheimlich weiterentwickelt hat. Trotzdem können wir Menschen uns in vielen Bereichen des sozialen Lebens nicht verständigen. Mangelndes Verständnis ist die Wurzel vieler Konflikte. Das gilt auch für eine Liebesbeziehung, in der man stattdessen eine echte Vertrautheit zueinander entwickeln müsste.

Wie oft hatten wir es schon mit Menschen zu tun, mit denen ein Gespräch sehr schwierig war. Vielleicht weil sie nicht reden oder, im Gegenteil, zu viel reden (vor allem von sich selbst) und uns vielleicht weder Zeit noch Gelegenheit geben, auch etwas zu sagen. Manchmal hat es den Anschein, dass solche Menschen eine Mauer aus Worten errichten wollen, um es ihrem Gesprächspartner zu verunmöglichen, seine Meinung oder seine Gedanken zu äussern. *«Und der Tor macht viele Worte»* (Pred. 10,14). *«Bei vielen Worten bleibt Treubruch nicht aus, wer aber seine Lippen zügelt, handelt klug»* (Spr. 10,19).

In jeder zwischenmenschlichen Beziehung, vor allem aber in einer Liebesbeziehung, müssen wir lernen, Ideen, Gedanken, Zuneigung, Liebe, Fürsorge, etc. zu vermitteln. All diese Dinge können sowohl mit als auch ohne Worte weitergegeben werden. Die beiden Partner müssen gut miteinander kommunizieren können. Das ist dann der Fall, wenn man in der Lage ist, zu *reden,* aber vor allem auch, *zuzuhören.*

Niemand kommt mit der Gabe des Zuhörens auf die Welt. Uns fällt es viel leichter, zu *reden* als *zuzuhören.* Auch das Zuhören will also gelernt sein. *«Jeder Mensch sei schnell zum Hören, langsam zum Reden»* (Jak. 1,19).

Folgende Merkmale zeichnen eine/n *schlechte/n Zuhörer/in* aus:

- **Es geht ihm/ihr nicht darum, zu verstehen.** Er/Sie ist nicht am eigentlichen Zweck der Kommunikation interessiert. Ihm/Ihr geht es nur darum, die eigene Meinung zu vertreten.

■ **Er/Sie täuscht Interesse vor,** um dem Gesprächspartner oberflächlich entgegenzukommen.

■ **Er/Sie unterbricht den anderen oft,** um sich zu verteidigen. Hinter so einem Verhalten steckt eine grosse Unsicherheit, die mit Aggressivität getarnt wird. Er/Sie ist von den eigenen Ideen nicht überzeugt und hat Angst, dass der Gesprächspartner diese in Frage stellen könnte.

■ **Er/Sie hört selektiv zu,** d. h. man hört nur das, was man hören will.

■ **Er/Sie hört nur das, was dem Selbstschutz dient.** Dinge, die die Eigenliebe und den eigenen Stolz in Frage stellen, werden überhört.

■ **Er/Sie reagiert gereizt,** um den Gesprächspartner einzuschüchtern und ihn den eigenen Unmut und die vermeintliche Überlegenheit spüren zu lassen.

Diese Faktoren machen das Gespräch zwischen zwei Menschen sehr problematisch. Der schlechte Zuhörer bringt seine Selbstbezogenheit zum Ausdruck. Er bringt die Beziehung aus dem Gleichgewicht und verhindert ihr Wachstum.

Ein/e *gute/r Zuhörer/in* hat hingegen folgende Eigenschaften:

■ **Er/Sie regt das Gespräch an,** weil er/sie alle Seiten verstehen möchte, die eine Hilfe sein können, um das Gesagte wirklich zu begreifen.

■ **Er/Sie hört zu und misst dem Gesagten Bedeutung bei.** Mit anderen Worten, man stellt sich nicht über, sondern auf dieselbe Stufe mit dem Gesprächspartner. Auch der Standpunkt des anderen wird für wichtig gehalten.

■ **Er/Sie hört bereitwillig zu.** Diese Haltung bringt zum Ausdruck, dass man sein Gegenüber schätzt. Sie zeigt auch, dass man die Motive des anderen wirklich verstehen möchte.

■ **Er/Sie hört zu, um den anderen zu verstehen.** In einer Liebesbeziehung soll die Kommunikation dazu beitragen, sich dem anderen zu öffnen, und zwar sowohl auf verbalem als auch auf nonverbalem Weg. Erst wenn man zuhört, um verstehen zu wollen, bringt man damit echte Reife zum Ausdruck.

■ **Er/Sie bezieht Gott darin mit ein.** D. h. man schliesst die Möglichkeit nicht aus, dass der Herr durch den Partner zu einem reden will. Vielleicht um die Aufmerksamkeit auf bestimmte geistliche Aspekte zu lenken, bei denen man sich verändern muss.

Alle hier angeführten Elemente sind unbedingt notwendig, um eine ausgewogene und konstruktive Beziehung zwischen zwei christlichen Partnern aufzubauen.

Die Erfahrungswerte aus der christlichen Eheberatung geben Grund zur Annahme, dass viele Eheprobleme zu vermeiden gewesen wären, wenn schon während der Verlobung über jeden Bereich des alltäglichen Lebens viel gründlicher diskutiert worden wäre.

Ein konsequent gelebter biblischer Glaube ist die unverzichtbare Voraussetzung für eine ungetrübte und stabile Ehe. Deshalb möchte ich jeden ermutigen, der gerade diese wunderbare Zeit der Verlobung durchmacht, die Anweisungen der Heiligen Schrift genau zu befolgen und zu versuchen, sein Bestes in die Beziehung einzubringen, die – wenn sie nach dem Herzen Gottes geführt wird –für die spätere Ehe ein wahrer Segen sein wird.

Ich möchte aber auch all jenen, die noch nicht verlobt sind, Mut machen, sich anhand der Bibel feste Bezugspunkte aufzustellen. Wir haben gesehen, welche Kriterien für die Wahl des Partners ausschlaggebend sind. Jetzt müssen wir sie nur noch in einer betenden Gesinnung befolgen und auf das Wirken Gottes vertrauen.

Wir wollen dabei die Mühe nicht scheuen, die verlangt wird, um die in diesem Buch angeführten Empfehlungen umzusetzen.

Unser Einsatz von heute ist die beste Investition für morgen!

20. Die geistliche Unberührtheit wiederfinden

Nach der Bekehrung kann es der Fall sein, dass man die belastende Erfahrung einer gescheiterten Liebesbeziehung verarbeiten muss, in der es auch zu sexueller Aktivität gekommen ist. Die Unbefangenheit im Umgang miteinander könnte gerade durch die Erinnerung an diese Sünden und durch die damit verbundenen Schuldgefühle getrübt werden.

Was soll man da tun? Wie sich verhalten? Wenn wir jemanden kennen lernen und uns in ihn verlieben, später aber herausfinden, dass er/sie schon sexuelle Beziehungen mit einer anderen Person hatte, wie sollen wir dann darauf reagieren?

Einige Statistiken

Wir haben schon darauf hingewiesen, dass in der heutigen Gesellschaft die Unberührtheit anscheinend nicht mehr für so wichtig gehalten wird, wie das früher einmal der Fall war. Trotzdem hat sie für Christen nach wie vor eine gewisse Bedeutung.

Um verstehen zu können, welchen Stellenwert dieser besondere Aspekt einer Beziehung hat, sehen wir uns hierzu einige Zahlen an:[1]

	Ich stimme zu		Ich stimme nicht zu		Ich weiss nicht	
AUSSAGE	J	M	J	M	J	M
Meiner Meinung nach hat Unberührtheit heute keinen Wert mehr	6,8%	16%	81,8%	78,5%	11,4%	5,5%
Ich würde mich nicht so sicher dabei fühlen, jemanden zu heiraten, der schon vor mir sexuellen Verkehr mit anderen hatte	38,6%	30,9%	45,4%	40%	16%	29,1%

[1] Diese Daten beziehen sich auf die schon mehrmals erwähnte Bibelfreizeit für Jugendliche.

	Ich stimme zu		Ich stimme nicht zu		Ich weiss nicht	
AUSSAGE	J	M	J	M	J	M
Die Gnade Gottes kann dem Sünder eine neue geistliche Unberührtheit geben	73,2%	62,5%	4,8%	3,5%	22%	34%

Über die Ergebnisse der ersten beiden Aussagen haben wir schon gesprochen. Ich halte es aber für wichtig, im Zusammenhang mit den Zahlen der dritten Aussage noch einmal näher auf sie einzugehen.

Diese Zahlen geben meiner Meinung nach Anlass zu Überlegungen, die beachtenswert sind.

- Es sind vor allem die Jungen, die Unberührtheit für eine noch wichtige Tugend halten. Gut 16% der Mädchen hält sie dagegen für überholt.
- Die Zahl derer, die sich nicht so sicher dabei fühlen würden, jemanden zu heiraten, der bereits sexuelle Beziehungen hatte, entspricht mehr oder weniger dem Prozentsatz jener, die mit so einer Situation problemlos umgehen könnten (ca. 10% sowohl bei den Jungen als auch bei den Mädchen).
- Was die dritte Aussage betrifft, ist es bedeutungsvoll, dass sich der Prozentsatz der Jungen und Mädchen, die diese Aussage bejahen, ziemlich unterscheidet (immerhin10,7%!). Das könnte bedeuten, dass Mädchen, für die Unberührtheit eine wichtige Tugend ist, eine tiefere *persönliche* Beziehung dazu haben als Jungen. Sie vor der Ehe zu verlieren, könnte für Mädchen gleichbedeutend mit einer Sünde sein, die enger an ihre Person gebunden ist. Ein Mädchen könnte nämlich nach seiner Bekehrung – im Gegensatz zu einem Jungen – die Last dieser Sünde stärker empfinden.

Das würde auch erklären, warum nur sechs von zehn Mädchen der Meinung sind, dass die Gnade Gottes dem Sünder eine neue geistliche Unberührtheit zurückgeben kann.

- Ich möchte im Zusammenhang mit der dritten Aussage auch auf die Zahl derer hinweisen, die keine Antwort auf diese Frage haben (22% der Jungen und 34% der Mädchen). Das zeigt, dass eine bestimmte Zahl Jugendlicher – obwohl sie in eine örtliche Gemeinde eingebunden sind – dennoch keine klare Vorstellung von der Gnade Gottes haben.

Vielleicht ist es aber auch nur eine Frage der Wortwahl. Möglicherweise können sie nicht verstehen, was genau mit *neuer geistlicher Unberührtheit* gemeint ist.

Wie dem auch sei, es scheint mir jedenfalls angebracht, ein paar Worte zu diesem Thema zu sagen, das für unsere Beziehung zu Gott so wichtig ist.

Die Gnade Gottes verstehen

Um die Tiefe und Vollkommenheit der göttlichen Gnade zu verstehen, muss man die Sünde so sehen, wie Gott sie sieht.

Die Sünde drückt die Verneinung all dessen, was gut und rein erschaffen worden war, aus. Sie steht für die Weigerung, das zu tun, was der Herr will. Aus diesem Grund schafft die Sünde eine Kluft zwischen Gott und den Menschen. Sie macht es dem Menschen unmöglich, sich Gott nähern zu können.

Die Sünde ist in gewissem Sinn das Zeichen der Herrschaft Satans über den Menschen. Deshalb hält sie uns vom Herrn fern.

«Eure Vergehen sind es, die eine Scheidung gemacht haben zwischen euch und eurem Gott, und eure Sünden haben sein Angesicht vor euch verhüllt, dass er nicht hört» (Jes. 59,2).

Der Sünder kann deshalb vor Gott auch nicht bestehen. Folglich ist eine *Neuschöpfung* nötig, die die Folgen der Sünde auslöscht.[2] Erst diese Veränderung macht es dem Menschen möglich, in die Gegenwart des Vaters zu treten und sein *Kind* zu werden. Dafür muss er aber in allen Bereichen seines Seins verändert werden. Aber aus eigenen Kräften wird uns das nie gelingen. Jedes eigenes Bemühen, uns von der Strafe zu befreien, die uns aufgrund der Sünde droht, ist sinnlos. *«Die Gerechtigkeit des Gerechten wird ihn nicht retten am Tag seines Vergehens; (...) Und die Gerechtigkeit des Gerechten – er wird durch sie nicht leben können»* (Hes. 33,12).

Kein Mensch kann sich selber retten, weil ein solcher Versuch vor Gott vergeblich ist.

Wenn die Dinge so liegen, wer kann uns dann überhaupt retten?

«Als aber die Jünger es hörten, gerieten sie ganz ausser sich und sagten: 'Wer kann dann gerettet werden?' Jesus aber sah sie an und sprach zu ihnen: 'Bei Menschen ist dies unmöglich, bei Gott aber sind alle Dinge möglich» (Matth. 19,25–26).

Gott selbst ist es, der in Christus das Werk der Erlösung vollbracht hat!

Die Bibel sagt, dass jeder, der sich vor Gott schuldig bekennt, seine Sünden bereut und um Vergebung bittet, Gnade empfängt. Das bringt ihn in eine neue Stellung vor dem Herrn, und zwar für alle Ewigkeit.

«So tut nun Busse und bekehrt euch, dass eure Sünden ausgetilgt werden» (Apg. 3,19). *«Wenn eure Sünden rot wie Karmesin sind, wie Schnee sollen sie weiss werden. Wenn sie rot sind wie Purpur, wie Wolle sollen sie werden»* (Jes. 1,18). *«Und du wirst alle ihre Sünden in die Tiefen des Meeres werfen»* (Micha 7,19).

---

2 Zur Vertiefung dieses Themas bezüglich der Folgen der Sünde und der Erlösung durch Gott, siehe: Marco Distort, *Vivere la redenzione – spirituale, emotiva, fisica (Erlösung erleben – geistlich, emotional, körperlich)*, UCEB, Fondi (Lt), 1999.

Das souveräne Handeln Gottes zeigt sich also darin, dass er uns nur aus Gnade allein retten will, durch den Glauben. *«Denn aus Gnade seid ihr gerettet, durch Glauben, und das nicht aus euch, Gottes Gabe ist es; nicht aus Werken, damit niemand sich rühme»* (Eph. 2,8–9).

Auf der Grundlage der Errettung aus Gnade gibt Gott dem Menschen, der sich bekehrt, eine *neue Natur. «Daher, wenn jemand in Christus ist, so ist er eine neue Schöpfung; das Alte ist vergangen, siehe Neues ist geworden. Alles aber von Gott, der uns mit sich selbst versöhnt hat durch Christus»* (2. Kor. 5,17–18).

Deshalb kann der Mensch, der Busse tut, den Segen der Errettung durch Christus im Glauben für sich in Anspruch nehmen. Der Herr selbst hat ihm nämlich ein neues Leben gegeben, d. h. ein neues Sein.

In dieser neuen Realität ist der Mensch für die Sünde *tot* (d. h. er ist dem Einflussbereich Satans entrissen worden), und er ist in das Reich Gottes *hineingeboren* worden – unter neuen Voraussetzungen und mit neuen Zielen. *«Er hat uns errettet aus der Macht der Finsternis und versetzt in das Reich des Sohnes seiner Liebe. In ihm haben wir die Erlösung, die Vergebung der Sünden»* (Kol. 1,13–14).

Durch das Opfer Christi wird der Gerechtigkeit Gottes Genüge getan, indem er dem Sohn die Strafe der Schuld zurechnet. Diese Strafe hätte aber der Sünder bezahlen müssen. Das göttliche Gesetz sieht nämlich vor, dass *«es ohne Blutvergiessen keine Vergebung gibt»* (Hebr. 9,22). So hat der Vater also *im irdischen Leib* Jesu Christi die Sünde selbst gerichtet und das Opfer auf Golgatha zum stellvertretenden, vollkommenen und ein für alle Mal ausreichenden Opfer gemacht. *«Denn alle haben gesündigt und erlangen nicht die Herrlichkeit Gottes und werden umsonst gerechtfertigt durch seine Gnade, durch die Erlösung, die in Christus Jesus ist. Ihn hat Gott hingestellt als einen Sühneort durch den Glauben an sein Blut zum Erweis seiner Gerechtigkeit»* (Röm. 3,23–25).

Die Beziehung zwischen dem Sünder und Gott wird kraft der göttlichen Entscheidung, die Menschen aus Gnade zu retten, also ohne jeden eigenen Verdienst, wiederhergestellt. Es ist die Gnade, die diese Beziehung wiederherstellt, weil Gott:

- Jesus für uns zur Sünde gemacht hat;
- dieses stellvertretende Opfer als vollkommen ausreichend ansieht, um die zu rechtfertigen, die Busse tun und dieses Opfer für sich persönlich im Glauben in Anspruch nehmen. Auf diese Weise wird der bussfertige Sünder für gerecht erklärt und von Gott angenommen, weil Christus an seiner Stelle bezahlt hat.

Die *neue Beziehung* zwischen dem Sünder, dem vergeben worden ist, und Gott ist in erster Linie eine Liebesbeziehung. Ihre Grundvoraussetzung ist, dass sie unverdient ist, da sie weder an eine Bedingung geknüpft noch die Folge unseres Handelns ist. Die Initiative liegt einzig und allein bei Gott, der souverän handelt. *«Denn wir urteilen, dass der Mensch durch Glauben gerechtfertigt wird, ohne Gesetzeswerke»* (Röm. 3,28). Er hat nämlich ein für alle Mal beschlossen, auf diese Weise die zu retten, die Busse tun.

Das heisst nun aber nicht, dass sich die Gnade Gottes nicht in den Taten eines praktischen und aktiven Glaubens zeigen soll! Auch wenn wir aus Gnade errettet worden sind, liegt unsere Verantwortung darin, die Früchte unserer Busse zu zeigen. *«Denn wir sind sein Gebilde, in Christus Jesus geschaffen zu guten Werken, die Gott vorher bereitet hat, damit wir in ihnen wandeln»* (Eph. 2,10). Echter, rettender Glaube wird im Leben sichtbar.

Eng verbunden mit dem Begriff der *Gnade* ist jener der *Vergebung.* «Um Vergebung bitten» hat eine sehr tiefe Bedeutung, denn es heisst, seine Schuld zugeben, ohne Entschuldigungen oder Milderungsgründe zu suchen. Wir sind uns dabei bewusst, dass nur derjenige, den wir verletzt haben, das ihm zugefügte Unrecht durch die Vergebung auslöschen kann. Wir können nichts tun, als uns schuldig zu bekennen und eine aufrichtige Reue zu zeigen. Auf diese Weise legen wir alles in die Hände dessen, den wir verletzt haben. Er allein wird entscheiden, ob er uns vergeben will oder nicht.

Wenn Vergebung gewährt wird, muss sie *vollkommen* und *bedingungslos* sein. Ansonsten ist es keine Vergebung. Sie ist nämlich ein unverdientes, auf Liebe beruhendes *Geschenk.*

Wenn wir das begreifen und verstehen, dass nicht nur die Liebe Gottes keine Bedingungen stellt, sondern, dass auch seine Gnade bedingungslos ist, dann werden wir die Vollkommenheit der Gnade wirklich erfassen!

«Wo aber die Sünde zugenommen hat, ist die Gnade überreich geworden» (Röm. 5:20). *«... der ich früher ein Lästerer und Verfolger und Gewalttäter war; aber mir ist Barmherzigkeit zuteil geworden, weil ich es unwissend im Unglauben getan hatte; überströmend aber war die Gnade unseres Herrn mit Glauben und Liebe, die in Christus Jesus sind»* (1. Tim. 1,13–14).

Ein Neuanfang

Anhand dieser theologischen Voraussetzungen können wir begreifen, dass die Erlösung Gottes in Christus *vollkommen* ist. Sie wirkt sich auf drei Ebenen unseres Lebens aus: Geist, Seele und Körper. Sie betrifft unsere Beziehung zu Gott, unsere Gefühle und unsere Körperlichkeit.

Das Werk Gottes in Christus bringt uns auch eine Erlösung im sexuellen Bereich. Die Schrift sagt uns, dass *«das Alte vergangen ist, siehe, Neues ist geworden»* (2. Kor. 5,17). In Christus haben wir ein *neues Leben,* und deshalb gibt es für uns auch einen *Neuanfang.*

Wie viele Menschen gibt es, die noch einmal von vorne anfangen möchten und gerne all die Fehler vermeiden würden, die sie bereut haben. Menschlich gesehen ist so etwas unmöglich, aber bei Gott ist es möglich. Jeder von uns kann ein neues Leben beginnen.

Es ist klar, dass man sich auf etwas bezieht, das nur im *geistlichen* Bereich erfolgen kann, wenn vom Wiedererlangen der geistlichen Unberührtheit die Rede ist. Von einem *physischen* Standpunkt aus gesehen, kann man die Unberührtheit nicht mehr zurückholen. Aber dank der Erlösung, auch im sexuellen Bereich, können wir unsere Gedanken und Erinnerungen ändern, und zwar auf der Grundlage des neuen geistlichen Lebens, das Christus uns geschenkt hat. Wir erfahren also im Laufe der Zeit eine innere Erneuerung und finden, mithilfe des Heiligen Geistes, eine neue gefühlsmässige Dimension, um eine reine Liebesbeziehung, die nach dem Willen Gottes ist, aufzubauen, *so als ob wir wieder unberührt geworden wären.*

Ein wunderbares Bild eines Menschen, der nach einer sexuellen Sünde die Möglichkeit hatte, sein Leben noch einmal von vorne, mit neuen Perspektiven, zu beginnen, finden wir im Johannesevangelium:

«Die Schriftgelehrten und Pharisäer aber bringen eine Frau, die beim Ehebruch ergriffen worden war, und stellen sie in die Mitte und sagen zu ihm: 'Lehrer, diese Frau ist auf frischer Tat beim Ehebruch ergriffen worden. In dem Gesetz aber hat uns Mose geboten, solche zu steinigen. Du nun, was sagst du?' Dies aber sagten sie, ihn zu versuchen, damit sie etwas hätten, um ihn anzuklagen. Jesus aber bückte sich nieder und schrieb mit dem Finger auf die Erde. Als sie aber fortfuhren, ihn zu fragen, richtete er sich auf und sprach zu ihnen: 'Wer von euch ohne Sünde ist, werfe als Erster einen Stein auf sie'. Und wieder bückte er sich nieder und schrieb auf die Erde. Als sie aber dies hörten, gingen sie einer nach dem anderen hinaus, angefangen von den Älteren; und er wurde allein gelassen mit der Frau, die in der Mitte stand. Jesus aber richtete sich auf und sprach zu ihr: 'Frau, wo sind sie? Hat niemand dich verurteilt?' Sie aber sprach: 'Niemand, Herr'. Jesus aber sprach zu ihr: 'Auch ich verurteile dich nicht. Geh hin und sündige von jetzt an nicht mehr!'» (Joh. 8,3–11).

Diese Frau konnte keine Ausflüchte machen, denn sie war auf frischer Tat ertappt worden.

Ihre sexuelle Sünde war offensichtlich.

Trotzdem gab Jesus ihr die Möglichkeit zu einem Neubeginn.

Aus Gnade löschte er ihre geistliche Schuld aus. Er machte sie frei von den geistlichen Auswirkungen ihrer Sünde. Aber *er forderte sie auch auf, nicht mehr zu sündigen.* Die Bedingung, um ein neues Leben anzufangen ist, von der Sünde abzulassen, nachdem sie zum Kreuz gebracht wurde.

Wer also unerlaubte sexuelle Beziehungen hatte, kann einen Neubeginn erfahren, und zwar auf der Grundlage seiner Busse und seiner Entscheidung, dem Herrn zu gehorchen und die Sünde aufzugeben.

Das wird dann seine neue geistliche Unberührtheit sein.

Der Herr wird jedem, der diese Entscheidung trifft, dabei helfen.

«Wenn wir unsere Sünden bekennen, ist er treu und gerecht, dass er uns die Sünden vergibt und uns reinigt von jeder Ungerechtigkeit» (1. Joh. 1,9).

Jeder von uns kann vor Gott Wiederherstellung erfahren. In seiner Barmherzigkeit wird uns der Herr die Kraft geben, in unserem neuen von ihm geschenkten Leben seinen Willen zu tun.

Auch in einer neuen (oder erneuerten) Liebesbeziehung werden wir die mächtige Hilfe des Herrn erfahren, der eingreift, um die zu stärken, die seinen Geboten gehorchen möchten.

Zwar sind wir nicht verpflichtet, uns gefühlsmässig an jemanden zu binden, der schon sexuelle Beziehungen mit jemand anderem hatte. Wenn das aber der Fall sein sollte und diese Person – als Bruder oder Schwester in Christus – uns das bekennt, dann denken wir daran, bevor wir irgendeine Entscheidung treffen, dass Jesus nicht nur für die Sünden dieser Person gestorben ist, sondern auch für unsere eigenen. Die betreffende Person ist kein grösserer Sünder als wir, sondern wir sind beide Sünder vor Gott.

Wir wollen den Herrn bitten, uns dieses Bewusstsein um die Gnade immer grösser werden zu lassen, und uns daran erinnern, dass jeder, der vom Blut Christi rein gewaschen wurde, ein *neuer Mensch* geworden ist.

Die Erfahrung in der Seelsorge zeigt auch, dass diejenigen, die sich der Schwere ihrer früheren Sünden stärker bewusst sind, im Allgemeinen dem Herrn auch viel dankbarer sind, wenn sie die *Vollkommenheit* und Tiefe der Vergebung begreifen. Ihre Beziehung zu Gott beruht auf einer tiefen Dankbarkeit für das *unverdiente Geschenk* der Errettung. Und manchmal – auch wenn es nicht die Norm ist – folgen sie aus diesem Grund auch treuer dem Herrn nach als andere.

Abschliessend möchte ich zu den Ausführungen in diesem Kapitel noch etwas hinzufügen: Lasst uns auf den Herrn sehen und aufrichtig darum bemüht sein, eine ungetrübte und gesegnete Beziehung aufzubauen, zur Verherrlichung Gottes und zu unserer gegenseitigen Erbauung!

Als Verlobte von heute … und als Familie von morgen.

Ich kann mit Gewissheit sagen, dass sich die Mühe lohnt!

Denken wir daran:

«Durch Weisheit wird ein Haus gebaut, und durch Verstand wird es befestigt; und durch Erkenntnis füllen sich die Kammern mit allerlei kostbaren und angenehmen Gütern» (Spr. 24,3–4).

«Der Weise höre und mehre die Kenntnis,
und der Verständige erwerbe weisen Rat …
Die Furcht des Herrn ist der Anfang der Erkenntnis.
Weisheit und Zucht verachten nur die Narren.»
(Spr. 1,5;7)

TEIL 5
HEIKLE FRAGEN

Die in diesem Abschnitt behandelten Fragen erschöpfen die Problematik vorehelicher Sexualität nicht. Es handelt sich aber jedoch um Fragen, die bei Jugendfreizeiten am häufigsten gestellt werden.

VERSTEHT MAN UNTER *SEXUELLER HANDLUNG* NUR DEN VOLLSTÄNDIGEN GESCHLECHTSVERKEHR?

Man spricht von *vollständigem Geschlechtsverkehr,* wenn der Penis in die Scheide eingeführt wird und es in der Folge zum Samenerguss kommt. Aber *jede sexuelle Handlung zwischen zwei Personen gilt prinzipiell als sexuelle Aktivität.* Mit sexueller Aktivität sind nämlich auch all die intimen Zärtlichkeiten *(Petting)* gemeint, die die erogenen[1] und genitalen Zonen stimulieren, auch wenn es dabei zu keiner Penetration (Eindringen des Penis) kommt.

Man darf nicht glauben, dass man keinen sexuellen Verkehr hat, solange man die Penetration vermeidet. Jeder Aspekt der körperlichen Liebe, der über zärtliche Umarmungen, Küsse oder *nicht erregende* Zärtlichkeiten hinausgeht, fällt in den Bereich der körperlichen Intimität (weil er bereits den sexuellen Bereich betrifft) und gehört deshalb nur in die Ehe!

Sehen wir uns dazu die Antworten einer Gruppe von gläubigen Jugendlichen an:

	Ich stimme zu		Ich stimme nicht zu		Ich weiss nicht	
AUSSAGE	J	M	J	M	J	M
Man kann körperlich intim sein, ohne dass es dabei zum vollständigen Geschlechtsverkehr kommt	61,3%	48,2%	22,7%	46,4%	16%	5,4%

Es gibt hier keine klare Übereinstimmung bei den Antworten, weil man sich diesbezüglich vielleicht nicht im Klaren ist.

Bei den Mädchen ist die Zahl derer, die ihr zustimmen, mehr oder weniger gleich hoch wie die Zahl jener, die ihr nicht zustimmen (48,2% gegenüber 46,4%). Bei den Jungen ist der Unterschied dagegen deutlich grösser (61,3% gegenüber 22,7%).

Möglicherweise wird *Petting* nicht auf die gleiche Stufe mit richtiger sexueller Aktivität gestellt.

Aber was versteht man nun eigentlich unter *Petting?*

---

[1] Die *erogenen Zonen* sind jene Teile des menschlichen Körpers, die bei Stimulierung sexuelle Erregung und Lust hervorrufen.

Das Wort *Petting* kommt aus dem Englischen und wird im Allgemeinen mit *zärtlichem Streicheln* übersetzt. Es bezieht sich auf Liebesbezeugungen, die zwei Partner miteinander austauschen.

Es ist schwierig einzuordnen, weil es eine grosse Bandbreite sexueller Kontakte umfasst: Es reicht vom Kuss bis zum vollständigen Geschlechtsverkehr. Man spricht von *heftigem Petting,* wenn es sich auf den genitalen Bereich konzentriert und zum Orgasmus führen kann.

Da es die *erotische* Seite der Liebe anspricht, ist die zuletzt genannte Art des Pettings dem verheirateten Paar vorbehalten, weil es ein Vorspiel zum vollständigen Geschlechtsverkehr ist.

Es ist daher wichtig, sich darüber im Klaren zu sein, um sich zum gegenseitigen Schutz Grenzen festzulegen: Je mehr man sich erregenden Handlungen hingibt – auch wenn man dabei gar nicht zum richtigen Geschlechtsakt kommen will – umso schwieriger wird es sein, nicht zu weit zu gehen, vor allem für die Jungen.

Sich zu umarmen, Händchen zu halten, sich zu küssen, Zärtlichkeiten auszutauschen, sich auf die Knie des Partners zu setzen – all das sind normale Aspekte einer Liebesbeziehung, die auf *reine* Art erfahren werden. Eine *reine* Beziehung überschreitet nicht die Grenze, über die hinaus man gefährliches Terrain betritt. Heftiges Petting kann leicht zu Spannungen und Druck führen und ist sehr schwer unter Kontrolle zu halten. Sehr schnell könnte es zur Priorität in einer Beziehung werden und so die Beziehung selbst zerstören.

Man versteht also unter *sexueller Handlung* nicht nur den vollständigen Geschlechtsverkehr, sondern auch alle Handlungen des heftigen Pettings, weil sie bereits in den Bereich sexueller Intimität fallen.

Wir haben in Kapitel 15 schon gesehen, wie übergreifend der Begriff Unzucht ist. Es ist deshalb wichtig, standhaft zu bleiben und darauf Acht zu geben, dass man nicht fällt. Wir dürfen dabei aber nicht vergessen, dass die Kraft, auf festen Füssen zu stehen und nicht zu fallen, vom Herrn selbst kommt. Gott ist barmherzig. Er gibt uns die Kraft, der Sünde zu widerstehen.

IST SELBSTBEFRIEDIGUNG SÜNDE? WENN JA, WAS SOLL EIN CHRIST (VOR ALLEM DER MANN) DANN MACHEN, WENN DIESES PROBLEM ZU EINEM KÖRPERLICHEN BEDÜRFNIS WIRD?

Gewöhnlich wird es als peinlich empfunden, über dieses Thema zu sprechen, und zwar aus mindestens vier Gründen:

1. Es ist etwas sehr Privates.
2. Anscheinend gibt die Bibel diesbezüglich keine ausführlichen Anweisungen.

3. Im Mittelalter wurde die Selbstbefriedigung als etwas Schreckliches betrachtet und galt als Ursache der abwegigsten Geisteskrankheiten.
4. Die moderne Gesellschaft wertet sie wieder auf, indem sie behauptet, die Masturbation sei eine harmlose Praxis und eine Hilfe, sich der eigenen Sexualität bewusst zu werden.

Die heutige Kultur hat, was die Selbstbefriedigung betrifft, jegliche moralischen Bedenken über Bord geworfen. In manchen Fällen geht man sogar so weit, sie zu verherrlichen. Ich habe einige Fernsehinterviews gesehen, in denen bekannte Persönlichkeiten aus dem Showgeschäft gefragt wurden, ob sie Selbstbefriedigung praktizierten. Nun, viele von ihnen gaben zu, dass das für sie etwas ganz Normales und Ausdruck ihrer totalen sexuellen Freiheit sei – und sie schienen darauf auch noch stolz zu sein.

Wenn bestimmte Persönlichkeiten des öffentlichen Lebens solche Aussagen machen, dann ist klar, dass so etwas in den Köpfen der Jugendlichen falsche Werte hervorbringt. Solche Äusserungen führen dazu, dass unser Gewissen abgestumpft und unempfindlich wird. Man kommt dann an den Punkt, Handlungen zu tolerieren, die in der Vergangenheit als verwerflich galten. Laut der Theorien Freuds, ist ein Mensch umso zufriedener und glücklicher, je weniger er von ethischen Normen, Verpflichtungen oder Regeln eingeschränkt wird. *Aber die Realität beweist genau das Gegenteil.*

Um das Problem der Selbstbefriedigung richtig einschätzen zu können, müssen wir einige Überlegungen dazu anstellen:

■ Wenn man auf dieses Thema zu sprechen kommt, so wird meist fälschlicherweise auf folgende Bibelstelle Bezug genommen:

«Und Juda nahm für seinen Erstgeborenen Er eine Frau, deren Name war Tamar. Aber Er, der Erstgeborene Judas, war böse in den Augen des HERRN, so liess der HERR ihn sterben. Da sagte Juda zu Onan: 'Geh zu der Frau deines Bruders ein, und geh mit ihr die Schwagerehe ein, und lass deinem Bruder Nachkommen erstehen!' Da aber Onan wusste, dass die Nachkommen nicht ihm gehören würden, geschah es, wenn er zu der Frau seines Bruders einging, dass er den Samen auf die Erde fallen und verderben liess, um seinem Bruder keine Nachkommen zu geben. Und es war böse in den Augen des HERRN, was er tat; so liess er auch ihn sterben» (1. Mose 38,6–10). Diese Stelle wird von manchen dazu benutzt, um sowohl die Selbstbefriedigung (sie wird oft auch als *Onanie* bezeichnet, eben aus dem Grund, um sie mit Onan in Verbindung zu bringen) als auch die Verhütungsmittel zu verurteilen.

In Wirklichheit hat aber weder das eine noch das andere etwas damit zu tun.

Der Herr liess Onan nicht deshalb sterben, weil dieser «den Samen auf die Erde fallen liess», sondern weil er dem Gesetz der Schwagerehe nicht gehorchte. Also jenem Gesetz, dass die Ehe eines Mannes mit der Frau seines verstorbenen Bruders vorsah, um für den Verstorbenen eine Nachkommenschaft zu zeugen. *Dieser Ungehorsam* war es, der *dem Herrn missfiel,* nicht der Umstand, dass Onan den Geschlechtsverkehr unterbrach. Deshalb hat diese Stelle auch gar nichts mit der moralischen Bewertung der Verhütungsmittel, und noch weniger mit der Verurteilung der Selbstbefriedigung (Masturbation), zu tun.

■ Das heisst aber nicht, dass die Bibel die Praxis der Selbstbefriedigung nicht verurteilt. Auch wenn die Schrift kein ausdrückliches Urteil über die Selbstbefriedigung abgibt, bedeutet das nicht, dass der Herr sie legitimiert. Wir finden in der Bibel auch keinen Hinweis, was die Verwendung von pornografischem Material betrifft. Trotzdem sind wir uns völlig im Klaren, dass so etwas schändlich ist.

Wer sich anmasst, einen Unterschied zwischen dem zu machen, was ausdrücklich verurteilt wird, und dem, was nicht so ausdrücklich verurteilt wird, und die Weite des Rahmens, in den bestimmte Themen einzuordnen sind, gar nicht erst begreifen will, legt meiner Meinung nach ein scheinheiliges Verhalten an den Tag. Auch wenn die Bibel eine Vielzahl von Themen behandelt, die im Zusammenhang mit der Sexualität stehen, darf man nicht erwarten, in ihr eine genaue Auflistung all dessen zu finden, was man tun oder nicht tun darf. In vielen Fällen muss man die Beurteilung einer Handlung vom Kontext und von einer weiter gehenden Behandlung des Themas ableiten.

Das trifft auch auf die Selbstbefriedigung zu.

Setzen wir also unsere Betrachtungen fort.

■ **Das Schuldgefühl, das man dabei hat.** Meist empfindet der Jugendliche Scham, Verlegenheit, Schuldgefühle sowie Angst, entdeckt zu werden, wenn er masturbiert. Das heisst, dass sein Gewissen ihn für etwas verurteilt, von dem er im Grunde genommen weiss, dass es mit sexueller Unreinheit zu tun hat. Sein eigenes Gewissen sagt ihm, dass Selbstbefriedigung Sünde ist. *«Wer aber zweifelt, wenn er isst, der ist verurteilt, weil er es nicht aus Glauben tut. Alles aber, was nicht aus Glauben ist, ist Sünde»* (Röm. 14,23). In diesem Vers geht es um das Essen von Speisen, die für den Bruder ein Anlass zur Sünde sein können (Röm. 14,20–21). Aber seine *geistliche* Bedeutung können wir auch auf jede Handlung übertragen, von der wir nicht vollkommen überzeugt sind. Wenn wir eine gewisse Befangenheit empfinden, zuzugeben, dass wir Selbstbefriedigung praktizieren, ist das ein Alarmsignal, das unser Gewissen, wenn es durch den Glauben sensibilisiert wurde, sendet.

Wir wissen nämlich sehr wohl, dass die Bibel uns dazu auffordert, *«unsere Glieder, die auf der Erde sind, zu töten: Unzucht, Unreinheit, Leidenschaft, böse Begierde»* (Kol. 3,5).

■ **Der Missbrauch des eigenen Körpers.** Das Wort Gottes sagt uns, dass der Körper des Gläubigen der Tempel des Heiligen Geistes ist. Sexuelle Unreinheit beschmutzt deshalb den Tempel Gottes (vgl. 1. Kor. 3,16–17 und 6,12–20).

Auch wenn die Selbstbefriedigung etwas ist, das alleine ausgeübt wird, so gehen die damit verbundenen erotischen Phantasien von Reizen pornografischer Art aus. Und wir wissen ja, was die Bibel in diesem Zusammenhang sagt: *«Ich aber sage euch, dass jeder, der eine Frau ansieht, sie zu begehren, schon Ehebruch mit ihr begangen hat in seinem Herzen. Wenn aber dein rechtes Auge dir Anlass zur Sünde gibt, so reiss es aus und wirf es von dir! Denn es ist dir besser, dass eins deiner Glieder umkommt und nicht dein ganzer Leib in die Hölle geworfen wird. Und wenn deine rechte Hand dir Anlass zur Sünde gibt, so hau sie ab und wirf sie von dir! Denn es ist dir besser, dass eins deiner Glieder umkommt und nicht dein ganzer Leib in die Hölle geworfen wird»* (Matth. 5,28–30).

■ **Konsequenzen auf seelischer Ebene.** Die Masturbation ist oft mit Angstzuständen verbunden. Manchmal kann es vorkommen, dass die Praxis der Selbstbefriedigung beim Jugendlichen eine Art seelische Depression und sexuelle Lust hervorruft, sodass sich seine Persönlichkeit dadurch verändern kann. Bei sensibleren Menschen wird die Selbstbefriedigung zu einem Zwang. Je mehr sie dagegen ankämpfen, desto stärker fühlen sie sich an sie gebunden. Die ständigen Niederlagen, die Entmutigung und die Einsamkeit führen erneut zur Masturbation. So gerät man schliesslich in einen Teufelskreis, weil eine Abhängigkeit nach einem Schema entsteht, das wie folgt abläuft:

1. jedes emotionale Unbehagen schafft ein Bedürfnis;
2. die Möglichkeit, sich selbst durch Masturbation Befriedigung zu verschaffen, bringt eine vorübergehende Erleichterung;
3. Selbstbeherrschung und Verzicht werden immer schwieriger;
4. in diesem *geschlossenen* Denkschema wird die Selbstbefriedigung zum einzigen (oder zum vorschnellen) Mittel, um auf das Unbehagen und das Bedürfnis zu reagieren.

■ **Egoismus.** Ziel der Sexualität ist die vollkommene Vereinigung mit einem anderen Menschen, mit dem man sich gemeinsam durch einen Ehebund verpflichtet hat, das ganze Leben zu teilen. Dagegen ist die Selbstbefriedigung eine Art der Sexualität, die nur auf sich selbst gerichtet ist, da sie die eigene

Lust in den Vordergrund stellt. Sie verstärkt daher eine *egoistische* Auffassung der Sexualität. Die ständige Sorge um das eigene Vergnügen verstellt den Blick auf Bedürfnisse und Verpflichtungen im eigenen Umfeld. Man verliert die Kraft, sich für den Herrn einzusetzen, und man konzentriert sich immer mehr auf sich selbst. Diese Haltung wird auch später innerhalb der Ehe unweigerlich zu Problemen führen.

■ **Unfähigkeit, sich zu kontrollieren.** Die heutige Gesellschaft fordert uns dazu auf, alles und sofort haben zu wollen. Begriffe wie Geduld, Warten, Besonnenheit, Selbstbeherrschung sind nicht mehr zeitgemäss. Die Selbstbefriedigung verstärkt diese Einstellung noch, weil sie es ermöglicht, sich zu befriedigen, wann und wie man will, ohne deshalb eine Beziehung zu einer anderen Person haben zu müssen.

■ **Die Ehe ist nicht das Heilmittel.** Die Sexualität ist ein Geschenk Gottes, das in der Ehe zu gebrauchen ist. Man schenkt sich dabei dem anderen, zur gegenseitigen Freude. Selbstbefriedigung hingegen bedeutet Einsamkeit und Selbstbezogenheit. Viele glauben, dass sich dieses Problem mit der Ehe löst. Aber das ist ein Trugschluss. Wenn ein Jugendlicher nicht lernt, mit seinen sexuellen Trieben umzugehen, wird es ihm schwerlich gelingen, eine ausgeglichene und harmonische Ehe aufzubauen. Er wird dann den Ehepartner nur als ein Mittel sehen, um seine Lust zu befriedigen. Und wenn Zeiten kommen, in denen er auf Sex verzichten muss (wegen Krankheit des Ehepartners, Schwangerschaft, etc.), könnte er Ehebruch begehen, weil ihm seine Gedanken – noch dadurch gestärkt, dass die Selbstbefriedigung für einen *egoistischen Zugang* zum Sex gesorgt hat – eingeben, anderswo seine *persönliche* Befriedigung suchen zu müssen.

■ **Ist es ein körperliches Bedürfnis?** Man sollte sich vor Augen halten, dass der Sexualtrieb nicht mit anderen körperlichen Bedürfnissen (Hunger, Durst, Schlaf, Wärme, etc.) zu vergleichen ist. Wir haben es hier mit etwas Tiefgründigerem zu tun, das in Zusammenhang mit dem Denken steht. Tatsächlich ist der Kopf das wichtigste Sexualorgan. *Deshalb brauchen wir auch keine Sklaven der Lust zu werden,* wenn wir *unser Denken im geistlichen Kampf unter die Herrschaft Jesu Christi stellen.*

■ **Auch andere haben damit zu kämpfen.** Jeder normale und gesunde junge Mensch hat Probleme mit der Sexualität; der eine mehr, der andere weniger. Wenn man Schwierigkeiten hat, mit dem Geschlechtstrieb umzugehen, darf man nicht denken, deshalb abnormal oder krank zu sein. Der Sexualtrieb der Frau ist, wie wir gesehen haben, komplexer im Vergleich zu dem des Mannes. Deshalb fällt es Mädchen im Allgemeinen leichter (auch wenn das keine absolute Norm ist), ihr Verlangen mit der emotionalen Befriedigung auszugleichen, und nicht unbedingt auf körperlicher Ebene Erfüllung zu suchen. Für die Jungen sind dagegen die nächtlichen Samenergüsse eine natürliche Art, sexuelle Spannungen abzubauen.

■ **Enthaltsamkeit schadet weder dem Körper noch dem Geist.** Ohne Enthaltsamkeit wären so manche Erfolge im Bereich des Sports, der Kunst, der Wissenschaft gar nicht denkbar. *«Jeder aber, der kämpft, ist enthaltsam in allem; jene freilich, damit sie einen vergänglichen Siegeskranz empfangen, wir aber einen unvergänglichen. Ich laufe nun so, nicht wie ins Ungewisse; ich kämpfe so, nicht wie einer, der in die Luft schlägt, sondern ich zerschlage meinen Leib und knechte ihn, damit ich nicht, nachdem ich anderen gepredigt, selbst verwerflich werde»* (1. Kor. 9,25–27).

■ **Sich nicht allzu sehr auf das Problem fixieren.** Der Kampf gegen die Selbstbefriedigung kann zu einer übermässigen Beschäftigung mit und Konzentration auf sich selbst führen. Dadurch wird das Problem noch grösser.

Wir dürfen uns also von diesem Problem nicht versklaven lassen. Wir sollten ihm vielmehr gelassen gegenübertreten und auf jeden Fall versuchen, einen festen Willen zu entwickeln, von der Selbstbefriedigung loszukommen. Wie soll das geschehen?

1. *Erkennen, dass Selbstbefriedigung Sünde ist.* Sie unterbricht die Gemeinschaft mit Gott, weil sie auf Unreinheit beruht. Ausserdem bestärkt sie den Menschen in seinem egoistischen Lebensstil, bei dem es nur um die Befriedigung der eigenen Bedürfnisse geht, die mit sündigen Phantasien verbunden ist.
2. *Auf Jesus schauen.* Wer sich auf sich selbst konzentriert, wird stolz und kann leicht in eine Depression fallen. Wir müssen unseren Blick auf Jesus richten, den Anfänger und Vollender unseres Glaubens. *«Deshalb lasst nun auch uns, da wir eine so grosse Wolke von Zeugen um uns haben, jede Bürde und die uns so leicht umstrickende Sünde ablegen und mit Ausdauer laufen den vor uns liegenden Wettlauf, indem wir hinschauen auf Jesus, den Anfänger und Vollender des Glaubens»* (Hebr. 12,1–2). *«Wir alle schauen mit aufgedecktem Angesicht die Herrlichkeit des Herrn an und werden so verwandelt in dasselbe Bild von Herrlichkeit zu Herrlichkeit, wie es vom Herrn, dem Geist geschieht»* (2. Kor. 3,18).
3. *Die Sünde bekennen. «Wenn wir unsere Sünden bekennen, ist er treu und gerecht, dass er uns die Sünden vergibt und uns reinigt von jeder Ungerechtigkeit»* (1. Joh. 1,9).
4. *Einen Schritt nach dem anderen tun.* Es ist sinnlos, Versprechungen zu machen, von denen wir schon von vornherein wissen, dass wir sie nicht halten werden, wie z. B.: «Ab heute ist Schluss damit!» Wir müssen vielmehr versuchen, Gott Tag für Tag treu zu sein und einzusehen, dass wir

völlig von ihm abhängig sind. Und deshalb können wir nur im Wissen um diese Abhängigkeit seinen Sieg erfahren.

5. *Jede Gelegenheit zum Fall vermeiden.* Wir werden heute von erotisierenden Reizen förmlich erschlagen: von der Werbung, über die Showgirls bis hin zur Pornografie. Wir nehmen alle diese Bilder in uns auf und sie rufen ein starkes Verlangen in uns hervor. Wir müssen daher jeden visuellen Reiz, jeden Ort und jede Situation meiden, die uns unnötigerweise auf die Probe stellen.
6. *Die eigene Zeit gut nützen.* Wir müssen unsere Zeit so einteilen, dass wir uns nicht langweilen, und jede Möglichkeit vermeiden, die uns dazu verleitet, sündigen Phantasien nachzuhängen. Es ist äusserst wichtig, unseren Geist mit dem Wort Gottes zu nähren. *«Wodurch hält ein Jüngling seinen Pfad rein? Indem er sich bewahrt nach deinem Wort»* (Ps. 119,9).
7. *Beten.* Ein gesundes und konsequentes Gebetsleben ist das grundlegende Element im Kampf gegen die Versuchung. Es ist dabei auch wichtig, für die anderen beten zu lernen, nicht nur für sich selbst, um hier nicht ebenso in Selbstmitleid und Ichbezogenheit zu verfallen.
8. *Auf das eigene seelisch-körperliche Gleichgewicht Acht geben.* Der bekannte englische Prediger Spurgeon sagte einmal: «Gute Meeresluft zu atmen oder einen schönen Spaziergang bei Wind zu machen, füllt unsere Seele zwar nicht mit Gnade. Es gibt aber unserem Körper Sauerstoff, und das ist es, was uns, nach der Gnade, am meisten wohl tut.» Als Christen haben wir auch die Pflicht, unsere Gesundheit, und zwar sowohl die körperliche als auch die seelische, zu pflegen und darauf zu achten. Der Müssiggang ist eine der grössten Gefahren, um einem Laster zu verfallen.
9. *Die Gemeinschaft mit anderen Christen suchen.* Die Gemeinschaft mit Glaubensgeschwistern ist sehr wichtig und für das eigene geistliche Wachstum von grundlegender Bedeutung. Wir müssen also die Gemeinschaft der Menschen suchen, die den Herrn lieben und sein Wort ernst nehmen. Man stärkt sich dabei gegenseitig. Unter diesen Personen kann man auch jemanden finden, der im Glauben bewährt ist. Mit ihm kann man über das Problem reden und er kann uns helfen, damit richtig umzugehen und es zu überwinden. Folgender Vers wurde schon zitiert: *«Die jugendlichen Begierden aber fliehe, strebe aber nach Gerechtigkeit, Glauben, Liebe, Frieden mit denen, die den Herrn aus reinem Herzen anrufen!»* (2. Tim. 2,22.)
10. *Den Preis unserer Errettung bedenken.* Am Kreuz hat Jesus Christus den Preis für unsere Erlösung bezahlt und uns damit seine grenzenlose Liebe bewiesen. Wir sind das Objekt seiner Liebe. Das gibt uns die nötige Kraft, uns sexuell rein zu halten.

WENN ICH DIE PERSON HEIRATE, MIT DER ICH SEXUELLEN VERKEHR HATTE, WIE IST MEINE SITUATION DANN VOR GOTT?

Vom geistlichen Standpunkt aus gesehen macht es nicht viel Unterschied, ob man die Person, mit der man sexuellen Verkehr hatte, heiratet oder nicht. Die Heirat macht deshalb die Sünde des Ungehorsams nicht weniger schwer wiegend.

Die geistliche Situation, in der man sich vor dem Herrn befindet, ist daher eine Situation der Sünde und muss bekannt werden. Nur Gott kann Sünden vergeben, und zwar auf Grundlage der Busse des Menschen. Es ist also nicht eine eventuelle spätere Ehe, die die Sünden auslöscht oder sie abschwächt. Sünde ist Sünde.

Es gibt hier keine Entschuldigungen oder Rechtfertigungen ethischer Art: Ein Christ, der sündigt, muss Busse tun und um Vergebung bitten.

Sexuellen Verkehr vor der Ehe nennt die Bibel *Unzucht.* Sie ist einer der Faktoren, die zum Ausschluss aus dem Reiche Gottes führen. *«Irrt euch nicht! Weder Unzüchtige noch Götzendiener, noch Ehebrecher, noch Lustknaben, noch Knabenschänder ... werden das Reich Gottes erben»* (1. Kor. 6,9–10).

Man muss diese Sünde also vor Gott bekennen und aufrichtig bereuen, dem Herrn nicht gehorcht zu haben. Dann erst, durch die Vergebung Gottes erneuert und reingewaschen, kann eine Ehe auf seiner Gnade und dem Wunsch, ihn mit der Ehe zu verherrlichen, aufgebaut werden.

WENN ICH MIT JEMANDEM SEXUELLEN VERKEHR HATTE, MUSS ICH DIESE PERSON DANN GEZWUNGENERMASSEN HEIRATEN?

Bevor ich auf diese Frage antworte, möchte ich eine Vorbemerkung machen.

Viele sind der Meinung, dass man mit jemandem schon *ein Fleisch ist,* wenn man sexuellen Verkehr mit ihm hat. Dies kann zur Annahme führen, der Geschlechtsverkehr sei das Element, das die Verbindung zwischen Mann und Frau herstellt. Diesem Gedanken liegt die Äusserung des Apostels Paulus zugrunde, der im Hinblick auf die Sünde der Unzucht Folgendes sagt: *«Oder wisst ihr nicht, dass, wer der Hure anhängt, ein Leib mit ihr ist? 'Denn es werden', heisst es, 'die zwei ein Fleisch sein'»* (1. Kor. 6,16).

Auf den ersten Blick scheint dieser Vers eine solche Vermutung zu bestärken. Aber bei einem sorgfältigeren Studium merken wir, dass Paulus, wenn er von der körperlichen Vereinigung eines Menschen ausserhalb der Ehe spricht, die Schwere der Unzucht und des Ehebruchs aufzeigen will. Tatsächlich stellt er nämlich einen Vergleich zwischen der körperlichen Vereinigung mit einer Prostituierten und der geistlichen Vereinigung mit Gott an (V. 17). In diesem Vers geht es deshalb in erster Linie nicht darum, aufzuzeigen, welches Element eine Ehe vor Gott bedingt. Es geht vielmehr um die Ermahnung, die Unzucht zu fliehen, die unseren Körper verunreinigt und den Tempel des Heiligen Geistes entehrt (V. 18–20).

Bei einer gründlicheren Betrachtung des *rechtlichen* Rahmens der biblischen Ehe fällt nämlich auf, dass *es nicht der sexuelle Verkehr ist, der die Ehe ausmacht.* Er ist einer der Aspekte der Ehe, aber er stellt nicht ihre rechtliche Grundlage dar.

In der Schrift gibt es viele Beispiele dafür, dass Personen sexuellen Verkehr miteinander hatten, ohne deshalb zu heiraten.

Batseba, obwohl sie mit David sexuellen Verkehr gehabt hatte, blieb Urias Ehefrau bis zu dessen Tod. Tamar, von der schon die Rede war, konnte weder von ihrem Mann Er noch von ihrem Schwager Onan Kinder bekommen. Der dritte Sohn Judas, Sela, war noch zu jung, um seiner Schwägerin ein Kind zu schenken, wie das die Schwagerehe vorsah. Also brachte Tamar durch Betrug ihren Schwiegervater Juda dazu, mit ihr zu schlafen, und wurde schwanger. Als die Sache aufflog und der Grund dieses Betrugs herauskam, wurde Tamar trotzdem nicht die Ehefrau Judas (obwohl er Witwer war). Im Gegenteil, es heisst, dass *«er sie künftig nicht mehr erkannte»* (1. Mose 38,26 b).

Im Gegensatz dazu galten Josef und Maria als verheiratet, ohne dass sie sexuellen Verkehr miteinander gehabt hatten. *«Als nämlich Maria, seine Mutter, dem Josef verlobt war, wurde sie, ehe sie zusammengekommen waren, schwanger befunden von dem Heiligen Geist. Josef aber, ihr Mann, der gerecht war und sie nicht öffentlich blossstellen wollte, gedachte sie heimlich zu verlassen. Während er dies aber überlegte, siehe, da erschien ihm ein Engel des Herrn im Traum (...) Josef aber, vom Schlaf erwacht, tat, wie ihm der Engel des Herrn befohlen hatte, und nahm seine Frau zu sich; und er erkannte sie nicht, bis sie einen Sohn geboren hatte; und er nannte seinen Namen Jesus»* (Matth. 1,18–20;24–25).

In Kapitel 15 dieses Buches wurde darauf hingewiesen, dass laut alttestamentlichem Gesetz der Mann, der ein junges Mädchen entehrt hatte, indem er sexuell mit ihr verkehrte, *sie heiraten musste* (vgl. 5. Mose 22, 28–29).

Ihr Vater konnte aber auch beschliessen, sie ihm nicht zu geben. In diesem Fall musste der Verführer eine beträchtliche Geldsumme bezahlen. Er war aber nicht mehr verpflichtet, sie zur Frau zu nehmen (vgl. 2. Mose 22,16).

Um auf diese Frage eine klare Antwort geben zu können, sind noch einige weitere Elemente zu berücksichtigen:

1. Die christliche Ehe hat in den Augen Gottes grosse Bedeutung. Sie symbolisiert die Vollendung der Schöpfung und ist die Keimzelle der

menschlichen Gesellschaft. Die Grundlagen der Ehe müssen daher *gesunde* Grundlagen sein, d. h. die Partner müssen sich darüber wirklich im Klaren sein, was eine Ehe mit sich bringt. Die Ehe kann nicht auf sündigen Voraussetzungen aufbauen, wie z. B. Egoismus, Missbrauch der eigenen Stellung, Flucht aus schwierigen Situationen, etc. In ihr muss vielmehr eine gegenseitige Hingabe zum Ausdruck kommen, um gemeinsam etwas Festes und Dauerhaftes aufbauen zu können.

2. Sex ist keine geeignete Basis für eine spätere Ehe. Die Sünde der Unzucht muss bekannt und aufgegeben werden.
3. Die Ehe ist zu wertvoll, um eine Art *Heilmittel* für eine Liebesbeziehung zu werden, die in der Sünde gelebt wurde. Man darf nicht glauben, dass es die Lösung für ihr sündhaftes Leben ist, wenn man zwei junge Menschen, die miteinander Sex hatten, zur Heirat zwingt. Die Ehe darf nicht als Mittel zur Wiedergutmachung von Fehlern angesehen werden.
4. Schon im Alten Testament bestand die Möglichkeit, ein junges Mädchen ihrem Verführer nicht zur Frau zu geben. Ich denke, dass das Neue Testament Christen nicht weniger Freiheit gibt, als die Juden sie hatten. Meiner Meinung nach muss es die Aufgabe sowohl der Betroffenen als auch der Gemeindeleiter sein, gründlich über ihr Handeln nachzudenken. Wenn zwei junge unverheiratete Christen Sex miteinander haben, müssen sie sofort damit aufhören und sich enthalten. Sie aber zur Heirat zu zwingen, nur weil sie sexuellen Verkehr hatten, ist manchmal ein Fehler, der verheerende Folgen haben kann.

   Die Ehe ist eine Entscheidung für das ganze Leben. Deshalb muss sie auf den Anweisungen Gottes aufbauen und sich entsprechend entwickeln. Sie darf also nicht aufgezwungen werden, um so Sünde zu bedecken.
5. Die Sünde muss bekannt und aufgegeben werden. Es ist Aufgabe der Gemeindeleiter, sich seelsorglich um die Jugendlichen, die ein ungeordnetes Leben führen, zu kümmern. Dabei muss zunächst Sünde klar aufgezeigt werden. Daraufhin ermutigt man die Betroffenen, ihre Liebesbeziehung auf christlicher Grundlage neu auszurichten.
6. In den meisten Fällen zeigt es sich, dass eine *aufgezwungene* Ehe (aus religiösen Beweggründen oder weil ein Kind unterwegs ist) zum Scheitern verurteilt ist. Und zwar deshalb, weil jene so wichtigen Grundlagen fehlen, die es in einer Ehe ermöglichen, zu wachsen und die Beziehung zu festigen.

   In einer solchen Ehe wird es nämlich viel Unzufriedenheit, Enttäuschungen, Frustrationen und gegenseitige Schuldzuweisungen geben. Man wird einander vorwerfen, dass jetzt alles ganz anders sein könnte, wenn es in der Vergangenheit anders gelaufen wäre.

Wenn Kinder da sind, werden auch sie unter einem derartigen gespannten Klima zu leiden haben.

7. Eine gescheiterte Liebesbeziehung, sexuelle Sünden und Fehler, die begangen wurden, sind Lasten, die wir zum Herrn bringen müssen. Nur er kann aus Bösem Gutes entstehen lassen. Nur er kann die Verletzungen der Sünde heilen. Nur in ihm können wir jenen Neubeginn finden, der unserem Leben eine völlig neue Richtung geben kann.

Abschliessend ist zu sagen, dass *es eine gute Sache ist,* wenn zwei Menschen, die sexuellen Verkehr hatten und sich zur Heirat entschliessen, um ihre Situation in Ordnung zu bringen, *sich ihres Handelns bewusst werden.* Ich bin aber ebenso davon überzeugt, dass man mit Weisheit alle Aspekte, die ihre Situation betreffen, in Betracht ziehen sollte, bevor man von ihnen verlangt, heiraten zu *müssen.* Man darf also nicht voreilig – in der Überzeugung, dabei den Willen Gottes zu tun – eine Entscheidung erzwingen, die sich tragischerweise als falsch herausstellen könnte.

Es ist richtig, Sünde aufzuzeigen. *«Und habt nichts gemein mit den unfruchtbaren Werken der Finsternis, sondern stellt sie vielmehr bloss»* (Eph. 5,11).

Es ist richtig, Menschen zu ermahnen, Sünde aufzugeben. *«Sündige von jetzt an nicht mehr»* (Joh. 8,11).

Es ist richtig, Sünder zurechtzuweisen. *«Überhaupt hört man, dass Unzucht unter euch ist (...) einen solchen im Namen unseres Herrn Jesus dem Satan zu überliefern zum Verderben des Fleisches, damit der Geist gerettet werde (...) Wisst ihr nicht, dass ein wenig Sauerteig den ganzen Teig durchsäuert? Fegt den alten Sauerteig aus, damit ihr ein neuer Teig seid (...) Nun aber habe ich euch geschrieben, keinen Umgang zu haben, wenn jemand, der Bruder genannt wird, ein Unzüchtiger ... ist (...) Tut den Bösen von euch selbst hinaus!»* (1. Kor. 5,1,5;6–7;11;13).

Es ist aber ebenso richtig, nicht zu versuchen, eine Situation durch eine zweifelhafte Lösung wiedergutmachen zu wollen. *«Niemand näht einen Flicken von neuem Tuch auf ein altes Gewand; sonst reisst das Eingesetzte von ihm ab, das neue vom alten, und ein schlimmerer Riss entsteht. Auch füllt niemand neuen Wein in alte Schläuche; sonst wird der Wein die Schläuche zerreissen, und der Wein und die Schläuche verderben; sondern neuen Wein füllt man in neue Schläuche»* (Mark. 2,21–22).

Ich betone es noch einmal: Die Ehe ist etwas sehr Wertvolles und darf nicht zu einem Heilmittel werden, um Fehler wiedergutzumachen. Der Herr kann einem Menschen einen Neuanfang in seinem Leben schenken, wenn er Busse tut und sich vor Gott verpflichtet – ein für alle Mal – von vorne anzufangen und den Anweisungen der Bibel zu folgen.

Man muss die Sünde an der Wurzel fassen und entfernen. Es nützt nichts, einen «Flicken» auf eine Situation zu geben, die schon von vornherein auf Ungehorsam beruht. In den meisten Fällen wird die Ehe zweier junger Menschen, die zur Heirat gezwungen wurden, gerade deshalb scheitern, weil der eigentliche Wert der Ehe nicht erkannt wurde.

Für Gemeindeleiter ist es ganz sicher traurig und nicht einfach, mit einer solchen Situation konfrontiert zu werden. Es braucht daher viel Unterscheidungsvermögen und eine eindeutige Gabe des seelsorglichen Dienstes, um eine, vom geistlichen Standpunkt aus gesehene, schon äusserst heikle Situation nicht noch weiter zu erschweren.

Anhang

Anhang I

Das Problem bei Ehen mit Ungläubigen

Wie wichtig ist der Glaube, wenn man sich doch liebt und heiraten will?

Immer häufiger sehen sich junge Menschen mit dem Problem der Ehe zwischen Gläubigen und Ungläubigen konfrontiert. Nicht jeder sieht bei diesem Thema klar. Und zu sehen, wohin voreilige Eheschliessungen führen, ist auch nicht gerade ermutigend. Welche Antwort haben wir auf die Frage, warum die Bibel gegen die Heirat mit Ungläubigen ist?

Oft begegne ich Jugendlichen, die eine ganze Menge Fragen zur Sexualität, Ehe und der Beziehung zum anderen Geschlecht haben. Sie möchten darüber besser Bescheid wissen. Manchmal verbirgt sich dahinter auch der aufrichtige Wunsch, so zu handeln wie der Herr es will. Es kommt aber auch vor, dass jemand trotz besseren Wissens eigenwillig eine bestimmte Entscheidung trifft. Jede Entscheidung hat ihre Konsequenzen. Fast immer zeichnen sich diese Konsequenzen schon vorher ab. *Manchmal* handelt man sich dabei gravierende Folgen ein. Und zwar dann, wenn man sich etwas in den Kopf setzt und die Anweisungen Gottes in den Wind schlägt. Es dauert dann auch gar nicht lange, bis Reue, schlechte Laune, Spannungen und Konflikte an der Tagesordnung stehen. Dann hört man Klagen wie: «Hätte ich doch auf Gottes Rat gehört!»; «Wäre ich bloss nicht so voreilig gewesen!»; «Wie konnte ich nur so blind sein?»

Damit bestätigt sich genau das, was uns die Verse in Sprüche 5:1, 11–13 sagen: *«Mein Sohn, horche auf meine Weisheit, zu meiner Einsicht neige dein Ohr ... [sonst] stöhnst du zuletzt ... und sagst: 'Ach, wie konnte ich nur hassen die Zucht, wie konnte mein Herz nur die Mahnung verschmähen, dass ich nicht gehorchte der Stimme all derer, die mich unterwiesen, dass ich mein Ohr meinen Lehrern nicht zuneigte!'»*

Es ist ein Jammer, mit anzusehen, wie viele Ehen auf Sand gebaut sind. Und ein noch grösserer Jammer ist es, daran zu denken, dass viele davon anders sein könnten, wenn man nur auf Gottes Wort geachtet hätte.

Im Anschluss nun zwei der vielen Fragen, die mir bei einer Jugendfreizeit zum Thema «Sexualität und Ehe» gestellt wurden. Ich glaube, die behandelte Problematik betrifft so manchen Leser, und vielleicht findet der eine oder andere auch eine Antwort auf eigene Fragen.

Es ist zwar nicht in Ordnung, sich gefühlsmässig an einen Ungläubigen zu binden, aber wenn es in meiner Gemeinde nun mal keinen passenden Partner für mich gibt, was soll

ich dann tun? Da muss ich doch gezwungenermassen jemand ausserhalb suchen!
Zunächst möchte ich auf etwas sehr Wichtiges hinweisen: Die Vorbemerkung und die Schlussfolgerung sind falsch.

Zur Vorbemerkung: «Es ist zwar nicht in Ordnung, sich gefühlsmässig an einen Ungläubigen zu binden». Sehen wir uns mal die tiefere Bedeutung dieser Aussage an. Was heisst denn: «Es ist zwar nicht in Ordnung»? Ist damit gemeint, dass etwas zwar nicht recht ist, aber ganz praktisch gesehen trotzdem akzeptiert werden kann?

Wir müssen Acht geben, wie wir mit den Anweisungen Gottes umgehen. Sind wir gläubig? Was heisst, gläubig zu sein? Heisst das, nur *verstandesmässig* die Existenz Gottes anzuerkennen? Oder schliesst der Glaube eine *persönliche Beziehung* mit dem Gott der Bibel ein? Lieben wir Gott? Wenn ja, wie können wir ihm unsere Liebe beweisen?

Schauen wir uns mal gemeinsam eine Stelle in der Schrift an: *«Wenn ihr mich liebt, so werdet ihr meine Gebote halten. (…) Wer meine Gebote hat und sie hält, der ist es, der mich liebt; wer aber mich liebt, wird von meinem Vater geliebt werden; und ich werde ihn lieben und mich selbst ihm offenbaren. (…) Wenn jemand mich liebt, so wird er mein Wort halten. (…) Wer mich nicht liebt, hält meine Worte nicht»* (Joh. 14,15; 21; 23–24). Die Liebe zu Gott zeigt sich also im Gehorsam seinem Wort gegenüber. Der Gläubige muss Gott vertrauen, im Wissen, dass Er das Beste für uns will. *«Denn ich kenne ja die Gedanken, die ich über euch denke, spricht der HERR, Gedanken des Friedens und nicht zum Unheil, um euch Zukunft und Hoffnung zu gewähren»* (Jer. 29,11).

Wir müssen davon überzeugt sein, dass die Gebote Gottes für unser Leben die besten und nicht die weniger schlechten sind. Wir dürfen also ein Gebot Gottes nicht danach beurteilen, ob es für uns von Nutzen ist. Wir können Gottes Gebote nicht danach klassifizieren, ob sie gut für uns sind, d. h. ob sie uns gefallen oder uns nach weltlichen Massstäben gut tun.

Das Gebot Gottes, keinen Ungläubigen zu heiraten, ist ein *klarer Befehl,* keine Empfehlung, die man beherzigen kann oder auch nicht. Wenn Gott uns das befiehlt, dann deshalb, weil Er nur zu gut weiss, wie viele Probleme, Enttäuschungen und Leid Ungehorsam nach sich zieht.

Die Bibel zeigt uns, wie Gottes Volk immer wieder davor gewarnt wurde, Ehen mit Ungläubigen einzugehen. Sehen wir uns dazu einige Beispiele an:

1. Mose 24,1–4 – «Und Abraham war alt, hochbetagt, und der HERR hatte Abraham in allem gesegnet. Da sagte Abraham zu seinem Knecht, dem Ältesten seines Hauses, der alles verwaltete, was er hatte: ‘Lege doch deine Hand unter meine Hüfte! Ich will dich schwören lassen bei dem HERRN, dem Gott des Himmels und der Erde, dass du meinem Sohn nicht eine Frau von den Töchtern der Kanaaniter nimmst, in deren Mitte ich wohne. Sondern du sollst in mein Land und zu meiner Verwandtschaft gehen und dort eine Frau für meinen Sohn, für Isaak, nehmen!'»

2. Mose 34,15–16 – «Dass du ja keinen Bund mit den Bewohnern des Landes schliesst! Denn dann könnte man dich einladen, und du könntest, wenn sie ihren Göttern nachhuren und ihren Göttern opfern, von ihren Schlachtopfern essen. Und du könntest von ihren Töchtern für deine Söhne Frauen nehmen, und wenn dann ihre Töchter ihren Göttern nachhuren, könnten sie deine Söhne dazu verführen, ihren Göttern nachzuhuren!»

4. Mose 25,1–3 – «Und Israel blieb in Schittim. Und das Volk fing an, Unzucht zu treiben mit den Töchtern Moabs; und diese luden das Volk zu den Opfern ihrer Götter ein, und das Volk ass und warf sich nieder vor ihren Göttern. Und Israel hängte sich an den Baal-Peor. Da entbrannte der Zorn des HERRN gegen Israel.»

5. Mose 7,3–4 – «Und du sollst dich nicht mit ihnen verschwägern. Deine Tochter darfst du nicht seinem Sohn geben, und seine Tochter darfst du nicht für deinen Sohn nehmen. Denn er würde deinen Sohn von mir abwenden, dass er anderen Göttern dient, und der Zorn des HERRN würde gegen euch entbrennen.»

Richter 3,5–6 – «Und die Söhne Israels wohnten mitten unter den Kanaanitern, den Hetitern und den Amoritern und den Perisitern und den Hewitern und den Jebusitern. Und sie nahmen sich deren Töchter als Frauen und gaben ihre Töchter deren Söhnen und dienten ihren Göttern.»

1. Könige 11,1–2 – «Der König Salomo aber liebte viele ausländische Frauen, und zwar neben der Tochter des Pharao moabitische, ammonitische, edomitische, sidonische, hetitische, von den Nationen, von denen der HERR zu den Söhnen Israel gesagt hatte: 'Ihr sollt nicht zu ihnen eingehen, und sie sollen nicht zu euch eingehen; fürwahr, sie würden euer Herz ihren Göttern zuneigen'.»

Esra 9,1–2 – «Als das nun vollbracht war, traten die Obersten zu mir und sagten: 'Das Volk Israel und die Priester und die Leviten haben sich nicht von den Völkern der Länder – wegen deren Gräuel – abgesondert, nämlich von den Kanaanitern, den Hetitern, den Perisitern, den Jebusitern, den Ammonitern, den Moabitern, den Ägyptern und den Amoritern. Denn sie haben von deren Töchtern für sich und für ihre Söhne Frauen genommen, und so hat sich der heilige Same mit den Völkern der Länder vermischt. Und die Hand der Obersten und der Vorsteher ist in dieser Untreue als erste ausgestreckt gewesen'.»

Esra 10,3 – «Wir, ja wir haben treulos an unserem Gott gehandelt und haben ausländische Frauen von der Bevölkerung des Landes geheiratet. Doch jetzt gibt es noch Hoffnung für Israel in dieser Sache.»

Nehemia 13,23–27 – «Auch sah ich in jenen Tagen die Juden, die aschdodische, ammonitische und moabitische Frauen geheiratet hatten. Und die Hälfte ihrer Kinder redete aschdodisch, keines von ihnen konnte jüdisch reden, sondern nur in der Sprache des einen oder des anderen Volkes. Da ging ich mit ihnen ins Gericht und verfluchte sie und schlug einige Männer von ihnen und raufte ihnen die Haare aus. Und ich beschwor sie bei Gott: 'Wenn ihr eure Töchter ihren Söhnen gebt und wenn ihr von ihren Töchtern für eure Söhne und für euch Frauen nehmt! Hat sich ihretwegen nicht schon Salomo, der König von Israel, versündigt? Und einen König wie ihn hat es unter den Nationen nicht gegeben. Und er war geliebt von seinem Gott, und so hatte Gott ihn zum König über ganz Israel gesetzt; doch auch ihn haben die ausländischen Frauen zur Sünde verleitet. Muss man nun auch von euch hören, dass ihr ganz das gleiche grosse Unrecht begeht, treulos gegen unseren Gott zu handeln dadurch, dass ihr ausländische Frauen heiratet!»

Psalm 106,35–36 – «Sie vermischten sich mit den Nationen und lernten ihre Werke. Sie dienten ihren Götzen, die wurden ihnen zum Fallstrick.»

2. Kor. 6,14–7,1 – «Gehe nicht unter fremdartigem Joch mit Ungläubigen! Denn welche Verbindung haben Gerechtigkeit und Gesetzlosigkeit? Oder welche Gemeinschaft Licht mit Finsternis? Und welche Übereinstimmung Christus mit Belial? Oder welches Teil ein Gläubiger mit einem Ungläubigen? Und welchen Zusammenhang der Tempel Gottes mit Götzenbildern? Denn wir sind der Tempel des lebendigen Gottes; wie Gott gesagt hat: 'Ich will unter ihnen wohnen und wandeln, und ich werde ihr Gott sein, und sie werden mein Volk sein. Darum geht aus ihrer Mitte hinaus und sondert euch ab!' spricht der Herr. 'Und rührt Unreines nicht an! Und ich werde euch aufnehmen und werde euch Vater sein, und ihr werdet mir Söhne und Töchter sein', spricht der Herr, der Allmächtige. Da wir nun diese Verheissungen haben, Geliebte, so wollen wir uns reinigen von jeder Befleckung des Fleisches und des Geistes und die Heiligkeit vollenden in der Furcht Gottes.»

In all diesen Stellen geht es darum, dass eine gläubige Person, die Gott kennt und ihn liebt, eine ungläubige Person heiratet – also jemanden, der Gott nicht kennt und ihn daher auch nicht liebt. In jeder der angeführten Beispiele ist von einem Abweichen vom Herrn die Rede. Es war die Folge der Ehen mit Ungläubigen, weil diese Verbindungen das Volk Gottes Ihm gegenüber untreu werden liessen.

Es muss hier aber unbedingt betont werden, dass der Befehl Gottes, «nicht mit Ungläubigen unter ein Joch zu gehen», nicht verurteilen will und auch uns nicht erlaubt, es zu tun. Es geht nicht darum, eine Trennlinie zu ziehen und uns auf ein Podest zu stellen, von dem wir auf andere herunterschauen können. Im weiteren Sinn meint die Bibel mit Ungläubigen Menschen, die keine Beziehung zu Gott haben, weil sie nicht glauben. Das bedeutet, dass ein Gläubiger in geistlicher Hinsicht mit ihnen nichts gemein hat. **Die göttliche Mahnung, keine Bindung mit Menschen einzugehen, die nicht denselben Vater haben, zeigt, wie sehr Gott seine Kinder vor grossem seelischem Schmerz bewahren möchte. Es zeigt auch, wie sehr er sie vor all dem bewahren möchte, was sie hindert, ein Leben der Heiligung und Reinheit zu führen. Gott will, dass wir treu und nicht oberflächlich sind.**

Damit eine Ehe wirklich gesegnet sein kann, ist es heute wichtiger denn je, dass die Ehepartner vieles gemeinsam haben. Das betrifft sowohl die intellektuelle und gefühlsmässige Ebene, als auch die Persönlichkeit, Interessen und Lebensauffassung. Sie müssen die gleichen Ziele haben. Daher brauchen sie auch eine gemeinsame Glaubensbasis. Nur so können sie die richtigen Prioritäten setzen und ihr Leben auf ein gemeinsames Ziel hin ausrichten.

Die Erfahrung zeigt, dass in einer Ehe mit einem Ungläubigen (ich betone hier nochmals, dass unter einer Ehe mit einem Ungläubigen die Verbindung einer gläubigen Person zu verstehen ist, die, im Ungehorsam gegen Gottes Willen, eine ungläubige Person heiratet) die geistlichen Bedürfnisse des gläubigen Ehepartners langsam nachlassen, weil eine Art Anpassungsmechanismus einsetzt. Eine solche Anpassung lässt den Geist träge werden, denn man will schliesslich nicht streiten und geht daher Diskussionen aus dem Weg. Wenn unser geistliches Leben nicht ständig durch die Gemeinschaft mit dem Herrn und mit anderen Gläubigen genährt wird, verkümmert es; und oft bleibt nach einiger Zeit gar nichts mehr davon übrig. Man muss schon sehr stark sein, um sich nicht vom ungläubigen Partner beeinflussen zu lassen. Es ist nämlich viel leichter, nach unten gezogen zu werden, als jemanden nach oben zu heben. Auf jeden Fall ist es ein ständiger Kampf, der Spannungen, Konflikte und viel unnötiges Leid mit sich bringt. All das wäre zu vermeiden, würde man auf Gottes Wort hören. *«Gehen etwa zwei miteinander, ausser wenn sie zusammengekommen sind?»* (Amos 3,3).

Die Vorbemerkung: *«Es ist zwar nicht in Ordnung, sich gefühlsmässig an einen Ungläubigen zu binden»* muss daher lauten: *«Man darf sich nicht gefühlsmässig an einen Ungläubigen binden».* Das muss zu einer inneren Überzeugung für uns Christen werden und sich fest auf unseren Glauben gründen.

Zwischen dieser Vorbemerkung und der Schlussfolgerung steht die nüchterne Feststellung: *«In meiner Gemeinde gibt es nun mal keinen passenden Partner für mich».* Diese Aussage trifft sehr oft zu, denn unsere Gemeinden sind in der Regel eher klein. Es sind nicht immer die Voraussetzungen gegeben, dass zwei junge Gläubige, die dem Herrn nachfolgen, auch ein Paar werden.

Manchmal wird dann auf diese Situation mit Panik reagiert, weil die Aussichten, einen gläubigen Partner zu finden, begrenzt sind. Aber ein Gläubiger muss zu einer vertrauensvollen Einstellung finden. Er darf nicht denken, dass die einzige Alternative darin besteht, einen Partner in der Welt zu finden. Welche Priorität hat ein Christ? Den Willen Gottes zu tun oder seine eigenen Wünsche zu befriedigen? Und **steht denn der Wille Gottes im Widerspruch zu unseren Wünschen?** Hören wir, was Psalm 37,4–5 zu sagen hat: «*Und habe deine Lust am Herrn, so wird er dir geben, was dein Herz begehrt. Befiehl dem Herrn deinen Weg und vertraue auf ihn, so wird er handeln.*» Es ist die Gemeinschaft mit dem Herrn, die uns hilft, in unserem Leben die Prioritäten richtig zu setzen. Diese werden uns dann unseren Weg zeigen und uns helfen, nicht von sündigen Wünschen beeinflusst zu werden.

Heute haben Jugendliche die Möglichkeit, an verschiedensten Jugendtreffen, Freizeiten oder Schulungslagern teilzunehmen, um den Herrn und sein Wort besser kennen zu lernen. Bei der Teilnahme an solchen Veranstaltungen muss aber **der Wunsch, dem Herrn gefallen und von Ihm lernen zu wollen, wie man als Christ lebt,** im Vordergrund stehen. Wenn diese Gelegenheiten mit der rechten Herzenseinstellung wahrgenommen werden, kann, wie es sich gezeigt hat, der Herr manchmal Situationen schaffen, in denen echte Freundschaften zwischen jungen Christen entstehen können ... die möglicherweise auch zu einer späteren Ehe führen. Wichtig ist allerdings, dass das Wachsen in der Erkenntnis des Herrn und seines Wortes Priorität haben muss, und nicht die Hoffnung, einen Partner zu finden!

Wir kommen nun zur Schlussfolgerung: «*Da muss ich doch gezwungenermassen jemanden ausserhalb suchen!*» Aufgrund des bisher Gesagten, sollte ein solcher Schluss gegenstandslos sein. Warum «gezwungenermassen»? Wer zwingt uns denn, in der Welt nach einem Partner zu suchen? **Wir selbst! Weil wir einen selbstsüchtigen Wunsch vor den Willen Gottes stellen.** Wir sind es, die keine Geduld haben und uns von unseren fleischlichen Begierden dazu verleiten lassen, Gott nicht zu gehorchen. Wir reden uns heraus, dass Er unser Gebet, möglichst bald einen Ehemann oder eine Ehefrau zu finden, nicht erhört. Wir sind so sehr von der Welt beeinflusst, dass wir nur das aus Gottes Wort annehmen, was uns passt! Vergessen wir nicht, dass jeder Gehorsam Gott gegenüber zu Segnungen führt, weil Er treu ist. «*Denn die mich ehren, werde auch ich ehren*» (1. Sam. 2,30b). **Einen Ehepartner unter Ungläubigen zu suchen, ist der grösste Fehler, den ein Christ begehen kann!** Die Bibel lehrt uns, dass der Mensch eine Einheit aus Körper, Seele und Geist ist. In der Ehe werden zwei Menschen ein

Fleisch (vgl. 1. Mose 2,24). Der Apostel Paulus greift diesen Gedanken der Einheit in 1. Korinther 6,16 auf, wenn er die Gläubigen vor Unzucht warnt.

Hier darf ein ganz wesentlicher Punkt nicht übersehen werden: Wer gläubig ist, *«ist ein Geist mit Ihm (Gott)»* (1. Kor. 6,17). Das heisst, dass in geistlicher Hinsicht eine starke Beziehung zwischen dem Gläubigen und Gott besteht. Es ist eine Beziehung der Zugehörigkeit. Der Gläubige ist durch das Blut Christi freigekauft und gehört jetzt dem, der den Preis dafür bezahlt hat. *«Wisst ihr nicht, dass eure Leiber Glieder Christi sind?»* (1. Kor. 6,15). Die Unzucht, von der Paulus hier spricht, betrifft also nicht nur den körperlichen (sexuellen) Aspekt der Beziehung, sondern auch den geistlichen. Die Einheit zwischen den Ehepartnern muss auf jeder Ebene gegeben sein. Aber die Bibel lehrt uns, dass der natürliche Mensch ein Feind Gottes ist, *«... denn alle haben gesündigt und erlangen nicht die Herrlichkeit Gottes»* (Röm. 3,23). Ein Ungläubiger ist also, geistlich gesehen, tot in seiner Schuld und seinen Sünden (vgl. Eph. 2,1). Der Gläubige hingegen *«ist vom Tod zum Leben übergegangen»* (Joh. 5,24), weil er das Erlösungswerk Christi angenommen hat. Ein Gläubiger und ein Ungläubiger leben daher auf zwei unterschiedlichen Beziehungsebenen zum Herrn: Der erste ist *sein Kind,* während der zweite *sein Feind* ist! Wenn nun ein Gläubiger sich durch die Ehe an einen Ungläubigen bindet, wird er ein Fleisch mit dem Feind Gottes. Er zeigt damit nicht nur, dass er die Anweisungen seines Vaters völlig ignoriert, sondern auch, dass er ihn verrät. Das ist die geistliche Unzucht, von der Paulus in 1. Korinther 6 spricht. Er warnt uns davor, Gott gegenüber untreu zu werden. Könnte solch eine Verbindung gesegnet sein? Ich weiss, das klingt jetzt sehr hart, aber leider ist das nun einmal die Realität, von der die Bibel spricht. Ich erinnere junge Christen nur aus dem Grund an diese Wahrheiten, weil sie mir am Herzen liegen. Deshalb möchte ich sie ermutigen, keine Entscheidung zu treffen, die sie bitter bereuen könnten, und zwar eben wegen des unvermeidlichen Konflikts, der entsteht, wenn zwei Menschen in verschiedenen geistlichen Welten leben.

Kommen wir nun zur zweiten Frage.

Sehr oft haben sich Gläubige mit Ungläubigen verlobt und sie dann zum Herrn geführt. Warum soll das also falsch sein, wenn es doch ein gutes Ende nimmt?

Auch bei dieser Frage wird ganz offensichtlich versucht, die Tatsachen so zu verdrehen, dass sie den eigenen Standpunkt untermauern. Hinter beiden Fragen, die hier beantwortet werden sollen, **verbirgt sich die Absicht, das zu tun, von dem wir wissen, dass es falsch ist.** So versuchen wir also Beweise zu finden, die irgendwie als mildernde Umstände für unsere Entscheidungen gelten können.

Auch hier ist die Vorbemerkung falsch und verzerrt den Sinn der Frage: «Sehr oft sind Gläubige ...» Wie viele Fälle kennen wir? Über welche statistischen Daten verfügen wir, um so etwas zu können? Haben wir eindeutige und ausreichende Beweise dafür, dass Ungehorsam gegenüber dem Herrn Segen bringt? Der Gehorsam Gott gegenüber darf nicht von einem möglichen «guten Ende» abhängig sein.

Ich möchte an dieser Stelle ein Beispiel anführen. Stellen wir uns vor, wir begegnen einem Freund. Aus einigen Metern Entfernung sehen wir, wie eine Hornisse ihm ins Gesicht stechen will. Um ihn davor zu bewahren, schiessen wir (auf das Insekt natürlich, nicht auf den Freund!) ... Wie gross sind die Chancen, dass wir die Hornisse treffen und nicht unseren Freund? Und selbst wenn wir durch einen äusserst glücklichen – und äusserst unwahrscheinlichen – Umstand die Hornisse treffen sollten, ohne dabei unseren Freund zu verletzen, könnten wir dann daraus wohl eine allgemeingültige Regel machen? **Bei einer solchen Aktion erkennt man sofort, wie riskant so etwas ist. Wie viel man jedoch in geistlicher Hinsicht durch Ungehorsam riskiert, erkennt man leider nicht so leicht.**

Welchen Sinn eine solche Frage macht, wird durch unser Beispiel deutlich. Wir dürfen nicht aufgrund eines eventuellen – seltenen – positiven Resultats entscheiden, ob und wann wir Gott gehorchen. In unserer Beziehung zu Gott sollen wir nicht nach unten sehen, sondern nach oben. Der Gehorsam Gott gegenüber muss auf unserer Liebe zu Ihm und unserem Dank beruhen, und nicht auf Berechnung. Wir dürfen uns nicht in *Wenn* und *Aber* verlieren. Wir müssen unser Vertrauen und unsere Liebe zu Gott durch unseren Gehorsam gegenüber seinem Wort zeigen. Wir sollen keine Ausreden suchen, um ihm nicht gehorchen zu müssen, und dabei hoffen, dass die Folgen trotzdem positiv sein werden, weil Er uns liebt!

Sich zu fragen, warum es falsch ist, einen Ungläubigen zu heiraten, bedeutet letztlich, Gott nicht zu vertrauen.

Ehen und Eheprobleme mit Ungläubigen

Sehr oft werde ich mit allen möglichen Eheproblemen konfrontiert. Die grössten und verheerendsten Probleme gibt es dabei gerade in Ehen mit Ungläubigen.

Ich kenne viele Christen, die ungläubige Partner geheiratet haben, obwohl sie wussten, dass es falsch war. Aber sie wollten unter keinen Umständen auf Gott hören. Ich sah, wie innerhalb kurzer Zeit diese Menschen ihre Freude verloren, bitter wurden und ihre Entscheidung bereuten. Ich sah, wie sie ihre Gemeinden verliessen, innerlich zugrunde gingen und viel litten. Ich sah, wie sie sich stritten, sich trennten und sich scheiden liessen. Ich sah ihre

Eltern weinen und ich sah den Schmerz ihrer Kinder, die ohne den Rückhalt einer christlichen Familie aufwachsen mussten.

All das ist sicher kein «gutes Ende»! Zwei oder drei Einzelfälle, bei denen Ungehorsam nicht gleich unerfreuliche Konsequenzen nach sich zog, reichen nicht aus, um über Hunderte von Fällen hinwegzusehen, bei denen hingegen Ungehorsam zu katastrophalen Ergebnissen führte! Bei all diesem seelischen und geistlichen Leid können wir verstehen, warum Gott Ehen mit Ungläubigen verbietet. Er will seine Kinder vor unnötigem Schmerz bewahren. Auch wenn anfangs alles wunderbar zu laufen scheint ... (und manch einer sich sogar dazu berufen fühlt, einen Ungläubigen zu heiraten, um ihn zum Herrn zu führen), vergessen wir deshalb nicht, dass wir uns damit nur selbst betrügen. Wir können für unseren Ehepartner kein wirksames Zeugnis sein, wenn schon unsere Ehe auf Ungehorsam beruht!

«Denn was weisst du, Frau, ob du den Mann erretten wirst? Oder was weisst du, Mann, ob du die Frau erretten wirst?» (1. Kor. 7,16). Wir bezahlen unsere Untreue gegenüber Gott immer mit der Münze des Teufels!

Es ist ganz offensichtlich, dass sich in einer Ehe mit einem Ungläubigen Dynamiken entwickeln, die in kurzer Zeit zu Konfliktsituationen oder sogar zur Trennung führen können. Manchmal hält es der ungläubige Partner nicht mit dem gläubigen aus, der seinen Glauben praktiziert. So sind z. B. die Aufgaben in der Gemeinde oft Anlass für Streitigkeiten und Spannungen, unter denen beide leiden. Allerdings ist es häufiger der Fall, dass der Gläubige sich vom ungläubigen Partner beeinflussen lässt. Er passt sich der Situation an und erkaltet. Ein solches Zeugnis betrübt den Herrn, und die fehlende Glaubwürdigkeit ist ein zusätzliches Hindernis für eine eventuelle (äusserst selten vorkommende) Bekehrung des Ehepartners. Ganz zu schweigen von dem Schmerz, unter dem auch die örtliche Gemeinde zu leiden hat.

Versuchen wir also, angesichts dieser Betrachtungen, die Konsequenzen zu bedenken, bevor wir eine Entscheidung treffen, die wir bitter bereuen könnten ... und lernen wir, den Anweisungen Gottes zu vertrauen. Er ist es, der uns besser als irgendjemand sonst kennt. Er möchte, dass in unserem Leben die Freude und die *Kraft* sichtbar werden, die nur aus einer festen und innigen Gemeinschaft mit Ihm kommen.

Die Ehe kann eine der grössten Segnungen sein, die wir erfahren dürfen. Sie kann aber auch zu einem Gefängnis werden. Spielen wir also nicht leichtfertig einen Trumpf aus, nur weil wir der Meinung sind, der Glaube würde nicht zählen, wenn man sich doch liebt und heiraten will.

Mein aufrichtiges Gebet für jeden Leser, der im Begriff ist, einen so wichtigen Schritt zu tun, ist es, dass er ihn unter Gottes Führung macht. Nur so wird er auch in den Genuss des grössten Segens kommen.

Anhang II

Das Problem des Zusammenlebens ohne Trauschein

Eine der modernen Arten, die göttliche Institution der Ehe zu entehren, ist das Zusammenleben ohne Trauschein. Manche leben zusammen, ohne die Absicht zu haben, sich auch vor dem Gesetz aneinander zu binden. Andere leben für kurze Zeit zusammen und beabsichtigen, mit der Ehe alles wieder ins rechte Lot zu bringen ...

Aus einem Artikel des christlichen Monatshefts *Il Cristiano,* Nr. 9/114 (Oktober 2001)

Sehr geehrter Bruder,
jeden Sommer ist es das Gleiche: Junge Pärchen, die sich als gläubig bezeichnen, fahren gemeinsam in Urlaub und schlafen zusammen, ohne verheiratet zu sein (...). Das Zusammenleben ohne Trauschein ist heutzutage gang und gäbe und manchmal hat es den Anschein, dass es selbst in den christlichen Gemeinden dazu keine klare Stellungnahme gibt (...). Häufig werden, um des lieben Friedens willen, unklare Situationen toleriert. Aber ist das richtig? Und was soll man erst sagen, wenn jemand, der vielleicht sogar in der Gemeinde Verantwortung trägt, Anstoss erregt, weil er stillschweigend ein Zusammenleben ohne Trauschein duldet? Oder schlimmer noch, wenn es ihn selbst betrifft? (...) Kann man das Zusammenleben rechtfertigen, wenn nach einer bestimmten Zeit die Verbindung mit der Ehe legalisiert wird?

Dieser Brief schneidet ein sehr heikles Thema an, über das es unter Bezugnahme auf biblische Grundsätze viel zu sagen gibt. Man kann es aber auch unter den Tisch fallen lassen, weil nur wenige den Mut haben, in ein Wespennest zu stechen. Kennen wir nicht selbst genug solcher Fälle, wo Paare mehr oder weniger vorübergehend zusammenleben – und sei es auch nur während des Urlaubs? Aber tun wir dabei nicht so, als bemerkten wir es nicht? Andererseits, wie viele gibt es, die zwar nicht zusammenleben, aber trotzdem voreheliche sexuelle Beziehungen haben, wann immer sie es wollen? Wie viele junge Leute halten sich heute noch rein bis zur Ehe? Wie viele Beispiele kennen wir in unserer Umgebung? Ich spreche hier nicht nur von der Welt. Auch in unseren Gemeinden kann es leider solche unklaren Situationen geben.

Das Problem muss meiner Meinung nach von vier verschiedenen Standpunkten aus betrachtet werden.

Der biblische Standpunkt

Für die meisten Christen ist das Zusammenleben von Mann und Frau unter einem Dach, so als wären sie verheiratet, noch keine Ehe, weil ein ganz entscheidendes Element fehlt: der Bund, der in rechtlicher Hinsicht die Verbindung der beiden bestätigt. Dieses Element betont der Prophet Maleachi ganz besonders, wenn er von der Ehefrau spricht als der *«Frau deines Bundes»* (2,14). Es war der zwischen den beiden Eheleuten öffentlich abgegebene *Bund,* der die gegenseitigen ehelichen Pflichten festhielt. Im Buch der Sprüche wird auf diesen Bund Bezug genommen. Es ist dort die Rede von der ehebrecherischen Frau, die *«den Vertrauten ihrer Jugend verlässt und den Bund ihres Gottes vergisst»* (2,17).

Auch im Neuen Testament ist der gesetzliche Aspekt der Ehe eindeutig. Es heisst dort nämlich, dass *«die verheiratete Frau ... durchs Gesetz an den Mann gebunden ist»* (Röm. 7,2); mit anderen Worten, dass sie eine eheliche Pflicht ihm gegenüber hat (vgl. 1. Kor. 7,39).

Der Ehebund ist eine klare Absichtserklärung, wobei man sich gegenseitig verpflichtet diese Absicht umzusetzen. Er ist bindend, weil er eine ausdrückliche Übernahme der Verantwortung gegenüber dem Ehepartner ist. Auch im Zivilgesetzbuch sind die ehelichen Rechte und Pflichten ganz klar angeführt.

Die Bibel schliesslich betrachtet den ehelichen Bund als etwas sehr Würdevolles und Heiliges: *«Die Ehe sei ehrbar in allem, und das Ehebett unbefleckt! Denn Unzüchtige und Ehebrecher wird Gott richten»* (Hebr. 13,4).

Ich will hier nicht Motive beurteilen, aber ohne einen solchen Bund ist es ganz sicher einfacher, sich nicht so gebunden zu fühlen – auch von einem psychologischen Standpunkt aus. In der Ehe werden sämtliche emotionalen und praktischen Ressourcen aufgewendet, um *«durch Weisheit ein Haus zu bauen und es durch Verstand zu befestigen»* (Spr. 24,3). Ich frage mich, ob die Entscheidung, einfach nur zusammenzuleben, ohne die Verbindung mit dem Bund der Ehe zu legalisieren, nicht vielleicht Ausdruck einer unbewussten Angst ist, Pflichten und eine klare Verantwortung zu übernehmen. Eine Angst, die sehr oft auf dem eigenen Vorteil oder einem grundsätzlichen Egoismus beruht, der vom Druck der Gesellschaft, in der wir leben, noch verstärkt wird.

Der kulturelle Standpunkt

Immer mehr Paare in Italien leben ohne Trauschein zusammen. Die Zahl derjenigen, die sich öffentlich dazu bekennen, macht fast 3% aller Paare aus (ca. 350 000 Paare im Jahr 1998). Früher wurde diese Art des Zusammenlebens als *«Konkubinat»* bezeichnet und hatte eine negative Bedeutung. Deshalb wäre es für unsere Vorfahren auch sehr leicht gewesen, den oben abgedruckten Brief zu beantworten: **Das Zusammenleben ohne Trauschein**

hat nicht den gleichen Wert wie die Ehe und ist daher gegen Gottes Ordnungen. Schwarz war schwarz und weiss war weiss. Heute hingegen gibt es eine Unzahl von Grautönen und Sonderfällen, sodass uns ganz wirr im Kopf ist. Wir sind nicht mehr in der Lage, die klaren und eindeutigen Anweisungen der Bibel zu erfassen, die es uns möglich machten, klare Entscheidungen zu treffen. Warum scheint heute alles viel schwieriger zu sein? Weil wir in einer pluralistisch geprägten Welt leben, wo alles relativ ist. Absolute Werte sind dabei nicht mehr gefragt. Gefragt ist heute ein Sammelsurium, wo jeder seinen eigenen Standpunkt vertreten und so handeln kann, wie es ihm passt – und das alles im Namen eines extremen Individualismus. Es stimmt zwar, dass heute vieles komplizierter geworden ist und es keine Patentlösungen gibt. Aber es stimmt auch, dass das Ich an die erste Stelle getreten ist und Gott verdrängt hat. Heute sind die Menschen mehr denn je *«selbstsüchtig ... prahlerisch, hochmütig ... lieblos ... unenthaltsam ... unbesonnen, aufgeblasen, mehr das Vergnügen liebend als Gott»* (2. Tim. 3,2–4). Man ist nur um sich selbst besorgt und fragt nicht nach dem Willen Gottes. Wir sind mehr daran interessiert, was Gott für uns tun kann, anstatt uns zu fragen, was wir tun können, um Gott die Ehre zu geben.

Wie wirkt sich diese Ich-Kultur auf unsere Gemeinden aus? Wie anziehend sind die Vergnügungen der Welt in den Augen gläubiger Jugendlicher? Wie sehr sind sie es auch für die weniger Jungen? Heute haben wir alle das Gefühl, in einer viel fortschrittlicheren Kultur zu leben, und wir meinen, wir müssten die Realität um uns herum viel intensiver wahrnehmen. Das ist auch vollkommen in Ordnung. Aber genau das müsste uns doch ein Ansporn sein, uns eingehender mit den Lehren der Bibel zu beschäftigen, die einen ewigen Wert haben, anstatt göttliche Prinzipien mit soziologisch verbrämten Interpretationen zu verwässern.

Wird das Zusammenleben ohne Trauschein allmählich die Ehe verdrängen? Gewiss, denn es ist einfacher und bequemer. Und man kann eine Beziehung, wenn sie nicht mehr funktioniert, ohne grosse Schwierigkeiten beenden. In einer Welt, in der alles relativ und unbeständig ist, verliert die Dauerhaftigkeit und Stabilität einer durch die Heirat bestätigten Verbindung an Wert. Man fragt sich, was für einen Unterschied es denn macht, ob man mit oder ohne einem Stück Papier, das die Ehe vor dem Gesetzt bestätigt, zusammenlebt.

Es besteht die Tendenz, den Ehebund in Frage zu stellen, indem man seine Bedeutung abschwächt: *«Was ist schon eine Unterschrift auf einem Blatt Papier?»* Es ist sicher nicht eine Unterschrift, die unsere moralische Situation ändert. **Es ist aber die allgemeine Haltung unseres Herzens, die den Unterschied ausmacht!**

Fahren Jugendliche gemeinsam in Urlaub und haben sie ein aktives Sexualleben schon vor der Ehe? Wie sind sie von ihren Vätern, ihren Müttern, den Gemeindeältesten unterwiesen worden? *«Alle tun's doch, was ist da schon dabei?»,* könnten sie vielleicht sagen.

Wenn wir Christen uns von der weltlichen Ideologie mitreissen lassen und dabei unsere Augen vor dem moralischen und geistlichen Schaden verschliessen, den der Einfluss der Welt auch innerhalb unserer Reihen bewirkt, dann haben wir das vorrangige Ziel einer Gemeinde, die behauptet, Jesus Christus als ihren Herrn zu bekennen, verpasst! Haben wir die Warnung des Jakobus' noch in unseren Ohren? *«Ihr Ehebrecherinnen, wisst ihr nicht, dass die Freundschaft der Welt Feindschaft gegen Gott ist? Wer nun ein Freund der Welt sein will, erweist sich als Feind Gottes. Oder meint ihr, dass die Schrift umsonst redet: 'Eifersüchtig sehnt er sich nach dem Geist, den er in uns wohnen liess'?»* (Jak. 4,4–5).

Wir müssen der Welt gegenüber offen sein, um die Gute Nachricht zu verkünden. Wir müssen dabei ein beständiges Zeugnis sein. Aber **wir dürfen uns auf keinen Kompromiss mit ihren moralischen Werten einlassen.**

Die moralische Festigkeit des Gläubigen muss auf biblischen Prinzipien beruhen, im Gehorsam gegenüber Christus, dem wir unseren Willen und unser Handeln unterstellen müssen.

Das Zeugnis

In dem Brief war auch die Rede von eventuellen Skandalen innerhalb einer Gemeinde, weil ein Zusammenleben ohne Trauschein stillschweigend hingenommen wird. Wenn es dabei um Menschen geht, die sich gerade dem Evangelium öffnen, ist es offensichtlich, dass man sie nicht verurteilen und richten darf. Sie gehören noch nicht zum Leib Christi und daher muss man ihnen offen und liebevoll begegnen, trotz der gegenwärtigen Situation, in der sie leben. Jesus hat die auf frischer Tat ertappte Ehebrecherin nicht verurteilt. Er hat sie aber dazu aufgefordert, in eine geistliche Beziehung zu Gott zu treten und nicht mehr weiter zu sündigen (vgl. Joh. 8,1–11). Die Bekehrung ist der Anfang eines Weges, in dessen Verlauf der Junggläubige sehr wahrscheinlich viele Aspekte seines Lebens anhand der Bibel neu ordnen muss. Je besser er die Schrift kennen lernt und je mehr seine geistliche Reife zunimmt, desto empfänglicher wird er für die Stimme des Geistes werden. Gottes Geist wird ihm zeigen, nach welchen neuen Massstäben er seinen Glaubensweg ausrichten soll. **Wichtiger ist in diesem Fall, dass er zu einer persönlichen Beziehung zu Gott findet. Es geht also nicht in erster Linie darum, seine persönliche Situation, in der er sich aufgrund falscher in der Vergangenheit getroffener Entscheidungen befindet, zu beurteilen.**

Natürlich muss es trotzdem das Ziel sein, das Zusammenleben ohne Trauschein zu beenden und im Gehorsam gegenüber dem Herrn die Verbindung durch Heirat zu legalisieren. Diese Entscheidung ist letztlich auch der Beweis **einer echten Umkehr, einer inneren Veränderung und einer aufrichtigen Unterordnung unter Gott.** Andernfalls wäre die Echtheit der Bekehrung zu hinterfragen.

Wenn hingegen das Zusammenleben ohne Trauschein einen Gläubigen betrifft, liegen die Dinge anders. Wer Gott und sein Wort kennt, trägt die grosse Verantwortung, ein Zeugnis zu sein. Ob es sich nun um einen jungen Menschen oder um eine ältere Person handelt – ein schlechtes Zeugnis kann den Ruf einer ganzen Gemeinde zerstören. Welches Gewicht kann unsere Predigt schon haben, wenn zweideutige Situationen geduldet werden oder man sogar selbst davon betroffen ist? Welchen Wert können Schriftstellen für uns haben, die zur Heiligung ermahnen, wenn wir tun, als wüssten wir nicht, dass ein Bruder oder eine Schwester in Unzucht leben? Die Welt ist sehr darauf aus, Schwächen und Fehler der Gläubigen herauszustellen und so ihr Zeugnis gänzlich zunichte zu machen. Man wird uns sagen: *«Ihr seid doch genau wie alle anderen!»* Die Bibel mahnt uns klar und deutlich, uns *«von allem Anschein des Bösen»* (1. Thess. 5,22) fernzuhalten. Wenn man also vor der Ehe wie Bruder und Schwester (wie manche mir das versichern, ich aber ehrlich gesagt so meine Zweifel an der Kontrolle der Hormone habe!, vgl. Spr. 6,27) gemeinsam in Urlaub fährt oder zusammen unter einem Dach wohnt, so erweckt man trotzdem einen Anschein des Bösen. Die Bibel fordert uns aber auf, keinerlei Anlass für ein schlechtes Zeugnis zu geben!

Der geistliche Standpunkt

Wenn jemand, der behauptet, zur Gemeinde des Herrn zu gehören, weiter ohne Trauschein zusammenlebt, weist das in Wirklichkeit auf ein echtes geistliches Problem hin. Es ist Ausdruck von Ungehorsam, Rebellion und Eigenwille. Manchmal versucht man gewisse Bereiche, zu denen die Bibel sich nicht äussert, als Zugeständnis aufzufassen, um so zu leben, wie es einem gefällt. Wir verstehen uns alle sehr gut darauf, ein Hintertürchen zu finden, um unsere Entscheidungen zu rechtfertigen. Die Schrift sagt ganz klar: *«Alles ist mir erlaubt, aber nicht alles ist nützlich. Alles ist mir erlaubt, aber ich will mich von nichts beherrschen lassen»* (1. Kor. 6,12). Diese Stelle zeigt uns, wie gross die Freiheit des Christen ist, aber sie muss im Zusammenhang mit einer anderen Stelle gelesen werden: *«Nur gebraucht nicht die Freiheit als Anlass für das Fleisch»* (Gal. 5,13). Der Apostel Paulus konzentriert sich dann auf den sexuellen Bereich. Er bezieht sich dabei auf den Hintergrund des moralischen und geistlichen Verfalls, aus dem die Gläubigen aus Korinth kamen. Er zeigt ihnen, wie sie nach der Bekehrung zu leben hatten: *«Der Leib aber ist nicht für die Hurerei, sondern für den Herrn und der Herr für den Leib ...Wisst ihr nicht, dass eure Leiber Glieder Christi sind? ... Oder wisst ihr nicht, dass, wer der Hure anhängt, ein Leib mit ihr ist? ... Flieht die Unzucht! Jede Sünde, die ein Mensch begehen mag, ist ausserhalb des Leibes; wer aber Unzucht treibt, sündigt gegen den eigenen Leib. Oder wisst ihr nicht, dass euer Leib ein Tempel des Heiligen Geistes in euch ist, den ihr von Gott habt, und dass ihr nicht euch selbst gehört? Denn ihr seid um einen Preis erkauft worden. Verherrlicht nun Gott mit eurem Leib!»* (1. Kor. 6,13–20).

Es gibt also sehr klare geistliche Massstäbe für christliches Verhalten. Jeder Versuch, sie abzuschwächen oder beiseite zu schieben, um eine sündige Situation zu rechtfertigen, ist ein offenkundiger Ungehorsam gegenüber Gott. Ungehorsam geschieht oft aus einem rebellischen Geist heraus, weil **das eigene Wohlergehen wichtiger ist, als den Willen Gottes zu tun.**

Wenn man in diesem Zustand verharrt und sein Herz dem Wort Gottes, dem Heiligen Geist oder den Gemeindeältesten gegenüber verschliesst, verfällt man in die Sünde des Widerstrebens, die mit Götzendienst verglichen wird:

«Denn Widerspenstigkeit ist eine Sünde wie Wahrsagerei, und Widerstreben ist wie Abgötterei und Götzendienst» (1. Sam. 15,23).

Es ist mit der moralischen Situation um uns herum nicht zum Besten bestellt. Christen haben daher die wichtige Aufgabe, zu beten, die Wahrheit zu verkünden und sich vom Geist Gottes erforschen zu lassen. Sie müssen jede Art von moralischem Kompromiss ablehnen, der zur Sünde verleiten kann. Darin kommt die Treue zum Herrn zum Ausdruck, die nötig ist, um Wächter zu sein, die aufmerksam den Horizont absuchen, um zu erkennen *«wie weit in der Nacht»* es ist (Jes. 21,11).